クリスチャンであるとは

N・T・ライトによるキリスト教入門

Simply Christian
by N.T.Wright

N・T・ライト 著
上沼昌雄 訳

あめんどう

ジョセフとエラ-ルースに捧げる

Originally published in Great Britain in 2006 under the title:

Simply Christian

by N.T. Wright

Translated by Masao Uenuma

Published by permission of

Society for Promoting Christian Knowledge(CPSK), London, UK

はじめに

旅行者には二つのタイプがある。一つは、目的地へのおおよその計画を立ててすぐに出発し、旅をしながらどう行くかを考え、道路標識を読み、道を尋ね、どうにかして目的地に到着することを楽しみとするタイプである。もう一つは、前もって目的地までの道順を確認し、どこで田舎道から交通量の多い幹線道路に変わるか、それぞれどれくらい時間がかかるかということをあらかじめ知っておきたいタイプである。

演奏会に行く人もまた、同じようである。ある人は音楽そのものがもたらすものに身を任せ、次はどうなるのか知らないまま、ある楽章から次の楽章へと運ばれていくことを好む。他の人は、あらかじめプログラムの解説を読み、次に続く展開を期待し、またそれぞれの部分を聴きながら全体像を思い描くのを無上の喜びとする。

本を読む人もだいたい似たようなタイプに分かれる。初めのタイプの人は、この「はじめに」を飛ばしてすぐに第一章に入っていく。二番目のタイプの人は、だいたいどの方向に行こうとしているのか、どのような構成になっているのかを前もって知っておきたいだろう。そのような人のためにこの序文は書かれている。

私の目的は、キリスト教とは要するにどういうものなのかを記述し、信仰を持たない人にはそれを勧め、信仰を持っている人にはそれを解説することにある。ただそれは膨大な作業であり、すべてをカバーできたとは思っていない。また、この種の本に期待されるすべての問いを取り扱っているとも思っていない。私が試みたのは、この課題のために具体的な輪郭を提供することである。そのために本書は三部で構成されている。

第一部で私は、今日の世界において関心が高まっている四つの領域について考えてみた。それらは、義への希求であり、霊的なことへの渇望であり、人間関係への飢えであり、美における歓びである。私が思うには、これらはどれもそれ自体を超えた、その先のことを指し示している。ただそれだけを見るなら、世界とは不思議でエキサイティングな場所であるという以外に、ほとんど何も結論づけることができない。そこで私が提案することは、それぞれのテーマについて、ある声の響きが聴こえてくるまで耳を澄ませてみることである。その先の角を曲がった隠れたところで、誰かの話し声が反響しているような、とらえどころがないが何かを心に呼び覚ますような響きに耳を傾けてみることである。そのために、第一部のタイトルを「ある声の響き」とした。

この第一部は四つの章からなっていて、交響曲の第一楽章のような役割を果たしている。そこで奏でられるテーマを聴いたあと、それらを心に留めながら第二楽章（第二部）、第三楽章（第三部）を聴くことが大切である。そうすると、異なった旋律に思えたものが最初の旋律と合わさって異なる「響き」を生み出してくる。つまり、第一部で出てくる問いは次に続く箇所で、必ずしも直接的ではないとしても、少しずつ掘り下げられ、少なくとも部分的に答えていくものとなっている。読者にはしばらく忍耐をしていただき、第二部、第三部が展開するなかで本書全体がどのように結びついていくのかを見ていただきたい。

第二部は、神についてのクリスチャンの信仰の要点を提示している。すなわち、クリスチャンは次のように信じている。イエスのわざのうちにご自身を啓示された神は、ご自身が創造したすべてのものを救い出し、再構成する計画を推進するために、ユダヤの民をご自身の代行者として召し出したということだ。そこで、イエスと聖霊についてそれぞれ二章をさく前に、古代イスラエルの物語《ストーリー》と希望について一つの章（第六章）を当てている。そうして、この世界をあるべき姿に正すことを切望しておられる創造主なる神と、神の王国を宣べ伝え、十字架で死んで復活した人としてのイエスと、世界と人間の歩みの間を吹き抜ける力強い風のような聖霊についてじっくりと考えていく。第二部が展開するにしたがい、第一部で耳を傾け始めた声の響きが徐々に明瞭になってくることが分かるだろう。

このことは自然に第三部につながっていく。そこでは実際にイエスに従い、その聖霊によって力づけられ、さらにこの創造者の計画を進めることがどのようなものかを描いている。そこで述べる礼拝、祈り、聖書は、「教会」について考えさせてくれる。それは建物のことでも、ましてや組織のことでもなく、イエスのうちに見いだす神を信じ、その神に懸命に従っていこうと格闘しているすべての人々の交わりのことである。

とくに、教会とは何のために存在するのかという問いを展開している。イエスに従って生きるとは単に、死んだ後にいまよりよい場所に行けるというようなことではない。死後の未来は極めて重要であるが、クリスチャンの抱く希望の本質は、それが現在の生活に反映されるところにある。そう考えると、さまざまな課題について、とくに祈りとクリスチャンの言動に関しての新しい取り組み方が見えてくる。そして本書の結論に近づくにしたがい、第一部で取り上げた「響き」が再現され、聞こえてくるのが分かるだろう。もはやそれは、神について学べるかもしれないというようなあやふやなものではなく、この世界にあって神の王国のために働くという、クリスチャンの召命を支える重要な要素となる声の響きである。

本書を書くのは何とも心躍ることであった。私にとってじつに個人的なことでもあったからである。それは、自分の人生を逆にたどるようなものだった。私はこれまでの生涯、礼拝をささげ、祈り、聖書を読む信仰生活を続けてきた（しばしばまごつき、うまくいかないこともあったが、それでもしがみついてきた）。

その意味で私は、第三部から自分の人生を始めたと言える。そして、学者としてイエスの歴史的、神学的研究にかなり時間を費やし、個人としてもイエスに従うよう努めてきた。第二部は、幾重にも重なったその探求を具体化したものである。しかしそうして分かったことは、第一部で扱った事柄がよりいっそう根深いものであり、またより重要なものになってきたことである。

その最も顕著な例は、イエスについて学べば学ぶほど、世界を正そうとする神の情熱、パッションを知るようになったことである。イエスについての研究で知らされたことだが、それゆえ第一部で扱った「ある声の響き」は、「ポストモダン」「ポストキリスト教」、いまや「ポスト世俗」とも言えるこの世界にとって避けられない問いであり、現代の文化の地平を超えた見知らぬ世界を指し示す不思議な指標であると分かってきた。

本書は、キリスト教に見られる多様性を示そうとするものではなく、なるべくすべてに共通するものを語るように試みたものである。したがって本書は、「英国国教会」でも「カトリック」でも「プロテスタント」でも「正教会」でもなく、ただ端的にクリスチャンであることについての本である。また私はなるべく分かりやすく明瞭に語ることを心がけた。この種のテーマに初めて接する人が、専門用語の密林で迷ってしまわないためである。いまの世界でクリスチャンであるとは、もちろん決して単純なことではない。しかし、時にはできるだけ端的に、それはいったいどういうことかを語る必要がある。私にはいまがそのときのように思える。

初稿を書き、出版の準備をしているとき、私は最初の孫をふたりこの世界に迎える喜びにあずかった。そこで彼らと彼らの世代が、第一部でたどった声の響きを聞きとり、第二部で述べたイエスを知り、第三部で展開する新しい創造のうちに生き、また新しい創造のために生きるようにと期待したい。そのために祈りつつ、ジョセフとエラ－ルースにこの書を献げる。

クリスチャンであるとは◎目次

聖書の引用はおもに『日本聖書刊行会　新改訳聖書』第三版を使用。

第一部　ある声の響き

第1章　この世界を正しいものに

ある日の夜、夢を見た。強烈で興味深い夢であった。そして何ともがっかりするのは、どのような夢であったのか覚えていないことである。目覚めた直後にはその記憶が残っていて、それがどれほど意外で意味深かったかを思ったのだが、すぐに消えてしまった。T・S・エリオットの言葉をもじって言うなら、意味は得たが経験は失ったというところだろうか。

正しさ（義）を願う私たちの情熱も、多くの場合このようなものである。世界が正されることを夢見る。ほんの一瞬、世界が一つになって義が行われ、あるべき姿になり、物事がうまく運び、社会は正しく機能し、私たちはなすべきことを知っているだけでなく実際に行っている、そんな夢を見る。そして目を覚ましたとき、現実に戻される。しかし、その夢を見たとき、私たちは何を聴いていたのだろうか。

そこで聞こえていたのはある声、いやその声の残響だったかもしれない。そこには、穏やかで癒しをもたらす力があった。その声は義について、物事が正されることについて、すべての人のための平和と希望と繁栄について語っていた。その声は、私たちの想像や無意識の中で響き続けている。その夢に戻って再度聴きたいと願う。しかし、目が覚めてしまったのでそこに戻ることはできない。そんな夢はただのファンタジーにすぎないと他人から皮肉られると、ついそれを半分は信じそうになる。

しかし、その声は絶えず私たちに語りかけ、私たちに呼びかけ、招き寄せ、義と言えること、つまり世界が正されること、たとえそれがとらえにくいとしても、もしかしてそうしたことがあるかもしれないと考えるように誘うのだ。私たちは、月に向かって飛び出そうとしている蛾のようなものだ。義と呼ばれる何かが存在していることを知ってはいるが、なかなかそこに達しそうにない。

しかし、それがあることは簡単に調べられる。友だちと会話できる年齢の子どものいる学校、または遊園地に行ってみてほしい。そこで子どもたちの会話に耳を傾けてほしい。ある子どもが他の子どもか先生に向かって、「ずるい、不公平だ」と言っているのがすぐに聞こえてくるだろう。

子どもたちは、公平さや不公平さについて教わるまでもない。正義感は人間なら誰でも備わっている。義について、それこそ直感的に知っているのだ。

自転車で転び、足の骨を折ったとしよう。病院に行って治してもらうだろう。しばらくは松葉杖をついてよたよたする。そして気をつけながら、いつものように歩き始める。やがてけがしたことなど全部忘れて、いつもの生活に戻る。物事を正し、修正し、回復させるとは、このようなことである。足の骨折、壊れたおもちゃ、故障したテレビは直すことができる。

それなのに、どうして不正は正すことができないのだろうか。

努力が足りないのではない。法廷、行政官、裁判官、弁護士は充分にいる。ロンドンのある一角に住んだことがあるが、公正さを保つための機関があまりにあってうんざりするほどだった。立法府、行政府、最高裁判所、警察本部という具合である。すぐ近くには法廷弁護人たちがいっぱいいて、法廷闘争に明け暮れている（互いに議論をしているが、法廷闘争は堂々巡りとなるだろう）。他の国も同様、法を作ったり施行したりするための大がかりな組織が作られている。

それなのに、公正さや義が指の間から滑り落ちてしまう感じを誰もが抱いている。時にはうまくいくときもあるが、そう多くはない。罪のない人が罰せられたり罰せられるべき人が免れたりする。いじめっ子や賄賂《わいろ》を使うずる賢い人が自分の悪事への罰を免れている。いつもではないが、そのことに気づくことがよくあり、なぜなのだろうかと思う。ある人は他人を傷つけていながら、ほくそ笑んで立ち去ってしまう。犠牲者はほとんど償われない。時にはそのことで一生涯悲しみ、傷つき、恨み続けなければならない。

同じことが世界中で起こっている。ある国が他国を侵略し、その罰を逃れている。富める人は、そのお金の力でさらに富を蓄え、一方、貧しい人はどうすることもできずにもっと貧しくなる。私たちはただ頭を振ってなぜなのかと思う。そして買い物に出かけ、ある製品を買うが、その利益は富める企業のものになる。

　落ち込んでばかりいる必要はない。私たちの期待する義や公正さは確かにある。時には勝利することもある。残虐な専制君主が倒される。アパルトヘイトも廃止された。時には賢明な活動的リーダーが現れ、人々もそれに従ってよいことがなされる。凶悪犯が捕まり裁判にかけられ、罰せられることもある。社会を根底から害していたものが驚くほど正されることもある。新しいプロジェクトが貧しい者に希望を与える。外交交渉が確固とした永続的平和をもたらすこともある。しかし、それで安心かと思っていると、またうまくいかなくなる。

　世界の問題の幾つかは解決できるが、それも一時的であり、簡単に解決できない多くの問題が他にあること、なかには誰も解決しようとしないものまであるのを私たちはよく知っている。

　二〇〇四年、クリスマスの直後に起こったスマトラ島沖地震とインド洋沿岸の大津波で、一日に亡くなった人の数は、ヴェトナム戦争の戦死者より二倍も多かった。この世界で、この地球で、「それは正しくない」と叫びたくなることが起きたのだ。地殻がプレート運動によって動いたのである。自然の営みである。地震の発生は悪意に満ちた資本主義者によるものでも、最近また復興してきたマルクス主義者によるものでも、宗教原理主義者《ファンダメンタリスト》の爆弾テロによるものでもない。それはただ起こった。その起こったことで世界中が痛みを覚え、歯車が外れたようになり、それに対し私たちはなすすべがない。

　その最もよい例は、他でもない身近なところにある。私は高い道徳的規準を持っている。それについて考え、それについて説教もした。何と本さえも何冊か書いた。それでいて、いまだにそれを破ってしまうことがある。義と不正、正しいことと正しくないこととの間の線は、「私たち」と「他人」の間に引くことができない。それは一個人の真ん中に走っている。古代の哲学者、とくにアリストテレスは、それを組織の中のしわ、あるいは複雑に絡まったパズルのように見ていた。私たちは皆、何をすべきなのか（多少の違いはあるが）知っている。それでも、ときには何かとそれをしないで済ませてしまう。

おかしなことではないだろうか。

義というものが存在する感覚は誰もが持っていて、それればかりか義に対する情熱、物事があるべきものに正されるべきだという強い願いも持っている。また、何かがおかしいという感覚は絶えず私たちにつきまとい、時にはこれでもかとばかりに心に訴え、叫びさえする。そのことで過去数千年にわたって人類が苦闘し、探求し、愛し、希求し、憎しみ、希望し、口論し、哲学的に探求し続けてきたのに、知り得る最古の社会の人たちとそう変わらない程度にしか義を実現していない。いったい、どうしてなのだろうか。

義を慕う

近年、義を踏みにじる人間の行為が、枚挙のいとまもないほど目撃されるようになった。過去五十年ほどで、人間の道徳性が低下したかのように言う人もいる。しかし現実には、歴史に記録された中において、これほどの敏感さをもって道徳的であろうとした時代はない。世界で正される必要がある場所のために人々は憂慮し、熱心に手を差し伸べている。

第一次世界大戦の前線では、権力を持った将軍たちによって、何百万もの人が死に追いやられた。その間、将軍たちははるか離れた後方か自宅で贅沢な生活をしていた。そのような戦争で捕虜になった人たちの書いた詩を読むと激しい動揺の背後に、恐ろしい愚行や、まさに不正に対する押し殺した怒りがあるのを感じる。これはまったくの不正である。どうしてそのようなことが起こったのか。どうすればそれを正すことができるのか。

何百万のいのちをガス室で奪ったのは、雑多なイデオロギーを混ぜあわせたカクテルだった。宗教的偏見、悪用された哲学、「異なった人たち」への恐れ、経済的困窮、スケープゴート欲しさなどの要素を、悪賢い扇動者が調合し、少なくとも、部分的にそれらを信じたい人に語り、「進歩」の代償としての犠牲もやむなしとした。そのヒットラーやホロコーストを思い浮かべるだけで、たくさんの問いが浮かんでくる。どうしてそのようなことが起こったのか。義はどこにあり、どうしたらそれを手に入れることができるのか。物事をどのように正すことができるのか。

そしてとりわけ、二度と同じことが起こらないようにするにはどうしたらよいのか。

しかし、私たちにはそれを止めることができない。あるいはできそうにない。一九一五年から一九一七年にかけて、トルコ人が何百万のアルメニア人を殺すことを誰も止めることができなかった（ユダヤ人殺戮を自国民に仕向けるために、ヒットラーがそれを引き合いに出したことはよく知られている）。一九九四年、ルワンダのツチ族とフツ族同士の大量虐殺を誰も止めることができなかった。ナチスのホロコースト後、世界中が「もう二度と繰り返さない」と言った。しかし、大量虐殺《ジェノサイド》は再び起こった。恐ろしいことに、私たちにそれを阻止するすべは何もなかった。

そして、アパルトヘイトがあった。巨大な不正が南アフリカの大半の人々に対して長い間なされてきた。他国でももちろん同じようなことがあった。ただその国々は反対者をもっとうまく押さえ込んできたにすぎない。「アメリカ先住民」に対する「特別保留地」のことを考えてみてほしい。私は小さいころ、その時代のほとんどの人と同じく、カウボーイは根っからの善人でインディアンは根っからの悪人だと、少しの疑問も挟むことなく思っていた。大人になってから昔の「カウボーイとインディアン」の映画を観てそのことに気づき、ショックを受けた。

世界はしだいに人種的偏見の事実に目覚めてきた。しかし、その偏見を除くのは風船を押しつぶそうとするようなものだ。一方を押しつぶしても他方がふくらむ。アパルトヘイトと闘うために世界は一致団結し、「二度と起こらないように」と言った。しかし、そのような声の少なくとも一部は、心理学者が「投影」と呼んでいる道徳的なエネルギーから出てきたものだった。つまり、じつは自分たちもしていることで他人を非難するのは容易なことなのである。自分の側にある同じ問題を無視しつつ、世界の他方にいる誰かを強く非難するのは何と都合のよいことか。見せかけであるが、深い道徳的満足を得られる。

そしていまや、新しいグローバルな悪に直面している。かたや世界にまん延する傍若無人で無責任な物質主義と資本主義。かたや怒りにかられた妄信的な宗教原理主義である。ある有名な本のタイトルが示しているように、「ジハード対マックワールド」の状態である。（思いやりのある資本主義や思慮深い原理主義といったものが存在するかは、ここでは問わない）。この点は少し前に触れたことに戻るが、富める人が刻一刻と豊かになり、貧しい人がさらに貧しくなるおかしさを理解するのに、マクロ経済学の博士号は必要としない。

その一方で、誰もが幸せで安らかな生活を望んでいる。その名言集で有名な一八世紀のサミュエル・ジョンソン博士は、人間のなすすべての努力の目的とゴールは「わが家で幸せを味わう」ことだと言った。しかし、西洋世界も他の国も同じであるが、家庭や家族が崩壊してきている。優しくあろうとするふるまい、すなわち親切、赦し、細やかな配慮、思慮深さ、寛容、謙虚さ、古きよき愛といったものが時代遅れになってしまった。

皮肉なことに誰もが自分の「権利」を要求し、しかもそれがあまりに激しいために、最も基本的な「権利」の一つがだめになっている。その権利とは、不充分ではあっても平和で安定的で安全な生活をし、それを保ちながら学んだり、繁栄を願ったりする「権利」である。

またもや問いが出てくる。どうしてこのようなのだろうか。こうであらねばならないのだろうか。物事を正すことはできるのだろうか。もしできるとすれば、どのようにするのか。世界は救出できるのだろうか。私たちは救出され得るのだろうか。

そしてもう一つ、私たち自身への問いが出てくる。とにかくおかしいではないか。誰もが物事が正されるのを願っているのに、それができるように見えないのは不思議ではないか。それはそうと、私自身も何をすべきか分かっていながら、しばしばそうしていないのは何とも奇妙ではないか。

語りかける方

こうした声の響きが聞こえてくるかのような感覚、すなわち義を慕い求める思いと、世界（そしてその中にいる私たち全員）が正されることへの夢を説明するのに、三つの基本的なやり方がある。まず、次のように言うことができるだろう。それは実際のところ単なる夢であって、子どもじみたファンタジーの投影にすぎない。また現状のままの世界に住むのに慣れるしかない。しかし、この考え方の行き着く先は結局、マキャヴェリとニーチェである。それは露骨な権力が幅を利かせ、手に入れられるものは何でも手に入れてしまう世界、罪がのさばる世界である。

二つめは次のように考えることができるだろう。その夢は私たちが本来的に属しているはずの世界のことであり、まったく違う世界なのだと。そこではすべてが真に正しい状態に置かれている。いまの私たちは夢の中でだけそこに逃げ込むことができるが、ときがくれば永遠にそこに入れる希望がある。しかし、いまの世界の住人たちはたまにそれを夢見る以外、その世界との足がかりはほとんどない。こうした考えは、ふとどきなごろつきがこの世界にはびこるのを許すことになる。しかし、いまはなすすべがなくても、いつかどこかで物事はよくなるだろうと考えることは慰めにはなる。

三つめは、次のように言うことができるだろう。私たちがこのような夢を見るのは、つまりその声の響きにどこか聞き覚えがあるのは、私たちに語りかけ、耳の奥深くでささやきかける誰かがどこかにいるからだ。それは、現在の世界と私たちのことを深く心配している誰かであり、私たちとこの世界を創造した誰かである。その誰かは確かに義をもたらし、物事を正し、私たち人間をも正し、ついには世界を救出するという目的を持っている、というものである。

世界の三つの伝統的宗教は、この最後の可能性を取っている。意外なことではない。それらの宗教は関係があり、いわば又従兄弟《またいとこ》だと言えるからだ。ユダヤ教では世界を造られた神を語っていて、その神が義に対する情熱《パッション》を世界の中に組み込んだのだとする。それというのも、この世界は神自身の情熱《パッション》だからである。キリスト教ではその同じ神を語っているが、その神がその情熱《パッション》をナザレのイエスの生涯とわざに現している（実際、「キリストの受難《パッション》」は、いろいろな意味でキリスト教の際だった特徴である）。イスラム教はある面ではユダヤ教の、ある面ではキリスト教の物語《ストーリー》と考え方を用いて新しくまとめ上げている。コーランに表された神の啓示は、世界を正す理想的なものと考えられている。ただし、それに従えるならばであるが。

この三つの伝統的宗教には多くの違いがあるが、この点においては一致していて、他の哲学や宗教と一線を画している。すなわち、私たちがその声を聞いたと思うのは、まさにその声を聞いたからだ、という点である。それは夢ではない。そこに立ち戻り、それを実現させることができる。この現実において、私たちの現実の生活において。

笑いと涙と

本書はそれらの伝統の中の一つ、クリスチャンの信仰について説明し、それを読者に勧めるために書いた。それは現実の生活に関わることである。というのも、私たちが聞いたと思うあの声が、ナザレのイエスにおいて人となり、私たちのひとりのように生き、死なれた、とクリスチャンは信じているからである。

それは義に関することでもある。というのも、義に対するユダヤ人の情熱をクリスチャンが受け継いでいるばかりか、イエスがそのパッション(情熱・受難)を体現したと主張するからである。そして、イエスがなしたこと、イエスの上に起こったことは、この世界を救出し、あるべき姿に正すという創造者の計画をスタートさせたのだと考えるからである。それゆえ、それは私たちすべてに関わることである。私たちすべてがそこに含まれているからである。すでに見たように、義を慕い求める情熱、あるいは少なくとも物事が修正されていくことを願う感覚は、人間としてこの世界に住んでいることの端的なしるしである。

このように言うこともできる。古代ギリシャ人は、ふたりの哲学者の物語を語っている。ひとりは朝、戸口から出てきて大笑いをする。世界はそれほどに滑稽な場所で、笑いを止めることができないからだ。もうひとりは朝、表に出てきて泣き崩れる。世界はそれほどに悲しみと悲劇に満ちているので、泣きやむことができないからだ。ある意味で両方とも正しい。喜劇も悲劇も、物事があるべきところから外れていることを語っている。一方は、単純につじつまが合わなくておかしいし、他方は、物事があるべきようにいっていないので、結果的に泣き崩れてしまう。笑いと涙は人間であることのよい指標である。ワニは泣いているように見えるが決して悲しいわけではない。コンピュータに面白いことを言わせるようにプログラムはできるが、コンピュータ自体がその冗談を理解することは決してない。

初代のクリスチャンがイエスの物語を語ったとき、多くの異なった点を明確にするために、多くの方法で語った。だが、イエスが笑ったとは一度も言っていない。涙が溢れたことには一度だけ触れている。そうだとしても、彼らの語ったイエスの物語はどこかしら笑いや涙があったことを、いつもほのめかしている。

イエスはよくパーティーに行った。食べ物も飲み物もいっぱいあって、まさにお祝いをしていたかのようだ。イエスは自分の言いたいことを明瞭にするために、かなり誇張することもあった。例えば次のように言っている。兄弟の目の中のちりに目をつけるが、自分の目の中の梁《はり》には気づかないのか。イエスは自分に従う者、とくにリーダーたちにおかしなニックネームをつけた（ペテロは「岩《ロッキー》」、ヤコブとヨハネのふたりを「雷の子《サンダーボーイズ》」と呼んだ）。イエスの行くところどこでも、人々は熱狂した。神がいよいよ動きだし、救出計画に着手し、物事が正され始めたと思ったからである。そのようなムードは、休暇の初めに親しい友に会うようなものである。笑いたくなる。楽しいときが来たからである。祝典が始まったのだ。

同じように、イエスはどこに行っても、どうにもならない人生を背負った人々にいつも出会った。病める人、悲しんでいる人、疑い深い人、絶望的な人、傲慢に威張り散らして不安を隠している人、大変な現実を宗教でごまかしている人。イエスは多くの人を癒したが、単に魔法の杖を振るような方法は用いなかった。むしろその人の痛みを分かち合った。重い皮膚病を患っている人を見て、その人の人生を思って悲しんだ。親しい友の墓で涙を流した。物語の終わりで、イエス自身がもだえ苦しんだ。肉体の苦しみと同様、たましいの苦しみを味わった。

イエスは世界をあざ笑ったのでも世界を哀れんで涙を流したのでもない。イエスは、いま生まれ出ようとしている新しい世界と共に祝ったのである。それは、すべての善いものと麗しいものとが、悪と悲惨に打ち勝つことになる世界である。そして、イエスは世界と共に悲しまれた。それはイエスと出会った人々が、暴力と不正と悲劇に満ちた世界を痛いほど知っていたからである。

二千年前、イエスにつき従う人たちは初めから、つねに次のことを主張してきた。イエスがこの世界の涙を受けとめて、それを自分の身に負い、しかもむごたらしい不正な死を迎えるまで負い続け、それによって神の救出のわざを遂行した。そして、イエスが死者の中からよみがえり、神の新しい創造を開始することで世界の喜びを受けとめ、それによって新しい誕生をもたらしたのだと。

この二重の主張は壮大なものなので、本書の第二部に入ってから説明することにしたい。しかし、この二重の主張によってクリスチャンの信仰は、すべての人が抱く、義を慕い求めるパッション（情熱）と、すべてが正されることへの憧憬を明白にしている。さらに、神みずからがイエスのうちにこのパッション（受難）を共有し、実行に移したのである。そしてついに、すべての涙はかわき、世界は義と喜びで満たされる。

義を慕うクリスチャン

「そうは言っても」と、ここで誰かが次のように言い出すのが聞こえてきそうだ。「イエスに従う者たちはそんなに進歩しなかったではないか。十字軍のことはどうか。スペインでの異端審問のことはどうか。教会も不正に加担したことが相当あったではないか。中絶クリニックに爆弾を仕掛けた人たちはどうか。ハルマゲドンの時がすぐにくるので、それまでに地球が破壊されてもかまわないと思っている原理主義者はどうか。クリスチャンは解決をもたらすというより、問題の一部になっているのではないか」。

そのとおりだとも言えるし、そうでないとも言える。そのとおりと言ったのは、イエスの名を使ってひどいことをする人たちは、初めからつねにいた。また、それをイエスが許していないと知っていながら、しかもひどいことだと分かっていながら、なお行っているクリスチャンたちもいた。そうした事実がいかに不快であろうと、それを隠す必要はない。

また、そのとおりでもないと言ったのは、たとえあるクリスチャンたちが、神は自分たちの側にいると主張したとしても、彼らの働いた悪事を見れば、キリスト教とは何であるかについて、彼らがまったく思い違いをしていることが分かるからだ。歴史を振り返ってみると、少なくともそう言える。イエスに従う者たちはつねに正しいという考え方は、キリスト教信仰には含まれない。弟子たちに祈りを教えたとき、神に赦しを求める一節を含めたのはイエス自身だった。それが必要だと思っていたからに違いない。

しかし同時に、今日におけるクリスチャンの信仰の信頼性に関する最大の問題の一つは、かなり多くの人が、キリスト教と「西洋」(通常オーストラリアとニュージーランドを含む。かなり東に位置しているので「西洋」と呼ぶのは妙だが) を同等に見ていることである。とくに西ヨーロッパと北アメリカを指す。また、植民地政策の初期にできた文化もそうである。そこでその「西洋」が西洋以外の国と戦争を起こすと(最近も起こったばかりだが)、とくにその世界がイスラム教の国であるとき、簡単に「キリスト教徒」が「イスラム教徒」に戦争をしかけたと言う。実際は、西洋世界のほとんどの人はクリスチャンではないのに。

今日の世界地図からすれば、ほとんどのクリスチャンは「西洋」に住んでいない。その多くはアフリカと東アジアや東南アジアに住んでいる。そして、いまやかなりの西洋世界の政府は、イエスの教えを社会に生かそうとはしていない。多くの場合、そうしていないことを誇りにさえしている。だからといって、二足す二を五とすること、つまり「西洋」が行ったことゆえにキリスト教を非難することをなくせるわけではない。いわゆる「キリスト教」世界は、悪い印象を与え続けている。おおよそそう思われても無理はないのだが。

じつは、それこそが本書の初めで義について取り上げた理由の一つである。すなわち、イエスに従おうと決めた人は、イエスが教えた祈りのように、神のみこころが「天で行われるように地でも」行われるよう献身することなのだと理解し、そのように語ることが重要になる。というのは、義を求める神のパッション(情熱)は、イエスに従う人たちの情熱でもあるべきだからだ。もしクリスチャンがイエスへの信仰を、そこからくる要求とチャレンジを逃れるために用いるなら、その中心的要素を放棄することになる。まさにそこに危険が横たわっている。

同様に、西洋の多くの無神論者たちが躍起になって忘れようとしてきたクリスチャンの物語を語り継ぐのをためらう必要はない。奴隷貿易が最盛期のとき、聖書に奴隷のことが書いてあるからと、多くの人がそれを正当化してきた。しかし、イギリスの政治家ウィリアム・ウィルバーフォースとアメリカのジョン・ウールマン牧師に導かれた敬虔なクリスチャンのグループが共に力を合わせ、生涯をかけて人身売買を廃止した。

奴隷制はかなり前に廃止され、過去のものになったが、人種的偏見はアメリカ合衆国に長く残った。マーティン・ルーサー・キング・ジュニア牧師のヴィジョンは、平和的で、大変影響力のある反対運動を起こした。イギリスのウィルバーフォースは、奴隷解放という神の義の実現への情熱に捕らえられ、それゆえに輝かしい政治家のキャリアを犠牲にしたが、マーティン・ルーサー・キングは自分のいのちを犠牲にした。アフリカ系アメリカ人のための義の実現を慕い求めた情熱のゆえに。その疲れを知らぬ運動は、イエスへの誠実さからじかに生まれ出て、目に見えるかたちに育ったものだった。

同じように、南アフリカで人種隔離《アパルトヘイト》政策の政治体制が最も支配的だったとき（異なった人種による異なった生き方を聖書は語っているからと、多くの人がその政策を正当化してきた）、デズモント・ツツ司教のようなクリスチャン指導者たちの長い間の運動によって、驚くほど流血の少ないかたちで変化がもたらされた（一九七〇年代、政治家やニュース解説者たちは、それ相当の暴力なしに変化は不可能だと、当然のように言っていた）。

ツツと他の多くの人たちは、政治指導者たちや政府高官たちと一緒に頻繁に祈り、聖書を学び、アパルトヘイトの多くの邪悪な面について危険を冒して語り合った。また、暴力による以外に解決がないと信じていた黒人リーダーたちやその賛同者たちと向き合い、同じように危険を冒して何度も何度もの議論を重ねた。

何度も、何度も、ツツは真ん中に立たされ、両派から不信感で見られ、嫌われた。しかし彼は、アパルトヘイト後の政府のもと、政治的に最高に名誉ある委員会の委員長を務めることになった。南アフリカ真実和解委員会である。苦痛を伴った全国民の記憶と思いが癒され、悲しみが和らげられ、怒りを取り扱う長い道のりがようやく始まった。六〇年代、あるいは八〇年代の人々でさえ、そのようなことが可能だとは思ってもいなかった。それでも確かに起こった。それはひとえに、義を慕い求める情熱とイエスに対する誠実さが結び合わされて実現したものである。

このような物語は、他の多くの同様なものと共に語られ、語り継がれなければならない。クリスチャンのメッセージを真剣にとらえるならば、このようなことが起こり得るし、何度も起こっている。また、それを真剣にとらえて語り出すなら、結果として大変な問題に直面し、暴力による死を迎えることもある。

二〇世紀は多くの偉大なクリスチャン殉教者を生み出した。それは単に信仰的な立場からというより、とくに彼らの信仰が義の実現を求める恐れを知らぬ行動に導いたからである。第二次世界大戦の末期にナチスによって殺されたディートリッヒ・ボンヘッファー、エルサルバトルで貧困者の側に立って発言し、暗殺されたオスカー・ロメロ、またもう一度、マーティン・ルーサー・キング・ジュニアのことを考えていただきたい。

これらの人たちは他の七人の人たちと共に、二〇世紀の十人の殉教者として、ロンドンのウエストミンスター寺院の西玄関上に石像が飾られ、栄誉が賛えられている。それは、クリスチャンの信仰がなおも世界にうねりを起こし、その信仰が持つ義に対する情熱ゆえに自分のいのちをも犠牲にする用意があることを、いまの世界に思い出させるためである。

その情熱はこの章で論じてきたように、すべての人の生活の中心にある。それは時に、異なった仕方で表出し、歪められたり、恐ろしいほどの悪を招く場合もある。いまだに、誰かを殺せば正義がいくらか達成されるという歪んだ信念を持つ暴徒や個人が、誰かを、あるいは誰でもよいから殺そうとしている。しかし冷静になれば、私たちが義と呼ぶこの不思議なもの、物事が正されることへの切望は、人間の抱く大きな目標と夢の一つであると誰もが知っている。それゆえ、そう生きるようにというある声の響きを、誰もが自分の内側の深くで聴いているとクリスチャンは信じている。そして、その声はイエスにおいて人となり、その実現のために必要なことをイエスが行ったとクリスチャンは信じている。

さらに先に進む前に、同じその声から聞こえてくる他の響きを聴く必要がある。ただこの最初に耳にした響きは、今日、ますます多くの人が耳を傾けるようになっている。

第2章 隠れた泉を慕って

かつて鉄の意志で自国を支配していた独裁者がいた。生活のすべては合理的なシステムによって考え抜かれ、築かれていた。偶然が入る余地はなかった。

独裁者は国中の水源が不安定で、時には危険であることを知っていた。何千という水源があり、時には町や市の真ん中にもあった。有益なものに違いないが、時々洪水を起こしたり、汚染したり、新しいところに吹き出したりして、道や畑や建物に被害をもたらすことも少なくなかった。

独裁者は賢明で合理的な決断をした。国中、少なくとも水が出てきそうな場所はすべて厚いコンクリートでおおい、決して水源から漏れ出ないようにした。人々が必要とする水は、合理的で複雑な水道管システムを通して供給されるようにした。さらに独裁者は自分の立場を利用し、水に種々の薬品を投入して国民を健康にすることにした。水源がコントロールされているため、独裁者が必要だと判断したものだけを国民は得ることになり、未管理の水源から余分なものが混じる余地はなくなった。

何年もの間、その計画は問題なしに運営できた。人々は新システムから供給される水に親しんでいた。時々変な味がした。折々に、かつて好んだ湧き水と新鮮な泉を懐かしく振り返ることもあった。未管理だったせいだと思われていた問題がすべてなくなったわけではない。さらに、ときどき水に不純物が混ざるように、空気も汚染されていると後で分かった。しかし独裁者はそれについて何もしようとせず、してくれなかった。それでも新システムはそれなりに有効だった。人々は先を見越したこの独裁者の知恵を誉め賛えていた。

数世代が過ぎた。すべてがうまくいっているようだった。厚いコンクリートの下で泡立ち溢れてきた泉が、あるとき抑えきれなくなり、何の前触れもなく突然、火山とも地震ともつかぬ爆発を起こし、安全と思われていたコンクリートを打ち破った。泥だらけの汚れた水が空中に噴き出し、道路に流れ出し、家にも店にも工場にも浸入した。道路はめちゃくちゃになり、町は混乱に陥った。なかには喜ぶ人もいた。システムに頼らない水を再び手に入れることができたからだ。公営水道の管理者たちは困惑した。突然、あり余るほどの水をすべての人が手にすることになった。しかもその水は清潔ではなく、コントロールもされていなかった……。

西洋世界の私たちは、この国の市民のようなものだ。独裁者とは哲学のことで、過去二世紀以上もその世界をかたち造り、すべての人を必然的に物質主義者にしてきた。水とは今日、「霊性・霊的なもの《スピリチュアリティ》」と呼ばれるもので、人の心と社会の中に溢れ出てきた隠れた泉のことである。

今日、多くの人が「霊性・霊的なもの」という言葉をよく耳にする。それはちょうど砂漠を旅している人が、オアシスのことを耳にするようなものである。驚くほどのことではない。過去二百年間教えられてきた、あらゆる既成の伝統や価値観を疑う懐疑主義が、その世界をコンクリートでおおってきたため、人々は自分の体験した深遠で強烈な「宗教的」経験を認めるのを恥とするようになっていた。それ以前には教会堂に行き、祈り、それぞれの仕方で礼拝を捧げ、それらの宗教的行為が縦糸や横糸として他の日常生活を織りなしていた。

しかし、およそ一七八〇年代から一九八〇年代の西洋世界の雰囲気はまったく違ったものだった。必要な水は供給してあげよう、日常生活のちょっとしたつけ足しとして「宗教」を用意してあげようと（当時の支配的な哲学は）言ってきた。教会生活は政治、芸術、セックス、経済を含む世界のすべてから注意深く切り離され、まったく安全なものとなり、実際、害を加えることはなかった。そんな教会生活を望む人は、それで充分満足して暮らしていけた。

日常生活や生き方が、どんな「宗教的なもの」によっても邪魔されたくない人たちは、コンクリートで舗装された道路を通り、コンクリート上のショッピング・モールに行き、コンクリートの床の家に住んで人生を楽しむことができた。神のことを一度も聞いたことがないかのように生きることができた。自分の運命は、結局は自分で責任を持つものだ。自分の魂（それがどのようなものであれ）の指揮官は自分なのだ。こうした考え方がその文化を支配してきた哲学だった。この視点では、霊性・霊的なものは個人的な趣味であって、それが好きな人たちのための高級な白昼夢にすぎない。

西洋世界の何百万という人たちは、この哲学によって「宗教的な」干渉から一時的に切り離されたことを喜んでいた。さらに別の何百万の人々は、厚いコンクリートの下の尽きない泉を抑え切れなかったように、水道システムの地下深いところで「霊的なもの」と呼ぶものが湧き立とうとしているのに気づいていた。それで、何とかこっそりと正式な経路(教会)を通ってそこに入り込もうとしたが、たいていの教会が提供するものより、もっと多くの水があることにも気づいていた。さらに多くの人は、いわく言いがたい漠然とした心の渇きがあること、それに浸かり、喜び、満たされるまで飲むことができる新鮮な水の湧き出る泉への憧憬があることにずっと気づいていた。

いまや、それがついに起こった。コンクリートの土台が破裂して隠れた泉が露出し、水が吹き出した。生活は以前と同じでなくなった。古い水道システムの正規の管理者たち(その多くはメディアや政府で働き、当然ながら教会で働いている人もいる)は言うまでもなく、近年吹き出した「霊的なもの」の火山を見て恐れをなしている。それらはタロット・カード、水晶占い、占星術など、もろもろの「ニュー・エイジ」的神秘主義と呼ばれるものである。また、好戦的なキリスト教徒、好戦的なシーク教徒、好戦的なイスラム教徒など、神を勝手に味方につけて互いに殺し合う多くの原理主義者たちの出現がある。

確かにこれらはひどく不健康なことではないかと、公営水道システムの管理者たちは言う。

このままでは、昔の迷信や混乱して濁っている不合理な水源にまた戻ってしまうのではないかと。

彼らの言い分ももっともだろう。しかしそれなら次の問いも考慮すべきだ。すなわち、そもそも最初にコンクリートで泉をおおってしまったことが問題ではなかったのか。まさに二〇〇一年九月一一日の出来事によって、宗教と霊的なことは単なる個人的なものにすぎず、大切なのは経済と政治だという仮定の上に世界を築くと何が起こるかを思い知らされたのではないか。「宗教的」信念があまりに強烈で、死んでもかまわないと思う人たちによって、あの日、粉々に破壊されたのは、コンクリートの床どころか巨大なツインタワーだった。では、私たちは何と言うべきだろうか。それは「宗教」や「霊的なもの」が、いかに危険であるかを単に示すだけだろうか。もしくは、私たちはそれらを最初からまじめに取り入れておくべきだった、と言うべきだろうか。

霊的渇きのしるし

霊的なことを意味する「隠れた泉」は、人間生活におけるある声の響きとして二番目に取り上げたいことである。それは現代の世俗主義の示す荒涼とした風景と違って、私たち人間がそれ以上の存在として造られている可能性を示す標識でもある。そうした兆候は多くあって、ちょうど東ヨーロッパの人たちが自由と民主主義を再発見したように、西ヨーロッパの人たちは霊的なものを再発見している。ただ、そこに戻る試みは当てずっぽうのときもあり、行き当たりばったりのときもあり、危険に曝《さら》されることさえある。

このような言い方は、ある人にはかなりヨーロッパ中心に聞こえるかも知れないが、北アメリカでは多くの場合（すべてではないが）、霊的なものがいつも何らかのかたちで人々の間に存在し、ヨーロッパのように廃れることはなかった。しかし事態はそれ以上に複雑である。北アメリカでは宗教と霊的なものは、それぞれの持ち場に収まっているのが当たり前だった。言い換えると、それ以外の実生活から上手に切り離されて当然のものだった。ヨーロッパ人よりはるかに多くのアメリカ人が教会に行っているからといって、隠れた泉に蓋をする圧力はなかったとか、同じ問いが浮上したことはないという意味ではない。

さらに、視野をもっと広くすればすぐに気づくことだが、世界のほとんどの地域では、すべてをコンクリートでおおうようなプロジェクトはほとんどなかった。アフリカ、中東、極東、さらに中央アメリカと南アメリカなど、まさに大多数の人類にとって、広い意味で「霊的なこと《スピリチュアル》」と呼ぶものは、家庭、町、村、コミュニティーや社会において日常的なものだった。ただ、さまざまな形態を取っているだけである。多様な仕方で政治、音楽、芸術、演劇などで、日常生活と一体化している。

西洋の視点から見ると、不思議に見えるかもしれない。人類学者や旅行者が時々言っているが、大変洗練された文化（日本など）を持つ人々が、西洋からすれば占い迷信の一種と思えることにいまだしっかりと結びついているのは、何と古風であることか。いまも湧き立つ泉から自由に飲んでいる姿は何とも不可思議なことだ。とくに、殺菌された水道から飲むほうがより健康的だと当局から教え込まれてきた側からすると、そう思える。

しかしそうした考えが幸せであるとは限らない兆しが、あちこちに出てきている。私たちは再び、この泉に目を向けるようになっている。時々（クリスチャンの視点から見るとおかしな感じであるが）、西側の新聞のコラムニストが教会堂や大聖堂を訪ね、感動的で楽しくさえある体験だったと報告することがある。そこには明らかに、社会の良識派はそうしたことを顧みないという含みがある。たいていは、クリスチャンのメッセージを信じることからすぐに距離を取ろうとする。しかし、湧き立つ新鮮な水の音は無視し難い。昨今の物質主義の時代でさえ、その動きに反対する人はますます少なくなってきている。

単に試験管で検査できるいのちとは異なる種類のいのちへの関心の高まりが、多様な形態をもって現れてきた。一九六九年、世界的に有名な海洋生物学者のアリスター・ハーディー卿が、宗教体験の研究ユニットを設立した。人々の個人的な宗教体験を書いて送るように公募し、それを集めて分類し、結果を出すことを試みた。それは一九世紀の生物学者や博物学者が、地球上の無数の生命体のデータを集めて分類したのと同じ手法だった。プロジェクトは拡大し、何年もかけて貴重な記録が集められた。それは今日、保存資料化されてインターネット上で公表されている。宗教的経験とは、ごくわずかな人たちの関心事であって、現代人が洗練されるにつれ着実に消えていくと思っている人は、その資料を見て考え直したほうがよい。

書店に行って「霊性（スピリチュアリティ）」と分類されている棚を見れば、同じような結果に至るだろう。書店側もどう分類したらよいか分かっていないのは、まさにこの時代の状況を物語っている。時には「精神、体、霊」に分類され、時には「宗教」に区分けされるが、そこは革装の聖書や祈祷書などの贈答品が置いてあるところで、いのちの水源を提供するものではない。時には「セルフ・ヘルプ（自助）」に分類され、霊的であるものがあたかもＤＩＹのように、自前で行うプロジェクトの一種か、週末に気分転換で行う活動のように見なされている。

そのような本棚を見て分かるのは、書店の担当者や書店のスタイルによって、多くの異なったものが混ざり合うことである。本格的な神学書が並んでいることもある。「性格タイプ」を見分ける本はたいてい置いてある。たとえば、マイヤーズ・ブリッグス・タイプ指標やエニアグラムのようなものである。時には、例えば輪廻思想のようなまったく別の領域の本が並べてある。前世の自分を見いだせば、現世での行動や感じ方がよく理解できるとでも言いたいらしい。あるいは自然神秘主義のような分野に引き込もうとする著者も多い。それらは、私たちの周りの世界、さらに私たち自身の深層にあるサイクルやリズムに触れるようにと誘ってくる。

時には反対の方向に向かうものもある。この世からの解脱、つまり生活の外的部分をあまり重視しない霊的世界に退避する仏教的世界である。時には一時的流行が西洋世界を吹き荒れることもある。それはカバラー（中世ユダヤ神秘主義の一つで、今日ではポスト・モダンの単なる呪文のような狭い意味に変化している）であったり、迷宮《ラビリンス》（中世の大聖堂の床に描かれた迷路図。それをたどって歩きながら祈るために使われた。現在では意味が拡がり、キリスト教霊性と近代後期の自己発見ブームとが混じって広く普及している）であったり、あるいは巡礼ブームであったりする。そこには、世界中を巡りたい好奇心と霊的渇きを同時に満たしたい願いがあるのだろう。

とくに、私の住んでいるイギリスについて言えば、つい一時代前はケルトに関することが突然注目を浴びるようになった。「ケルティック」という言葉がつけば、それだけで人々の興味を引いた。音楽にしても祈祷書にしても、建築物であろうと宝石であろうとTシャツであろうと、手当たりしだいに西洋文化圏の人々の注目を引き、売れた。それらは、絶えず心に浮かぶもう一つの世界の可能性を物語っているように思える。

神（どのような神であっても）がもっとリアルに存在する世界、人間と自然環境がもっとうまく共存している世界、はるかに深い根源に根ざしている世界、そしてそこで奏でられるさらに豊かな音楽。そこには、現代のテクノロジー、昼ドラ番組、サッカーの監督など、けたたましく底の浅い世界より、はるかに豊かな世界がある。古代ケルトの世界——ノーザンブリア、ウェールズ、コーンウォール、ブルターニュ、アイルランド、スコットランドなどは、今日のキリスト教からは百万マイルも離れているように思われる。それこそが、教会という西洋の公認宗教に飽き飽きし、怒りさえ抱いている人にとって間違いなく魅力的なのだ。

しかし、ケルト・キリスト教の真の中心は、極度の肉体的苦行と熱心な伝道活動を伴った修道生活であり、今日の人が願うものではない。聖カスバートはケルトの偉大な聖人のひとりだが、イギリス北東の海岸で腰まで海に浸かって祈った。いまほど厳しい冷たさでなかった保証はない。今日の陽気で熱狂的なケルト愛好者は、そうした肉体的苦行を取り入れる様子はない。
「霊的なこと《スピリチュアル》」とよく呼ばれる類の豊かな経験は、その多くは確かに心の底から揺さぶられる感情を引き起こす。時には、そのような経験は内的平安と幸福感を生み出し、天国と呼ぶほかない場にしばらくいたかのように話す人もいる。時には、あまりの幸福感に大声で笑い出すこともある。時には、世界の苦しみを経験し、それがあまりにも痛々しく生々しいので泣き崩れるしかないこともある。

私はここで何らかの幸福感、あるいはその逆のことを言っているのではない。その一方は深い満足をもたらす活動から生まれ、他方は何らかの恐ろしい悲劇と向き合うことで生まれる。私が言いたいのは次のことである。普通なら入れない多次元世界に入り込み、そこで素晴らしい解放と喜び、あるいは深い苦悶や苦痛を経験したという人たちがたまに話題になることがある。彼らは、それらの霊的経験を実際に通り抜けてきたかのように話す。老練な牧師や霊的指導者であれば誰もが認めるとおり、そうした経験は人の生涯に消えることのない深遠な影響を及ぼす。

それでは、私たちに向けられていると思えるその声の響きを聞きながら、この「霊的なもの《スピリチュアリティ》」についてどう考えたらよいのだろうか。

霊的渇きの源は？

霊的なことに対する新たな関心の高まりについて、クリスチャンの説明はしごくまっとうなものである。もしクリスチャンの語っていることが実際に本当なら(言い換えるなら、イエスの内に、最も明確に知ることができるような神がいるとするなら)、人々が霊的なことに関心を示すのは当然である。というのは、イエスのうちにこそ、人々を愛し、その愛を知らせ、その愛に人々が応えるのを願う神を見るからである。

実際、次のことが期待できる。もし宗教的な人たち――かつて生きていたほとんどの人たち――によって語られる物語《ストーリー》がどれも真実で、神的な力というものが存在するなら、少なくとも何らかのかたちでそこに人が関わることは魅力的であり、少なくとも興味深い現象として考えられても不思議ではない。

このことはまさに、そもそも宗教がどうして存在するのかを説明している。天文学者は、ある惑星の動きが、すでに知られている他の惑星、あるいは太陽との関係で説明できない場合、その不思議な運行を説明するためには、別の種類や大きさ、位置の異なる惑星が存在すると仮定する。実際、遠く離れた惑星はそのようにして発見された。物理学者であれば、どうしても説明できない現象を発見すると、それ自体は直接見えないにしても、その現象を説明してくれる新しい物質を想定する。そのようにして「クォーク」や、それと同様の不思議な現象が私たちの語彙となり、私たちの理解となった。

一方、クリスチャンの物語の重要な部分は、ユダヤ教徒とイスラム教徒の物語もそうだが、人類が悪によってあまりにもひどく傷ついているため、そこで必要になるのは単によりよい自己理解やより整った社会を実現することではなく、まさに救出、しかも自分以外のところからくる助けによる、ということにある。霊的生活を追求するなかで多くの人は、自分にとって真に最善なものより劣ったもの(ここではそれ以上強い言い方は控えるが)を選択してしまうことを予期すべきである。長いあいだ水に渇いてきた人は、どんなものでも飲み込んでしまう。たとえ汚染されていても飲んでしまう。長いあいだ食べるものがない状態だったので、手に入るどんなものも食べてしまう。たとえ雑草でも、未料理の肉でも食べてしまう。こうして「霊的なもの」それ自体が、問題解決の一部であると同時に問題の一部になってしまうことがある。

もちろん、人々の霊的なことへの渇望と、それを満たそうとして彼らが時々見せるおかしな行動を、ほかの形で説明することもできる。過去二百年の西洋世界もその一つであるが、歴史上いろいろな場面で多くの人々がこの霊的なことの探求について、あるいは少なくとも霊的なものが存在する可能性について、他の説明を試みてきた。

古代イスラエルの詩人は、「愚か者は心の中で、『神はいない』と言っている」(詩篇14・1、その他)と考えた。しかし、他の多くの人たちは、「愚かなのは信仰者のほうだ」と公言してきた。「霊的なことはすべて心理学的作用の結果である」とフロイトは言った。すなわち、父親の記憶を宇宙的なスクリーンに投影したものが神だということだ。つまり、それらはすべて単なる想像か、願望か、あるいはその両方であるというのだ。

しかし、人々が霊的な飢え渇きを覚えること自体は何ものをも証明はしない。もし、私たちへのその呼びかけがあの声の響きであると解釈できたとしても、それは風のように消えてしまう。そして私たちは、それがただの自分の想像にすぎなかったかもしれないと自問する。また、本当にそんな声が聞こえたとしても、それは自分自身の声にすぎなかったのかもしれない。

それでもなお問う価値がある。結局のところ霊的なことについての現代人の探求の仕方は、誰かが、あるいは何かが「外に」存在し、私たちはその人と（あるいはそれと）コンタクトできるという考えに基づいている。もしその考えがまったく間違っているとしたら、この宇宙には人類しかいないことになり、霊的なことの追求はただの無害ではすまされないかもしれない。むしろかなり危険なことかもしれない。私たち自身は危険でないとしても、少なくとも私たちが語り、行うことで影響を受ける人にとっては危険である。

ある強硬な懐疑論者は、彼らの言う宗教的狂信者――自爆テロ犯、終末論的夢想家、さらにはその類の人たち――が与えたダメージを見て、すべての宗教は神経症のようなものだとし、あまり深入りしないか無条件に禁止するか、あるいは個人の範中におさめることに同意した大人だけに制限したほうがよいと発言してきた。なるべく早くそうしたほうがよいと。

ラジオや新聞が時おり、「宗教的」とおぼしき経験をつかさどる脳の部分をコントロールするニューロンや遺伝子が見つかったと報道するのを聞いたり読んだりする。そして、「宗教的な経験は体内の精神的、感情的な出来事にすぎない」と公言する。「そのような経験はどれほど圧倒的であろうが、それが外的存在を言い当てることにはならない。歯が痛いとき、それは誰かがあごを殴ったせいだとする指標にならないのと同じだ」とコメントする。とくに根っからの懐疑論者に対して、何らかの外的存在を証拠立てるものとして個人の霊的経験を持ちだすのは難しい。

霊的なことと真理と……

そういうときに懐疑論者が用いる一般的な戦術の一つは、相対主義である。私はいまでもありありと覚えているが、学友とクリスチャンの信仰について語り合っていたとき、会話の最後で、彼は大げさにこう言った。「それはあなたにとって明らかに真理であっても、他の人にとって真理であるとはかぎらない」。今日、多くの人はまさに同じことを言っている。

「あなたにとってそれは真理だ」とは、それなりによく聞こえ、寛容なように思われる。しかしそれが成り立つのは、「真理」という意味をねじ曲げているからである。すなわち、「現実世界における物事の真実の姿」という意味ではなく、「あなたの中で起こっている確かなこと」という意味なのである。

実際そういう意味で「それはあなたにとっては真理だ」と言われることは、「それはあなたにとっては真理ではない」と言われるのと大差ない。なぜなら問題の「それ」、つまり霊的な意味や気づきや経験が、大変強力なメッセージ（愛の神が存在すること）を伝えているのに、それを耳にした人が他の別なもの（そう強く感じても、それはあなたの誤解だとする）に変換してしまうのである。それに他の幾つかの意味合いを加えて、「真理」という考え方自体がいまの世界ではかなり問題があると思わせる。

懐疑論者の反論自体が、この種の問題の突破口になる。それに気づけば、私たちは振り出しに戻って来ることができる。つまりは、人間のあらゆる経験の中でさまざまな形において報告される広範囲な霊的なものへの渇きは、目に見えないにしても、角を曲がったすぐ先にある何かを指し示す真の指標かもしれない、という可能性である。それは、あの声の響きであるかも知れない。その呼びかけは、否応なしに聞こえてくる大声ではないが、頭の中の雑音やこの世界の騒音でかき消されてしまうほど静かな声でもない。もし、霊的なものを求める渇望が義を求める熱望と結びつくなら、少なくとも、この同じ声のさらなる響きを聴くのは価値があると結論づけることができる。

第3章　互いのために造られて

「私たちは互いのために造られた」。

若いカップルが私の書斎のソファに座って、互いの目をじっと見つめ合っている。結婚式の打ち合わせに来たふたりだ。これほど完全な相手はいない、自分たちが待ち望んできたまさにその人だという発見で心をときめかせ、夢に満ち溢れている。

それでも誰もが知っているように、それこそ天国であるかのような結婚生活が、時には地獄からそう遠くないところで終わりを迎える。互いへの思いやりが、華々しい新しい生活を約束するかに思われるときも、統計が示しているように、その先の生活をどう過ごすべきかを知らなければ、すぐに金切り声を上げ、泣き叫び、離婚のための弁護士を雇うことになるだろう。

何かがおかしくはないだろうか。お互いをそれほど求めていながら、どうしてふたりの関係は難しくなってしまうのか。

私が提起したいのは次のことである。人間関係のすべての領域は、もう一つの「ある声の響き」

を作っているということである。その声は、無視しようと思えばそうすることもできる。しかしその声は充分大きく、いわゆる現代の世俗的な世界で多くの善良な人が張り巡らしている防御を、いとも簡単に突き抜ける。あるいは、こう言ってもよいかもしれない。人間関係とは霧の先にあるものを指し示すもう一つの標識であって、その先によりよい方向に導く道があり、誰もが行ってみたいと望んでいる場所に導いてくれると。

ここではロマンティックな関係から始めることにする。なぜなら、一世代前の西洋文化圏で暴露された結婚生活の実態にもかかわらず、さらには、独りでいたい願望、夫婦共稼ぎの重圧、ふくれあがる離婚率、新たな誘惑の世界に囲まれるかもしれなくても、相変わらず結婚への人気は驚くほど高いからである。イギリスだけでも何千万、いや何十億というお金が、毎年結婚式のために使われている。にもかかわらず、演劇や映画や小説のほとんど半分の割合、おそらく新聞では四分の一の割合が「家庭内の悲劇」を取り上げている。それはおそらく、大切な夫婦関係で何かが著しく損なわれていることを、それとなく示した言い方である。

私たちは互いのために造られている。それでもその関係をうまく保ち、まして実りあるものにするのはほとんどの場合、驚くほど難しい。それは、前の二つの章で明らかにしたのと同じパラドックスである。義の重要性はすべての人が知っている。それでも指の間から逃れて行ってしまう。霊的なものがあり、それが大切だとほとんどの人は知っている。それでも、それはただの願望かもしれないという疑いに反駁できない。同様に、私たちは皆コミュニティーに属し、社会的なものとして造られていることはよく分かっている。それでも、ドアを堅く閉めきり、夜ひとりで床を踏みならしたくなることが多い。同時に、自分は見離されている、自分を憐れんでほしい、誰かが助けに、慰めに来てほしいと願っている。

私たちは皆、他の人と関わりながら生きている存在であることを知っている。しかし、どうすれば良い関係を保てるのかがよく分からない。私たちの頭と心に響いている声は、このパラドックスの両面をいつも思い起こさせる。このことは、どうしてそうなのかを考えてみる価値がある。

関わりの複雑さ

もちろん、ひとりでいるのが望ましいことも多い。騒々しい工場で働いていたり、大家族の中で生活していたりしたら、そこから離れて人気のないところに行って、すがすがしい解放的な気分に浸りたくなる。多くの人と一緒にいるのが好きな人でも、時にはうんざりして本の世界にのめり込んだり、長い散歩に出かけたり、雑音から離れて何かを考えたくなる。そこではその人の気質、家族背景、環境が大きな役割を果たしている。

しかし、ほとんどの人は長期に渡るまったくの孤独を望んではいない。生まれながらの恥ずかしがり屋で内向的な人でも、普段はずっとひとりでいることを選ばない。宗教的理由で隠遁者になるためにそうした生活を選ぶ人はいる。他の人は危険を避けるためにそうする。刑務所内での暴力を避けるために、受刑者によっては独房を選ぶ人がいる。そうした選択をする人も、それは異常な事態であることが分かっている。ある場合は、どこかにひとりで閉じ込められてしまい、文字どおり気がおかしくなる人もいる。

社会生活なしに自分がどのような存在であるかを知るのは難しい。私たち人間は、自分の生きる目的や存在の意味を自分自身の内に、また自分の内的生活の内に見いだすだけでなく、家族の中で、表通りで、仕事場で、コミュニティーで、町で、国で、共に分かち合うように造られているものだ。ある人を「一匹狼」と言うことがあっても、それは悪い意味ではなく、変わった人だというだけの話である。

人との関わりにはいろいろな形態がある。現代の西洋世界で不思議なことの一つは、これまで当然のように思われてきた関わり方を改変（さらに縮小）してしまったことだ。アフリカの普通の町で育った人は、行き来する通りの道なりに何十人という友達がいる。そしてほとんどの子どもたちは西洋人の目から見れば極めて大人数の、何がどうなっているか分からない拡大家族に属しているかのように生活している。歩いて行ける距離にいる大人たちと、まるで自分のおばさんかおじさんかのようにつきあっている。それは現代の西洋人にとって理解できない。

そのようなコミュニティーでは、支え、励まし、叱り、忠告する多重のネットワークが存在し、それが民衆の知恵（あるいは愚かさと言える場合もある）の貯蔵所のようなものになり、人と人を一つに結びつけ、共通の方向性を与えてくれている。また何か悪いことが起こったときは、その不幸を分かち合う。今日の西洋世界に住むほとんどの人は、何を失ってしまったかさえ気づいていない。実際、そうしたコミュニティーを考えるだけで恐れを抱くかもしれない。そこでは、すべての人が幸も不幸も共有している。

もちろん時には、まさに邪悪なことにもなり得る。強烈な団体意識は、コミュニティー全体を間違った方向に走らせてしまうことがある。コミュニティーが一つにまとまり、人々が堅く結びつくと、たとえば古代アテネの人々のように横暴になり、勝ち目のない戦争を傲慢にも始めたりする。もっと最近の出来事では、ドイツのほとんどの人がアドルフ・ヒットラーに全権を委ねる決定をした。それは歴史の流れを変えた。

コミュニティーは内輪でうまく機能しているようでも、その行き着くところが健全である保証はない。確かにコミュニティーの多くは、もともと一緒にやっていくのが困難であることを分かっている。現代の結婚生活の難しさがそのよい例であり、現代の民主主義の脆さもその一つの例である。

今日の西洋世界のほとんどは、民主主義以外の生き方は想像もできず、そうしようとも思わないだろう。「民主主義」という用語は、少なくとも「すべての成人に投票権がある」ことを意味し（過去には普通に行われていた女性や貧困層、奴隷を排除したシステムに対立する意味だが、それさえ過去には「民主主義」と呼ばれていた）、考え得る最も高い賛同を得ている。もし民主主義を信じないと言ったり、それに疑問を投げかけたりしたら、頭がおかしいと思われるか、少なくとも危険人物と見なされる。

民主主義でもうまくいかないことがあるのは私たちも知っている。小さなレベルでも人間関係を正しく保てないのだから、大きなレベルでも保つことはできない。アメリカ合衆国では、重要な役職に就きたいと思うなら、まして大統領選挙に出たいのなら、資産家の支持者から献金を募るなど、極めて多額の資金を要することが当然と思われている。人はそう簡単に大金を出すものではない。支持者はそれなりの見返りをいつも期待している。少なくとも次を見越して支援し続ける。

こうしたことに気づく人が増えるにつれ、世の人の政治への不信感が強まり、それが国家と市民の間の信頼関係を損なっていく。イギリスでは、国民はいまやリアリティ番組（例えば視聴者が素人の出演者を投票によってゲームから落とす『ビッグ・ブラザー』という人気番組）に投票するほうが、政治家を選ぶ選挙よりも投票数が多い。それは、投票率が低くなりがちな地方選挙に限らず、次の五年間の国政を左右する総選挙についても同じである。地方での投票率は、はるかに低くなる。

それは過去何十年間で何度も起こっている。選挙で「勝利」した党であっても全投票数の三分の一ぐらいしか獲得していない。当然、システムそのものの有効性について深刻な疑念が出てくる。多くのヨーロッパの国でも同様に、そうしたことがまかりとおることに不満が出ている。

私たちは皆、何らかの意味で一つにつながっていると知っていても、それがどのような可能性を持つか、あるいはどのようにすべきかについてまったく分かっていない。

そのような問題は、最も親しい関係（結婚関係）からもっと大きなスケール（国家間）に至るまで、同じである。私たちは皆、共に生活するために造られていることを知っている。しかしそれは想像以上に難しいことも知っている。

その大小に関わらずそうした関係において、とくにより個人的でごく親しい関係にある人との場面では、人間生活に特徴的なしるしがおのずと姿を現す。笑いと涙である。互いに滑稽な存在であることに気づく。互いに悲惨な存在であることに気づく。自分たち自身が、そして自分たちの関係が滑稽で悲惨であることに気づく。それこそ私たち自身の姿である。それを避けることはできないし、避けようとも思わない。たとえ多くの物事がうまくいかないとしても。

性について

関わりの中心に性がある。と言っても、もちろんすべての関わりに性的行動を含むという意味ではない。事実上、すべての社会は性をある特定の設定、結婚やそれに類した関係においてとらえている。ここではそういう意味ではなく、人間として関わるときに、男として女として関わるということである。男性であることと女性であることは、特別な関わり（ロマンティックなもの、性的なもの）だけに認められるのではない。

ここでもまた、私たちは誰もがある特質をもって造られていることを生まれつき知っている。それをどう扱ったらよいかの難しさも知っている。性は別な言い方をすれば、私がこれまで強調してきたパラドックスの際立った例である。今日の世界では、私がこれまで語ってきたある声の響きが聞こえる場として、性の領域は関係ないと思う人がいるかも知れない。しかしそれは、いかに誤解してきたかを示しているだけである。

西洋の最近の世代は、多大の努力を費やして子どもたちに男女の違いは単なる生物学的機能の違いだと教えようとしてきた。固定観念で社会的、文化的に身につけた性差《ジェンダー》を区別する人に対して厳しい警告がなされてきた。たてまえだけでも、より多くの仕事が男女差に関係しないものになってきている。それでも今日の親たちは、その考えは理想的には申し分なくても、男の子のほとんどはおもちゃの鉄砲や車で遊ぶのが好きで、女の子のほとんどは人形に服を着せたり、あやしたりして遊ぶのを好むことを知っている。

この新しいルールに頑固に逆行しているのは子どもたちだけではない。雑誌を発行している人たちは相も変わらず、女性がほとんど買わない「男性誌」を出し、男性がほとんど読まない「女性誌」を出し続けている。そのような雑誌の売り上げは、ジェンダーについての宣伝が過去何十年となされた国においてもますます好調である。言うまでもなくほとんどの国で、男性と女性は同一であり、性差など関係ないというふりはしない。実際に、驚くほど異なることを誰もが知っている。

しかし、その違いがどういうものかを正確に記述するのは思いのほか難しい。とくにそれぞれの社会は、男性が何をすべきで女性が何をすべきかについて、異なったイメージを持っているため、皆がそれに従って行動しないと当惑を招く。この面で過去に多くの過ちがあったことは否定しない。私については自分の関わってきた仕事の領域で、男女の役割が伝統的な考え方よりはるかに交換可能であることを熱心に議論してきた。

ここで私の言いたいことは、端的に次のことである。すべての人間関係はジェンダーの要素を含んでおり（男性である私は他の男性たちには男性同士として、女性たちには男性と女性として関わる）、そのことを皆がよく知っていながら、驚くほどそのことで混乱していることだ。ある人たちは実際的な目的からも、ジェンダーは無関係であるとして自分が中性であるかのようなふりをする。その一方、たとえ想像上でも他の人をつねに性的対象と見なす人たちもいる。この点については、どちらも現実を歪めていることを私たちは身に染みて分かっている。

実際、どちらの場合も否定的な面が含まれる。前者（自分自身を中性とみる）は、私たちがどのようなもので、どのように造られているかという大変重要なことを否定する。私たちは端的にジェンダーを持った存在である。このことは、私たちのとる態度や反応に深く多面的な影響を与えている。自分たちはそうではない、何の影響もないというふりをしても得るものは何もない。後者（相手をいつも性的対象とみる）は、性的関係について極めて重要なことを否定している。すなわち、そのような「気軽な性」というものはないということだ。

性的アイデンティティー、すなわち男性であり女性であることは、人間として自分がどういう存在かという中心に近いところにあり、性的行為は人間としてのアイデンティティーと自己認識に直結している。このことを理屈でも行動でも否定することは、人間関係を非人間化することに繋がり、生きたまま死を抱えることになる。

要するに私たちは皆、性とジェンダーが人として生きる上でとてつもなく重要であると知っている。そうでありながらこの領域においても、人間関係すべてにわたって見いだすものを見つける。つまり、物事は私たちの想像以上にはるかに複雑でとても困難であり、謎やパラドックスに満ちているということである。

そのような複雑さの一つは、性と死が互いに深く関わっているように見える事実である。単に二流の小説や映画だけのことではない。じつにパラドックスなのだが、私たちがあらゆる意味で関わりのために造られている考え方を、死そのものが問題にしてしまう。

死、そして人であること

私たちは義を熱望している。しかし、それはなかなか手に入らない。私たちは霊的なものへの渇望がある。そうであるのに、あたかも物質主義が真の真理であるかのような、表面的な生き方をしているほうが多い。さらには、最高で最良な人間関係も、いずれ死で終わってしまう。笑いが涙で終わる。そのことを知って恐れる。しかし、どうすることもできない。

もしこのことがパラドックスであるなら、すなわち、私たちは関わりを持つために存在するのに、そのいずれもが終わってしまうなら、そのどちらの側面も、先の二つの章で聴いた声の響きに気づかせてくれるはずだ。旧約と呼ばれる聖書に端を発する信仰形態は、紛れもなく人は関わりのために造られたこと、とくに家族内での互いの関わり(とくに男と女の相互補完性)、人間以外の被造物との関わり、それ以上に創造主との関わりについて語っている。いまなおユダヤ教、キリスト教、イスラム教の基本であり続けている創造の物語《ストーリー》によると、いまこの世界にあるすべてのものは、つかの間の存在でしかない。永続するものとしてデザインされていない。

この一時的なはかなさ、別の言い方をすれば死という現実は、今日では暗い悲劇的意味合いを持つようになった。それは、創造者に対する人間の反抗と結びついている。人間の持つ関わりの最も深い面での反抗であり、結果的に、他の二つの面(人間同士と他の被造物との関わり)も台無しにした。関わりとそのはかなさというモチーフは、単一神を奉ずる主要な宗教において、人間を人間たらしめる構造のまさに中心部分をなしている。

驚くべきことではないが、人間関係を考えるとき、私たちはある声の響きを聴いていることに気づく。たとえその声が創世記に記されているような「あなたは、どこにいるのか」と問う声であったとしても。

これらのすべてを説明する聖書の古代の創造物語は、力強く、深遠な人間像を描いている。私たち人間は神のかたちに造られたというのだ。ただ、そう言われただけではあまり助けにならない。神についてまだあまりに知らないからである。そのため、自分たちはどういう存在かを考えてもほとんど分からない。同様に（そう思えるのだが）、私たちがどのような存在であるかをあまりに知らないために、神についてもほとんど推測できない。

しかしここで重要な点は、たぶんもっと別なところにある。現代もいくらか似ているところがあるが、古代世界の強大な支配者は、目立つ場所によく自分の像を立てた。元々の自分の領土（そこでは誰もが支配者を知り、その統治を認めている）よりも、遠方にある外国の領地に立てさせた。たとえばローマ皇帝の像は、イタリアやローマより、ギリシャ、トルコ、エジプトではるかに多く見つかっている。皇帝にとって自分の像を支配地域に立てることは、自分が支配者であることを領地の民に思い出させ、そのつもりで行動せよと顕示するためである。

こうしたことには、私たちを脅す響きがある。私たちは何と言っても民主主義者だ。遠く離れた支配者が命令を出すのを望まない。ましてや（予想したとおり）お金を要求されるのはもってのほかだ。しかしこのことは、私たちと神との関わり、世界との関わり、そして他者との関わりがいかに不備なものであり、いかに破壊されているかを示している。

聖書の最初の物語で重要なのは、創造者なる神がご自分の造られた世界を愛し、最善を尽くして面倒をみたいと願っていたことである。そのため創造者はこの世界に、その面倒をみるための被造物を置かれたのである。その被造物がなすべきことは、他の造られたものに対し創造者が真にどういう方であるかを示し、その造られたものを発展させ、繁栄させ、それらが造られた目的を達成させることだった。この被造物（つまり被造物の一つである人類）には、互いに実を豊かに結ぶものとして知り合い、信頼し合い、愛し合うモデルを体現していくという創造者の意図があった。

関わりを持つことこそ、人間が人間であるために不可欠な生き方であり、それは自分たちのためだけでなく、もっと大きな計画のためであった。それゆえ人間関係の失敗は、自分たちもその一部であると心の奥で知っている他の大きなプロジェクトの失敗として織り込まれる。すなわち、義というシステムによって世界を正すこと（第一章）に失敗し、さらには、創造者との信頼や愛の関係の中心にある霊的なことを維持、発展させること（第二章）に失敗したのである。

しかし、それらの失敗そのものと私たちがそのことを心底知っているという事実は、数々の主要な一神教信仰の中でもクリスチャンの伝統だけが触れ、詳細に掘り下げ、ある特質を示している。すなわち、創造者自身がみずからの内に多重な関わりを有しているという信仰である。このことは、後でさらなる考察を必要とする。しかし、それが確実に示唆しているのは、すでに述べてきたように、私たちは関わりを持つために造られていること、しかもその実現が難しいことを確実に知っているという点である。

この二重の知識を、すでに考察してきた二つのケースと同じ方向を示す、さらなる指標と見ることができる。すなわち、関わりへの呼びかけ、そしてその失敗によって受ける惨めな叱責感は共に、あの声の響きとして聞こえてくるだろう。その声は、私たちは本当はどのような存在であるかを思い出させてくれる。しかも、私たちを苦境から救い出してくれるかも知れないものでもある。

私たちはすでにその声をあまりにもよく知っているので、その声の持ち主に出会ったなら、その方の声だと分かるだろう。その持ち主はあらゆる種類の関係、すなわち他の人間との関わり、創造者との関わり、自然との関わりに全面的に関与してきた方であるだろう。しかも、それぞれの関係が壊れた苦痛をも共有していることだろう。クリスチャンの物語の中心的な要素の一つは、そうした笑いと涙のパラドックスを受け止め、それが人間すべての経験の中心深くに織り込まれているだけでなく、神の心の深くにも織り込まれていることにある。

第4章 この地の美しさのために

ある日、オーストリアの小さな田舎町で、ほこりだらけの屋根裏を探しまわっていた収集家が、何ページにもなる色あせた手書きの楽譜を見つけた。ピアノのために書かれたものである。興味を抱いた彼は美術商に持っていった。美術商は知り合いに電話をした。知り合いは一時間半後に現れた。彼はその楽譜を見て興奮し、また当惑した。モーツアルトの直筆のように思われるが、知られた曲ではない。実際、その曲は聞いたこともなかった。

さらに電話をかけまくった。いよいよ興奮が高まった。さらに識者に相談した。それは確かにモーツアルトのもののように思われた。そして、ある部分はいくらか聞き覚えがあると思えたが、すでに知られている他の作品とも一致しなかった。

少しして、ある人がピアノの前に座った。ピアニストがページをめくるとき、掘り出し物が傷つくのを恐れて収集家はその脇に立った。しかし、それを聴いて驚いた。素晴らしかった。まさにモーツアルトが書きそうなものだった。快活な部分ともの悲しい部分の交錯、繊細な和音進行、伸びやかな旋律、そして高まるフィナーレという具合だった。それでも、どこか……完成されていない。何かもっと起こってほしいところで何も起こらない。ピアノの時間がただ経過している感じだった。手書き部分が色あせて明瞭でないところもある。それは単に一、二小節の小休止を入れたのではなく、もっと長い休止が入ることを示唆しているようだ。

気持ちの高ぶった発見者グループは、徐々に事実を悟り始めた。彼らが見ていたのは確かにモーツアルトのものだった。確かに美しい曲である。ただしそれは他の楽器と合わせるパート譜か、あるいは他の幾つかの楽器と合わせるものだった。それだけではがっかりするほど不完全だった。

さらに屋根裏を探しても、それ以上の手がかりは得られなかった。そこにあるのはピアノ譜だけで、かつてあった何かの曲、もしくはいつか分かるかもしれない曲を示しているだけであった。完全な芸術作品の一つだが、今日、ほとんど復元不可能なものだった。ピアノ伴奏によるオーボエ、ファゴット、ヴァイオリンとチェロのための曲、もしくは弦楽四重奏か、あるいは他の楽器との組み合わせか、今日では知るよしもない。他のパート譜が見つかりさえすれば、目の前に置かれた天才の色あせた走り書きによる不完全な美は、完全なものになるだろう。

(ところで、こんなことがあるのかと疑う人がいると思うので記すが、数か月前、この段落の原稿を書いた後、米国のフィラデルフィア市の図書館員がベートーヴェンの手書き楽譜を発見した。それは、彼の後期の弦楽四重奏曲の一つ、「大フーガ」を、作曲者自身が二台のピアノのために編曲したものだった。人生

と芸術は、多面的に他を反映させてダンスを踊るような不思議な習性がある）

これは、美というものに直面したときに私たちが置かれる状況である。世界は美に満ちている。しかし、その美は不完全である。美とは何であり何を意味しているか。そして（もしあるとすれば）何のためにあるのかという謎は、より大きな全体の一部しか見えないために生じる不可避な問いである。

美とは、別な言い方をすれば、もう一つの声の響きである。それは、私たちの前に置かれた手がかりを通して、幾つかの異なった事柄の中のあるものを語っているのかもしれない。しかし、もしそのすべてを漏れなく聞くことができるなら、いま見、聞き、知り、愛し、「美しい」と呼んでいるものが何なのか、納得することができるだろう。

はかない美しさ

美は義と同じように、私たちの指の間からすり落ちてしまう。夕陽を写真に撮っても、その瞬間の記憶を留めているだけであって、その瞬間そのものではない。音楽を録音したものを買っても、家で聴くのは演奏会と違った感じになる。山に登ってその頂上から眺める景色はじつに素晴らしいものだが、もっと素晴らしいものを求めたくなる。たとえその山頂に家を建て、その景色を一日中眺めることができたとしても、そのうずきがなくなることはない。もしかしたら美は、時にそのうずきそのものの中にあるのかも知れない。うずきは希求であり、この上なく素晴らしく、しかもなお満たされることのない喜びのようなものである。

「極上のものでありながら、なお満たされない」。この名文句は、オスカー・ワイルドがタバコについて言ったものだ。それは、美につきまとって離れないパラドックスを別の角度から示している。肺ガンになりやすい統計があるので、今日ではタバコを美的観点から眺めることはないだろう（ワイルドの得意な名言は、そもそも聞き手を驚かすものだったとしても）。

しかし他の多くのものと同じく、美においても好みと流行は変化する。あまりに一変するために、結局、美とは見る人しだいなのだと思いたくなる。あるいはまた、不満足ながら興奮した先ほどの音楽家たちのように、少なくとも完成品の一部でも味わえるのだから、それでよしとすべきだろうか。

このような謎については、時代や地域で最も美しいとされた女性の肖像画を観るたびに思う。ギリシャの壺の絵かポンペイの壁画を観てほしい。古代、その美を賞賛されたエジプトの貴婦人の肖像画を観てほしい。三百年か四百年前のものについても、当時の人たちが言ったことを調べてほしい。正直に言えばいまの私は、外を歩いていてそのような女性を振り返ることはしないだろう。トロイのヘレンはその顔立ちゆえに、当時何千という船を戦いのために出航させたという。今日では一艘のボートも出せないだろう。

自然の美しさについても同じである。過去の二百年間、とくにワーズワースと湖水詩人たちの登場以来、ほとんどの人はイギリスの湖水地方の手つかずの自然を、極めて美しく魅力的で圧倒されるものだと認めている。数え切れないほどその風景は描かれてきた。そこに行ったことのない多くのイギリス人も、ラングデール尖峰や、麓《ふもと》にケズウィックの町をたたえるスキドゥの眺望を描いたテーブルマットを持っている。それはアメリカの多くの人がヨセミテ公園の壮観をとらえたアンセル・アダムスの写真を持っているのと同じである。以前は、山の景観は美しいとも魅力的だとも思われていなかった。むしろ恐ろしく、暗く、危険なものと思われていたのだ。どうして好みはそう簡単に変わるのだろうか。

そのことは、視点を変えることで部分的に説明できる。遠く離れたアルプス山脈の雪崩の優美さと威力は賛えるが、それに襲われた村の惨事を見れば、そんな気分はすぐ吹き飛ぶだろう。岸辺に海の波が押し寄せ、一つひとつの波が滑らかなカーブを描いては消えていく。その力の驚異に魅了される。しかしその楽しみは、津波という悪夢の前では恐怖に変わる。

物事を見る視点と好みの組み合わせは複雑である。個人の好みについて言えば、世代間で異なるだけではなく、同じ時期、同じ町、同じ家にいたとしても人それぞれで、属する下位文化《サブカルチャー》によっても変化する。結婚したての夫婦でも、夫が暖炉の上に飾りたい絵が、妻にとってはただの感傷的で陳腐なものにすぎないこともある。ある教師にとって幾何学の証明はうっとりするほど優雅かもしれないが、教室の生徒たちにはただの数と線と角にすぎない。

美がはかないのは、どうしてだろう。荘厳な夕陽はすぐに終わってしまう。驚きの目で見られた若さゆえの美貌も、手入れと美容師の助けを得て少しは、あるいは数年は、さらには十年は、その美しさを保てるかもしれない。しかし、その後どうなるかは分かっている。たとえ人間としての真の美しさが分かるようになっても、年を重ねたまなざしに宿る英知、その優しさへの理解を深めたとしても、愛、苦悩、喜び、勇気についてあまたの文章を学んだとしても、年を取っていけばもう一度、夕陽さながらのパラドックスに近づくことになる。

美と真理……

「美は真理であり、真理は美である」と詩人キーツは書いている。しかし、私たちがこれまでかいま見てきた謎は、そう簡単にそれらを結びつけさせてはくれない。私たちが知り、愛する美は、せいぜい真理の一部分にすぎない。そして、必ずしも重要な部分でもない。前の節で述べた意味でも、美と真理を同一視することは、いまや私たちがポストモダンのジレンマと呼んでいる、「真理」全体の崩壊に向かう大きな一歩となる。

もし美と真理がまったく同一だとすると、真理とはすべての人において異なり、あらゆる年齢において異なり、実際に、同じ人でも年々異なっていくことになる。もし美の基準が見る人の目によって異なるのであれば、「真理」とは、それを見る人と共に移り変わる内的感情の表現にすぎなくなるだろう。もしそうであるなら、それは私たちが一般的に「真理」という言葉で意味するものではない。

美と真理を同一視することを避けなければならないのと同様、美が、神や「神聖なもの」、あるいは何か超越的な領域への直接的な入り口になるという考えは避けなければならない。音楽が、より大きな全体のためにデザインされているという事実も、そのより大きな全体が何であるかについて何の手がかりも与えてくれない。もし動物の知識をまったく持たず、全盛期の雄のトラに対面したなら、その容姿、色、美しさ、優美さ、力強さのあまりの神々しさにひれ伏し、拝みたくなるかもしれない。それを偶像崇拝と言おうと、そう簡単に抗しきれるものではない。美とは、はるかに複雑なものである。

先に記したパラドックスは、ある世代の人々が、神と自然界とを安易に同一視してきたことに徹底的に反している。自然界の美は何と言おうが、ある声の響きであっても声そのものではない。それを捕まえようとするなら(蝶の収集家であれば文字どおり捕まえてピンで留めるのだが)肝心なものは、すなわち私たちをさらなる追求に駆り立てる捕えどころのない美は、捕えようとしてピンを刺した瞬間に失われてしまう。美はここにあるが、ここにはない。――この鳥、この歌、この夕陽。それは美しいが、それが美なのではない。

美について説明しようと思うなら、またとくに、美とはそれを超えたところにあるものの指標であると論じたいなら、先に記した二つのことを考慮に入れなければならないだろう。一方で美は、それが自然の秩序でも人間の創造したものでも、時にあまりに強い影響を与え、畏怖、驚嘆、感謝、敬意という深い感情を呼び起こすと認めなくてはならないだろう。ほとんどの人は、少なくともある時にそれを感じる。もちろん、何によってどのような感情が呼び起こされ、それはなぜかということで意見が大きく分かれるとしても。

他方で、このような意見の違いや謎はすべて精神的なもの、あるいは想像の産物、あるいは遺伝子によるものだと言う人（ことさら皮肉や破壊的見方からでなく）がいても無理はないと認めなければならない。それはすべて、進化上の条件づけではないかと言う人もいる。なぜならあなたがある情景を好むのは、ずっと昔の先祖がそこに行けば食べ物が見つかると知っていたからだと。

他の人はそれを、無意識の性的欲求によるものだとほのめかす。どうして男の子は汽車がトンネルに入るのを見るのが好きなのか。それはまったくの代償的喜びであり得ると、かなり合理的に示唆する人がいるかもしれない。つまり、絵画に描かれた晩餐会の中のゲストでありたいというのだ。これら二つのものは、どうやら一緒にまとめる必要があるようだ。すなわち美とは、私たち自身を自分の外に引き出すものであり、同時に私たちの奥深くの感情に訴えてくるものでもあるということである。

この点に関してある哲学者たちは、（おそらく）プラトンまで遡れるだろうが、これらの両面を結び合わせていた。一方に自然界、もう一方に芸術家によって生み出された自然界の象徴《シンボル》がある。後者は、より高度な世界、時間、空間、（とくに）物質を超えた世界の反映だという。この、より高度な世界をプラトンは、形相やイデアの世界と呼んでいるが、その理論によれば、まさに究極の現実なのである。現在の世界のすべてはその世界のコピーであり、影となる。

このことは、この世界のすべてはまさにそれを超えた世界のものを指し示すという意味である。その超えた世界については、観照することで学ぶことができ、それ自体として愛することができる。もしこのような移行が考えられないとすれば、すなわち、単に自然と人間の作った美を、ただそのものとして受け止めるだけなら、どのつまりは自分自身の主観的感情にすぎないとしても驚きではない。そこで美とは、この世界を離れた異なった世界を指し示すものとなる。

この考え方は、あるレベルにおいては魅力的である。確かに私たちの経験の多くの部分を説明できる。しかし、少なくとも主要な三つの唯一神宗教にとって（あるいは、それらの主流派にとって）、それはあまりにも多くのものを手放すことになる。すでによく言われていることだが、この現実世界における美は謎であり、つかの間のものであり、上辺だけのことに見える。そしてその下はすべて虫食いであり、腐っている。

しかし、この思想をほんの少しでも深めてみれば、時間と空間と物質のこの世界は本質的に悪であることになってしまう。もしそれが何かを指し示しているなら、それはすでに腐りかけた木でできているようなものだ。もしそれがある声であるなら、それは明らかに病的な声であって、みずからは行けない健康的な地での旅を語っていることになる。こうした理解はユダヤ教、キリスト教、イスラム教という主要な伝統にとって、まったくの誤りである。唯一神を信じる信仰が公言するものは、一見、それに反する現実を目の前にしながらも、空間と時間と物質からなるこの世界は、昔から善なる神による善き創造であったし、いまでもそうなのである。

さらに、私たちの知り得る文化と時代における人間の経験から言っても、まったくの誤りである。すべては錯覚であり、心の出来事であり、直観と遺伝子の組み合わせで説明できると納得し、認めたくなるまさにその瞬間、私たちは角を曲がり、遠くの山並みを眺め、刈ったばかりの干し草の香りを嗅ぎ、小鳥の声を聞く……そして断言する。サミュエル・ジョンソン博士が石を蹴って示したように、これらは事実であり、私たちの外側にあり、単なる想像上の産物ではない。天と地は栄えに満ちている。その栄光自体が、それを見る人間の感性にすぎないという思考を断固拒否している。

美と神と……

しかし、それは誰の栄光なのだろうか。

クリスチャンは伝統的に、その栄光は創造主である神に属していると言ってきたし、まさに歌ってきた。それは、切り立った岩壁に響き渡るあの声であり、夕景の中でささやく神の声である。それは、砕け散る波、ライオンの雄叫びに感じる神の力である。それは、何千という人の顔や形に反映する神の美しさである。

皮肉屋が言う。人は岩壁から墜落し、夕陽の後に道に迷い、波に溺れ、ライオンに食べられる。さらに、年取ってしわが増え、容姿もずんぐりし、病気になるではないかと。私たちクリスチャンは、それは間違いだと声をあげて言わない。またプラトンを盾に、真の世界はこの時間と空間と物質ではなく、そこに逃げ込むことができる別の世界だ、とも言わない。私たちはこの現在の世界が現実の世界であり、悪い状態ではあってもいずれ修復されると語る。

別の言い方をすれば、私たちは第一章で述べた物語《ストーリー》を語る。すなわち、善き創造者が元々意図していた善き秩序に世界を戻そうと切望している物語のことだ。それは、ある二つのことを実行する神の物語であり、いつもそう思っているわけではないにしても、私たちのすべてが心から望み、欲していることである。すなわち、始めたことを完成し、また、いまの世界で失われ、奴隷状態にある人々を救い出すために来られる神の物語である。

救出のために来られる神、さらには創造を完成させ、正していく神という考え方は、古代イスラエルの最も偉大な預言者のひとりの名で呼ばれる『イザヤ書』で強調されている。その第一一章は、世界が正された状況を描いている。狼が子やぎとともに伏し、海をおおう水のように地は神の栄光で満ちる。この忘れがたい情景の五章前で、同じ預言者が、「神の栄光は全地に満つ」と歌う御使いを見たと語っているのは何とも不思議だ。埋論的な問いとして預言者に聞いてみたい。地はすでにその栄光で満ちているのか。それとも、ただ未来においてのみ起こることなのかと。

美を理解するために、次のことを尋ねてみたい。この瞬間に見ている美は完全なのか、あるいは不完全なまま未来を示しているだけなのか。さらに緊急な問いとして、『イザヤ書』の著者のえり首をつかんででも聞いてみたい。この地に神の栄光が満ちているとすれば、痛みと苦悩と叫びと絶望が同時にこの地に満ちているのはなぜかと。

この預言者（あるいはこの書をいまの形にまとめたのが誰であれ）は、それらの問いに答えている。しかし、絵はがきの裏に書き切れる答えではない。また、いまだ私たちはそれを把握できるわけでもない。ただこの時点で知っておかねばならないことは、旧約聖書と新約聖書の両方において、聖書の記者たちは私たちと同じく、この世界の現在の苦しみについてよく承知していながら、この造られた世界が真に最善の神の善き創造の作品だという主張を譲らない、ということである。彼らは、その緊張のただ中に生きている。

だからといって現在の創造された秩序が、あたかも貧弱な二流の神によって造られた（プラトン主義で言うような）貧弱な二流の世界だと想像し、その緊張感をやり過ごそうとしているわけでもない。『イザヤ書』は、唯一の創造主なる神がご自分の美しい世界を救い出そうとし、正そうとしている物語を語ることでその問いに応えている。その物語は、これから本書でさらに深く追求するが、現在の世界はまさに、さらに大きな美、さらに深い真理を示す指標であると告げている。それはじつに、最高傑作の一部としての権威ある写しなのである。

ここで次のような問いが出てくる。それではその最高傑作の全体はどのようなものなのか、どうすればその音楽を意図されたとおりに聴くことができるかと。

この物語の要点は、最高傑作がすでに存在していることである。作曲家の頭のなかにすでに存在している。現時点で、楽器も演奏家もそれを奏でる準備ができていない。しかし準備ができたとき、すでに手元にある楽譜、すなわちあらゆる美とあらゆる謎を含む現在の世界は、最高傑作の真正なパート譜であることが明らかになる。いま手にしているパート譜で欠損している部分は、全体と合わさって素晴らしいものとなる。いま腑に落ちないものも、夢見たこともないほどの調和と完璧さで奏でられるだろう。現在、ほぼ完璧に思え、ほんの小さな欠けでしかないと思える音楽も完成に至るだろう。

これこそが物語に織り込まれている約束である。新約聖書の最も重大な主張の一つ、この世の王国が神の王国になるという主張と同じように、この世界の美は、神の美のうちに包み込まれる――それは単なる神ご自身の美しさであるだけではなく、いまの世界が救出され、癒され、回復され、完成されるときに、卓越した創造者である神によって創造される美である。

複雑な世界に、複雑な人生に

しばらく前の講演で、いま取り上げている「義、霊的なこと、関わり、美」について話をした。

その後すぐに出てきた質問の一つは、真理についてなぜ同じだけスペースを取って扱わないのか、というものだった。もっともである。ある意味で真理についての問いは、いままでの議論に繰り返し出てきており、これからも出てくる。

「真理とは何か」「どのように知ることができるのか」という問いは、ほとんどの主要な哲学の中心的テーマである。それは、私たちをさらに深い問いに引き戻す。思想家たちが問い続けてきた次のようなやっかいな問いである。「真理」とは何を意味するのか。そのとき、「知る」とは何を意味しているか、というものである。

本書でここまで私がしてきたことは、四つの要素を取り上げることだった。それらは、どの文化圏のどの人たちにとっても問いとなり、まだ実現していないものの、その実現の可能性を示すものであった。この四つは、人間社会のどの面においても、非常に重大なものを指し示す指標として充分機能し得るものである。ただしそれは、ロンドンとニューヨークの間の距離を測ったり、ニンジンの正しい料理の仕方を知ったりするような仕方ではとらえられない。そして、これらすべてのものは大変重要な何か、それとはさらに異なるもっと深い種類の「真理」の存在の可能性を指し示しているように私には思える。さらにそれが、異なった種類の真理であるとすれば、それをとらえるためには異なった種類の知り方が必要になるだろう。この点については、しかるべき時に取り上げる。

私たちは実際、複雑な世界に住んでいる。その中で、おそらく人間が最も複雑な存在である。

一度、当代の偉大な科学者がこう言うのを聞いた。私たちの知り得る最小のものを顕微鏡で見ようが、大気圏外の果てしない奥底を望遠鏡で見ようが、世界中で最も興味深いことは、レンズのこちら側の五センチくらいのところにあると。つまりそれは、人間の頭脳である。

当然そこには思考、想像、記憶、意志、人格、それ以外の何千というものが含まれている。それらは別々な機能と思われているが、それらのすべては異なった仕方で頭脳の中で連結しており、私たちのその他すべての生活や複雑な人格性にも関わっている。世界と私たちとの関係も、少なくとも私たち自身が複雑なように、当然、複雑なものだと予期すべきである。もし神が存在するなら、その存在もまた、少なくとも複雑なものだと予期すべきである。

私があえてこのことを言うのは、人生の意味や神の存在の可能性についての議論が、単純な考えから離れてより複雑なものになるため、誰もが不平を言い出すことが多いからだ。この世界、すなわち音楽と性、笑いと涙、山岳と数学、鷲とわらじ虫、彫刻と交響曲、雪の結晶と残照などのある世界——私たち人間はそのすべてのただ中にいる——は、真理への、現実への、確かなものについての探求においては、単純なイエスかノーかの判断を許さない。それなりの複雑さがあり、それなりの単純さがある。学べば学ぶほど人間は驚くべき複雑な被造物であると分かる。しかし一方で、人間の生活は極めて単純であることを思い知らされる瞬間で溢れている。

考えてほしい。生まれる瞬間、死ぬ瞬間、愛し愛される喜び、使命の発見、死に至る病の発病、時には足元をすくわれるような圧倒的な痛み、怒り。そのとき、私たち人間の多様な複雑さが合わさって大きな感嘆符が生まれるか、あるいは（おそらく）大きな疑問符が生まれる。喜びの叫び、苦痛での号泣、笑いの爆発、吹き出る涙。突然、遺伝子に組み込まれたものがいっせいにハーモニーを奏で、声を合わせて歌い出し、そして語る。良きにつけ悪しきにつけ、「**まさにこのとおりだ**」と。

私たちはこの複雑さと単純さを、次の五つのことをし続けることで誇りに思い、そして楽しみ、祝う。すなわち、私たちは物語を語る。儀式を執り行う。美を作り出す。コミュニティーで働く。信仰を表明し、考える。これ以上のことも考えられるだろうが、いまの時点ではこれで充分だろう。これらすべてのことに愛と苦しみ、恐れと信仰、礼拝と疑い、義の希求、霊的なものへの渇望、人間関係の約束と困難さがより糸のように織り合わされている。もし「真理」というものがあるとすれば、絶対的な意味でこれらのすべて、さらにそれ以上のものにそれが関係し、意味をもたらすはずである。

物語、儀式、美、仕事、信仰。私はここで小説家、劇作家、芸術家、工芸家、哲学者のことを言っているのではない。彼らは皆それぞれの分野の専門家である。ここでは私たちのすべてを言っている。特別な出来事、つまり人生を変える瞬間の物語、家族の記念すべき結婚式などを言っているのでもない。日常の瞬間のことを言っている。

一日の仕事を終えて帰宅する。その日、起こった物語を話す。テレビやラジオでさらに物語に耳を傾ける。料理をしたり食卓を整えたり、家族のために何百と行う、単純でしかも深みのある儀式のことである。そして言う。「これが私たちだ」「(独身であれば)これが私だ」「ここがまさに私たちが私たちである場所だ」と。そして一束の花を飾り、家をきれいにする。折々にそのすべての意味を語り合う。

物語、儀式、美、仕事、信仰のどれ一つでも取り除いたらどうなるだろうか。よく起こるように、人生は色あせたものになる。大小に関わらず私たちの複雑な人生は何千という仕方で、これらの相互作用で成り立っている。万華鏡の模様が絶えず変化するように、人生は多様な要素で織りなされている。この複雑な世界に、まさにクリスチャンの物語が差し出されている。この世界に意味を与えていると主張している。その複雑さの中で「真理」という言葉をどのように使うかは、注意深くあるべきだろう。

前世代の西洋文化では、真理は綱引きのロープのようだった。ある人たちはすべての真理を、油は水より軽いとか、二たす二は四のように証明できる「事実」へと縮小しようとした。別の人たちは、すべての真理は相対的であり、真理を主張するとはどれも、暗に権威を主張しているにすぎないと信じた。普通の人はこの綱引きとそれがもたらす社会的、文化的、政治的副産物にぼんやり気づくくらいで、真理とは何かが大切だと知ってはいても、不確かな感じしか持てていない。

「真理」が意味すること、意味すべきことは、何について話しているかによって異なってくる。町なかに行こうとし、五三番線のバスに乗りなさいと教えてくれた人が真理を語っているかは大事である。しかし、すべての真理は決してそのようなものではなく、それと同じように調べられるものでもない。もし義を希求することの背後に真理があるとすれば、世界は道徳的に混乱したものであってはならないということである。しかし、「そうあってはならない」ということはどういう意味か、どうすればそれを知ることができるかが問われる。

もし、霊的なものへの渇望の背後に真理があるなら、人間は単に自分たちの生活の「霊的」次元が深まるだけで満足するのか、あるいはその霊的な仕方でしか知ることのできない別の「存在」との関係のために造られているのかが問われるだろう。関係、関わりについていえば、関係の「真理」は、関係そのものの内にある。すなわち、互いに対して「真実」であることである。そのことは少なくとも、五三番線のバスのことで互いに真理を語る（たぶんそのことも含むだろうが）以上のものである。美についてはすでに指摘したように、「真理」を「美」に組み込んで駄目にすることはできない。いまここでしか知りえない美の持つ脆さと曖昧さによって、真理を解体しかねない危険性があるからである。

「知る」ということが何を意味するかも、同じようにさらに調べる必要がある。すでにほのめかしているが、より深い真理を「知る」とは、人を「知る」ようなもので、長い時間がかかり、多くの信頼が必要であり、試行錯誤が求められる。町なかに行くバスが正しいかを「知る」のとはわけが違う。それは、主体と客体が織りなされているものを知るようなことで、純粋に主観的か、純粋に客観的かと言えるものでは決してない。

こうした、より深く、より豊かな意味で知るということは、より深く、より豊かな真理を伴うことを意味するが、それをひと言で言い表すなら「愛」である。しかし、そこに入る前に深呼吸し、ある物語の中心に飛び込まなくてはならない。その物語は、クリスチャンの伝統に従えば、私たちの希求する義、霊的であること、関わり、美、そしてまさに真理と愛に意味を与える。そのためには、神について語ることから始めなければならない。それは、「さあ、太陽を見つめるのを学ぼう」と言うのと似ている。

第二部

太陽を見つめる

第5章 神

クリスチャンは、神と世界について真実の物語《ストーリー》を語っていると主張する。

そこでそれ自体が、義への熱望、霊的な渇望、関わりへの希求、美への憧れを探求するなかに響いている声を説明していることになる。ただし、それらのどれ一つとして神を、とくにクリスチャンの信じる神をじかに示しているわけではない。それらはせいぜい、おおよその方向に手をふって示すくらいである。洞窟の中にいると、人の声が聞こえても、どの方向から届いているのか見当がつかないのと同じである。

描写を変えれば、本書でここまでに示した考え方は、迷路の中心に向かってどこまでも続く道のようなものである。確かにゴール近くまでは導いてくれる。しかし、もう少しのところで目的地に達しそうにない。厚い垣根で隔てられたままである。これらの道筋や他のどんな道筋も、それだけで人間の心を、無神論と思っているところからクリスチャン信仰に導いてくれるとはとても思えない。ましてや、神の存在や神の性質を「証明」できるわけではない。だが、私たちを神に導いてくれそうなこうした道筋のすべてを試して、そのどれもが無駄だと言えるかといえば、そんな単純な話でもない。それ以上のもっと根深い問題がある。「神」という言葉の意味自体が問題となる。

描写を変えてみたい。街灯の光もない田舎の一軒家にいると想像してほしい。ある冬の夜更けに停電になり、周囲一体が真っ暗闇になった。そこでマッチ箱がテーブルにあるのを思い出し、注意深く部屋中を手探りして見つけ出す。一本一本マッチをつけながら、ロウソクの置いてある食料棚を見つける。そうすればそのロウソクで、肝心な懐中電灯のありかを見つけだすことができる。

これらはどれも理に適っている。マッチもロウソクも懐中電灯も暗闇の中で役立つ。しかし意味をなさないのは、夜が明けようとしているのにそれらを持ち出し、陽が昇ったかを確かめようとすることである。

神についての大論争、すなわち神の存在、神の性質、この世界でなされる神のわざについての多くの論争は、太陽が輝いているのにそれを確かめようと、空に向けて灯りをかざすような愚かな行為である。同じように簡単に陥りがちな過ちは、神がいるとしても、まるで私たちの世界にある独立した実在、あるいは音楽や数学のように、努力して学べば神に近づけると思って語ったり考えたりすることである。そして、この世界にある物体や存在を扱うのと同じテクニックで扱えるかのように思うことである。

最初の宇宙飛行士であるソ連のユーリー・ガガーリンが地球を何回か回って帰還したとき、神の存在を否定する宣言をした。「天上まで昇ってみたが、神が存在するしるしはどこにも見当たらなかった」。しかしあるクリスチャンたちが指摘したように、もしこの飛行士が、自分の見たものをどう解釈するかを知っていたなら、神の存在を示す多くのしるしを目にしたことだろう。

クリスチャンの立場から言えば、神について語るのは難しい。なぜならそれは、太陽を見つめるようなものだからだ。目がくらむ。それよりもっと簡単なことがある。太陽から目をそらし、陽が昇ったことですべてが明るく照らし出されている事実を楽しむことである。

問題の一部は、私たちの使う用語にある。英語で「神（God）」というのは、大文字のGがついていてもいなくても二重の意味がある。一つは普通名詞（「椅子」「テーブル」「犬」「猫」というように）としての用法で神的存在を指す。「初期のエジプトではどのような神々を信じていたか」と尋ねれば、誰もがその質問の意味を理解する。幾つかのタイプの神々が存在し、女神さえもいて、いろいろな伝統に従ってあがめられ、語られてきた存在を指し示す。

しかし、主要な唯一神論（ユダヤ教、キリスト教、イスラム教）の影響下にある言語圏では、「神」とそれに相当する言葉は、固有名詞、あるいは個人名としていつも使われている。もし西洋世界で「神を信じますか」と尋ねたなら、それは「ユダヤ・キリスト教の伝統的な唯一神」という意味だと分かり、そのように意図していることも伝わる。「多くの神々の中の一つの神を信じますか」という質問とはまったく異なる。

もちろん今日の西洋では、多くの人がキリスト教の神について大まかな考えしか持っていない。「神を信じますか」と問われ、一週間考えたとしても、常識的な判断力のある人であればとうてい信じられないイメージしか想い描けないだろう。すなわち、白髪で長いあごひげの老人(たぶんウイリアム・ブレイクの素晴らしい絵のような)が雲の上に座り、人間が地上でなしている混乱を見て怒っているイメージである。そのような想像は、まともなクリスチャンが思い描く神とは似ても似つかない。しかし注目すべきなのは、それが「神」という用語でクリスチャンが信じていると、多くの人が考えていることである。

さらに肝心な点が残っている。つまり、こうした探求は神を見いだせる場に向かう道のりを導いてくれるかもしれないが、そうした仕方で壁を突破し、神をつかまえたと主張することはできないということだ。それは、神をかいま見るほど遠くに行った宇宙船はまだないというのに似ている(もし、唯一神宗教の神にいくらか似ている存在がそこにあったとしても)。神は宇宙にある対象物ではない。人間がどのような議論をしようと、いわば神を片隅に追い込み、押さえ込んで、大人しく人間の精査に従わせることなど決してできないということだ。

クリスチャンの語る物語には、確かに神が押さえ込まれ、人間による取り調べを受け、裁かれ、拷問にかけられ、投獄され、殺される場面が出てくる。しかし、それはあまりに不可解な出来事なので、詳しい解説はあとにとっておきたい。いずれにせよ、ある声の響きに注意深く聴き入るなら、いずれその声そのものに届くかもしれないと探求している人にとって、ナザレのイエスになされた残虐行為は、さしあたり神を指し示す道しるべにならないだろう。

　クリスチャンが述べる物語の別の場面に目を移せば、神の存在を証明（あるいは反証）するために議論したい人は、イエスが死から復活《イースター》した日の朝、墓に行った婦人たちが驚愕したのと同じ危機にさらされるだろう。その婦人たちは、友であり指導者でありメシアかもしれない人にふさわしい弔いをしようと出かけた。しかし、イエスは彼女たちよりも先に（いわば）目覚めていた。婦人たちが墓にでかけた行動は無理もないものだった。とくに、彼女たちの置かれた状況を考えればなおさらだった。

　しかしイエスがよみがえったことで、すべては新しい光のもとに置かれた。この新しい光については後にさらに詳しく検討する。というのは、それがイエスについての問いに光を与えるだけではなく、まさに太陽のようにすべてを照らすからである。ここで重要なのは、神は（もし存在するとして）私たちの世界にある対象物でも、ましてや知的世界の特定のイデアでもないので、その存在を証明しようと人間がどれだけ努力しようが、迷路の中心には決してたどり着けないということである。

　では神が存在するとして、その神がその迷路の真ん中から、自分のほうから現れたらどうなるだろうか。それこそがまさに、主要な唯一神論の伝統が伝えてきたことである。その可能性について考察するには、ここでいったん横道に入り、これまで語ってきたことをさらに注意深く考察する必要がある。もし神が空の彼方に存在しないのなら、いったいどこにいるのだろうか。

神は天に？

「神は天におられる」と、聖書記者のひとりがきっぱりと断言している。「あなたは地にいるからだ。だから、ことばを少なくせよ」(伝道者5・2)。このことばは、文筆や講演で生計を立てている人にとっては警句となる。しかしこれは、聖書の伝統がつねに主張してきたことを強調しているにすぎない。すなわち、もし神がどこかに「生きている」とすれば、それは「天」として知られる場であるということである。

二つの誤解をただちに解かなければならない。第一に、後代の神学者の中には、宇宙を旅すればいつかは神のいる場にたどる着けると想像した人がいたかもしれない。だが聖書の記者たちは当時、そのようには考えなかった。ヘブライ語やギリシャ語では、「天」が「空《そら》」を意味することもある。しかし聖書記者たちは、物質世界での場所を表す意味の「天」と、「神の住みか」としての「天」とを、現代人よりも容易に識別することができた。それらは異なる種類の「場」なのである(これは、文字どおりの意味と比喩的意味を混同しているのではない。そのことは第一四章で取り上げる)。

後者の意味の「天」は、聖書が伝える一般的な理解であるが、私たちのいる空間と異なる神のおられる空間のことであり、宇宙の時空間に存在する神の場という意味ではない。では、神の空間と私たちの空間は交差するだろうかという問いが出てくる。そうだとすると、いつ、どこで、どのように。

二番目の誤解がある。それは「天（天国）」という言葉が、「神の民が死んだ後、至福の幸せのうちに神と共にいる場所」という意味で頻繁に使われてきたことで生まれた。その結果、天とはクリスチャンが死んだ後に向かう場所、祝福された魂が最終的に憩う場として理解されるようになった。そして「天」と反対の場所である「地獄」とセットで理解されるようになった。だが初期のクリスチャンにとってそれは、贖《あがな》われた者の最終的な終着点という意味ではなく、神がつねにおられる場を言い表した。その意味で「天（天国）に行く」という言い方に含まれる約束は、「神がつねにおられる場に私たちもいるようになる」ということである。したがって「天」とは、単に未来の状態だけではなく、現在のことをも表す言葉なのである。

すると私たちは、異なった視点から、前と同じ問いに直面することになる。では、その「場」、その「位置」（カギ括弧をつけたのは、時空と物質世界における場や位置を意味しないため）は、私たちの世界とどう関わるのだろうか。また実際に、関わることなどあるのだろうか。

聖書では私たちの世界を「地」と呼ぶ。「天」は空を示すこともあるが、通常は私たちの現実に対する神の現実の次元を指すほうがはるかに多い。「地」という言葉も、私たちの立っている大地を指すこともあるが、通常は先の『伝道者の書』の引用のように、神の現実に対する私たちの現実の次元を指している。「天は、主の天である。しかし、地は、人の子らに与えられた」（詩篇115・16）。聖書は天と地に加え、「地の下」を語ることもあるが、聖書の冒頭に、「初めに、神が天と地を創造した」とあるような使われ方のほうが通例である。

こうしたことを明確にした上で、次の基本的な問いにしっかりと向き合うことができる。すなわち、天と地、神の場と私たちの場は互いにどのように関わるのだろうか。

天と地と……

神の場と私たちの場が互いにどう関わっているかについて、三つの理解（その変形を含む）がある。すべての思想家がユダヤ・キリスト教の伝統の中にいたわけではないが、その多くがそうした三つの仕方でこの問いについて考えてきた。今日多くの人は、経済や原子物理学のような複雑な事柄についての基礎的知識を持っている。にもかかわらず多くのクリスチャンを含め、神学における基本的な選択肢についての理解はあまり普及していない。

まず選択肢〈一〉では、二つの場は重なり合って一体となっている。神の場と私たちの場は、基本的に同じである。同じものを二つの仕方で語っているとも言える。この考え方は、神は自分のいる領域に隠れることはせず、すべてを自分の存在で満たしている。どこにでもいて――この点に注意してほしいが――あらゆるものが神なのである。あるいは、神はすべてであり、すべては神であると言ってもよい。

この考え方は「汎神論」として知られている。一世紀の古代ギリシャとローマ世界で、おもにストア哲学を通して人気があった。その後、何世紀ものあいだ下火だったが、現在、徐々に人気が出てきている。汎神論が生まれた背景は、ゼウス（あるいはジュピター）、ポセイドン（あるいはネプチューン）などのギリシャ・ローマ世界で礼拝されていた神々を、一つにまとめてしまおうとしたことにある。海と空の神々、火と愛と戦いの神々がいた。木々には神性が宿り、川にも神性があり、すべてが神なるものだった。少なくともその神々しさを表していた。

そのような多神教は、ごたごたして複雑である。そこで古代の多くの思想家が考えたのは、「神性なるもの」を、すべてに浸透している力としてみなすことだった。そうすればより容易になり、すっきりし、はっきりする。この場合、人間のなすべきことは、ただ自分たちの内側と世界の中で神性なものに触れ、それに自分を合わせることである。今日、多くの人はこの見解に魅力を感じている。

厳密な意味での汎神論は、結構厳しいものがある。ハチ、蚊、ガン細胞、津波、ハリケーンも含め、すべてに神性があると信じるのはかなり努力が必要である。それもあって今日、ある思想家は微妙な変化を加え、それを汎内在神論や汎在神論（panentheism）と呼んでいる。その見解では、そのもの自体にまったく神性はないが、存在のすべてが神の内（pan＝「汎（すべて）」、en＝「内に」、theos＝「神」）にあるとする。汎内在神論にはよさそうに見える部分が幾つかあるが、それについては第三の選択肢を論じるなかで、いっそうはっきりしてくるだろう。

汎神論とそれを拡大解釈した汎内在神論の問題は、悪の問題を扱えないことである。少なくとも多神教では何か悪いことが起こったなら、自分を痛めつけた神か女神に文句を言うくらいはできるだろう。たぶんお賽銭（賄賂《わいろ》）を忘れたからかもしれない。しかし、すべてに神性が宿り（あなた自身も含め）、そのただ中で生きているとすれば、何か困ったことが起きたときに、しかるべき訴える先がない。誰も助けに来てくれない。世界と「神性なるもの」は、ただそれとしてあるだけなので、しかたがないと慣れるしかない。最終的な解決は（一世紀の多くのストア派が出した答えであり、今日の西洋世界でますますその数が増えている）自殺である。

選択肢〈二〉は、二つの場をきっちりと切り離す。神の場と私たちの場は互いに遠くかけ離れている。神々は存在するにしても、天にいる。その天はどこであろうと、またどんなものであろうと、神々はそこで楽しんでいる。――とくに、地上のことでわずらわされる必要がないからである。この見解も古代では人気があった。とくに詩人であり哲学者であったルクレティウスによって普及した。彼はイエスより一世紀前に生きていたが、それよりさらに二世紀前のエピクロスの教えを拡大解釈したものである。

この見解についてのルクレティウスとエピクロスの結論によれば、人間はこの世界で孤立した状態に慣れなければならない。神々は人間に関わることはない。助けてもくれないし、害も及ぼさない。人間にできることは、人生をなるべく快適に過ごすことだけである。そういう意味では、おとなしく、注意深く、穏やかに生きればよいのである（ある人たちはその後、「エピクロス派」を官能的、快楽的生活を追究する人ととらえた。エピクロス自身と彼に従う者たちはそう理解したのではなく、安定した落ち着いた生活から純粋な喜びが得られると考えた)。

二つの領域、すなわち神の領域と私たちの領域をくっきりと分離した場合、どんなことが起こるかを考えてほしい。もし(昔の多くの哲学者のように)、それなりにうまく過ごし、快適な家とおいしい食べ物とぶどう酒があり、世話してくれる奴隷がいるとしても、遠くにいる神々に向かって肩をすくめ、これからもうまくいくように期待するくらいがせいぜいだろう。しかし、もし他の大多数の人のように、つらく、過酷で、徹底的に悲惨な生活をしていたらどうだろうか。自分の住む世界は暗黒で、険悪で、悪意に満ち、しかもそこから逃れる望みといえば死しかないのだ(ストア派のところでも出てきた)。あるいは、刹那的でひそかな幸福感を味わうある種の超・霊的なものに頼ったり、よりよい死後の生を望んだりするだろう。それが「グノーシス主義」として広く知られる哲学がまん延した理由である。それについては、後でさらに触れることにしたい。

神の領域と私たちの領域をエピクロス派のように区分し、神は遠くかけ離れ、敬われはしても私たちの領域に現れることも何かをすることもないという考え方は、一八世紀の西洋世界で(「理神論」として知られる運動)大変人気があった。それは今日、さまざまな場所で継続している。

実際、西洋世界の多くの人は「神」や「天」を語るとき、何らかの存在物や場所であるかのように語り、それが存在するとしても遠くにかけ離れ、私たちとほとんど直接的な関係のない、あるいは何もできない存在だと思っている。それが、「神を信じている」と言いながら教会にも行かず、祈ることもせず、「神についてほとんど考えもしない」と平然と言ってのける理由である。その人たちを非難できない。もしそのようなかけ離れた神を信じているなら、日曜日の朝、私だってわざわざ寝床から起き上がりはしないだろう。

古代のエピクロス派と現代の理神論者にとっての真の問題は、先にこの書で取り上げたすべての声の響きに耳をふさがねばならないことである。実際、現代の忙しく騒々しい世界では、それはそんなに難しくない。むしろまったく簡単なことである。テレビの前に座っているか、耳にイヤホンをつけ、片手に携帯を持ってメッセージを送り、もう片手にこだわりのコーヒーカップを握っていればよい。現代のエピクロス派になるのは極めて容易なことだ。しかしテレビやオーディオ装置のスチッチを切り、異なった種類の本を読み、夜空の下で思い巡らしたとしたら何が起こるだろうか。あなたは選択肢〈二〉のことを考えるに違いない。

天と地は重なり合い、かみ合っている

選択肢〈三〉は、古典的なユダヤ教とキリスト教に見られる。天と地は完全に一体として重なり合ってはいない。しかし、その間に大きな溝があって隔てられているのでもない。その代わり、いろいろ異なった仕方で重なり合い、かみ合っている。汎神論や理神論のように二者択

一で白黒はっきりしたものと比べると、分かりにくく混乱を起こすかもしれない。しかしその混乱は歓迎すべきことである。

すでに見たように、もし人間生活が実際に込み入った多面性を持っているとしたら、当然、そこで予期される複雑さを受け入れることは可能である。自分の書棚にある本が全部シェークスピアの喜劇だとすれば、彼の演劇をマスターできそうだと容易に想像できる。ただ、誰かがそれに悲劇や歴史劇、さらにはこの偉大な作家による詩集の一巻や二巻を持ってきて加えたらどうか。混乱して「複雑きわまりない」と文句を言うかもしれない。しかし現実は、シェークスピアをより深く理解することに近づいたのであって、遠ざかったのではない。

同様なことは、非ユダヤ的な古代世界や近代哲学から、旧約聖書の世界、古代イスラエル民族の世界に目を向けるときに起こる。すなわちユダヤ教とキリスト教という仲たがいした二姉妹（そしてある意味イスラム教も）の基盤となっている世界に目を向けるときである。旧約聖書は、神は天に属し、私たちは地に属すると主張している。そうでありながら、この二つの領域が確かに重なり合うことを繰り返し示している。つまり神は、ご自分の存在を知らせるために、この地の領域内でご自分を見たり聞いたりできるようにしている。

こうした神の不思議な臨在は、聖書の始めにある多くの物語に見え隠れてしている筋書きである。アブラハムは神と何度も会っている。ヤコブは御使いが天と地の間のはしごを上り下りするのを見た。モーセは聖なる地、燃える柴を見たとき、ほんの瞬間でも天と地の交差した聖なる場に自分が立っていることに気づいた。さらにモーセがイスラエルの民をエジプトから導き出したとき、昼は雲の柱で、夜は火の柱で神が彼らを先導した。モーセがシナイ山に登ったとき、神はその頂上に顕れ、彼に律法を与えた。イスラエルのひどい不品行による反抗に遭いながらも、神は約束の地への旅に伴われた。

実際、『出エジプト記』のかなりの部分は（驚くほど早いペースで進む前半のナラティヴの後に）、神が降臨して民の間に住むという移動式の祭壇の記述に費やされている。何ともぴったりした言い方だが、それは「会見の幕屋」と呼ばれた。そこは、天と地が一つになる場所である。

天と地が重なり合うという古代イスラエル人の信仰の中心は、エルサレム神殿であった。彼らが約束の地で最初に住み始めたとき、神の臨在のしるしは「契約の箱」であった。それは、律法を刻んだ石版や他のいろいろな聖具を納めた木の箱であった。聖なる幕屋がそれを守っていた。さらにダビデは、エルサレムを都として定め、全国民の生活と政治の中心地としたとき、新しい計画を立てた。その子ソロモンが後に完成する大神殿の建設計画である。それは全国民にとって唯一の礼拝場所であり、イスラエルの神が永遠に住むことになる場であった。

エルサレムにあるシオンの丘に建立された神殿はそのとき以来、イスラエル人の伝統に従えば、天と地が出合う本来の場となった。「主はシオンを選び、それをご自分の住みかとして望まれた。『これはとこしえに、わたしの安息の場所、ここにわたしは住もう』」（詩篇132・13〜14）。イスラエルの神が民を祝福されるときは、シオンからそうされる。離れたところに民がいるときは、神殿に向かって祈る。巡礼者と礼拝者がエルサレムに詣で、礼拝のために神殿に入り、献げものをしたとき、あたかも天に行くようだとは言わなかっただろう。天と地が重なり合い、かみ合った場へ行くのだと言ったことだろう。

天と地が重なり合い、そうすることで神は天を離れることなく地にいるという意味づけは、ユダヤ教と初期キリスト教神学の中心にあった。多くの混乱はまさにここにある。もしクリスチャンの主要なこの主張を、他の思考の枠（いわゆる選択肢〈一〉と〈二〉）で考えるなら、不可解で変なものになり、おそらく矛盾してさえ見えるだろう。しかし、正しい枠に戻して見るなら、まさに意味が通じるようになる。

天と地がある意味でそれぞれ独立し、それでも神秘的に重なり合うという信仰は、古代イスラエル人と初期のクリスチャンの思想と生活において、そうでもなければ謎としか言いようのない幾つかのことをしっかり説明してくれる。ここで創造そのものを、世界における神の行為との関わりでとらえてみよう。

汎神論者にとって、神と世界は基本的に同じものである。世界は神の自己表現だと言ってもよい。理神論者にとっては、世界は確かに神、あるいは神々によって造られた。しかしいまは神と人間との関わりはまったくない。理神論者の神は、造られた世界に「介入する」ことなど夢にも思わない。そうするのは、一貫性のない間違いになる。

しかし、古代イスラエル人と初期クリスチャンにとって世界の創造は、神の圧倒的なまでの愛が惜しみなく注ぎ出されたものである。唯一の真の神が、ご自分と異なる世界を造られたのだ。神の愛がそれを喜びとしたからである。

その世界を創造した後も神は、世界のそば近くにいて、いきいきとした親密な関わりを保ってこられた。しかも神は世界の内に閉じ込められることなく、世界は神の内に閉じ込められることもない。世界における神の行為を語ること、(別な言い方をすれば) 地の上における天の行為を語ることは、すなわちクリスチャンが「主の祈り」を唱えるたびに語っていることは、形而上学的なぶざまな大失敗についてでもないし、異界 (「超自然」?) の力が無作為に地上に侵入するような「奇跡」を語ることでもない。それは、被造物の中における神の愛に満ちた活動を語ることであり、つねに神が臨在していることの確かなしるしでもある。実際、そのような愛の行為は、ある響きを残すことになる。まさにあの声の響きである。

とくに選択肢〈三〉における神は、愛する被造物が堕落し、反抗し、その結果苦しみに陥っている事実を大変深刻に受け止めていることが分かる。このことは (すでに見たように)、汎神論者には理解できない。汎内在神論であっても悪の際だった性質をとらえることは難しい。ましてや善なる神が悪をどのように扱うかを理解することは、さらに難しい。理神論の神にいたっては、ただ肩をすくめるだけである。世界が混乱状態にあろうが、どうして神がそれを気にしなければならないのか、自分たちで解決したほうがよいのではないかと。

クリスチャンの信仰について広く普及している誤った理解の多くは、この点を既存の理神論の枠に当てはめて理解しようとすることからくる。理神論的キリスト教を次のように示すことができる。遠くかけ離れたところにいる厳格な神が、ある日、唐突に何ごとかを決断する。そして神がご自身の子をこの世界に遣わしたのは、彼を通してどのように私たちがこの世界から逃れ、神と一緒に住むことができるかを教えるためだった。そしてさらに、神ご自身の不可解で気まぐれな要求を満足させるため、残酷な運命をその子に課して断罪したと。

その説明がどんなに歪曲されたものかを理解し、クリスチャンの語る物語が理に適っていることを知るためには、ユダヤ教とキリスト教が伝えてきた神が成し遂げた救出のわざについて詳細に調べていく必要がある。選択肢〈三〉の神が悪を扱うとき、何が起こるのだろうか。

それへの答えは、今日の多くの人にとって驚きだが、神がアブラハムを呼び出したということにある。そこに触れる前に、古代ユダヤ人が信じていた神について一言触れておきたい。

神の名について

ある時点で古代イスラエル人は——歴史的にそれがいつかを正確に決めるのは難しいが——自分たちの神を呼ぶ特別な名前を知るようになった。

それはあまりに特別で聖なるものと見なされたので、イエスの時代まで、そしてたぶんその前の数世紀の間、声に出して言うことを禁じられていた(唯一の例外があった。大祭司が年に一度神殿の中心にある至聖所でその名を呼ぶことができた)。ヘブライ語の記述は子音だけなので、その名がどのように発音されたか定かではない。その子音はYHWHである。今日、最も信憑性が高いと思われる発音の仕方は「ヤハウェ(Yahweh)」である。正統的ユダヤ教徒は今日もこの名を口にしない。単純に「ハーシェム(*HaShem*)」(その名前)と言って神を示すことが多い。書くこともしない。時には一般的な「神(God)」という言葉さえも同じ理由で「G-d」と書く。

ほとんどの古代の名前のように、YHWHには意味があった。それは、「わたしは、『わたしはある』という者である」、あるいは、「わたしはあるであろうものである」という意味だと考えられる。この神は他のあらゆるもの、あらゆる存在と比べられるようなものではない。ある「神的な存在」というカテゴリーがあって、その中の至高の存在として理解することもできない。また、神も含めたあらゆる存在のうちで、私たちが「ある」「存在する」と呼ぶものの中の至高の存在だということですらない。むしろ神は、ただ神としてのみ存在している。神そのものが一つのカテゴリーなのである。より大きなカテゴリーの一部ではない。それゆえ、私たちの世界で議論を積み重ねて階段を上り、神の世界に到達できるようなものではない。また同様に、人間として徳を高める階段を上り、神の前に立てるほどの高みに達するようなことは期待さえできない。

神の名前のことで、もう一つの混乱があるのでここで整理しておこう。

神の固有名詞は口に出されることがなかったため、古代イスラエル人は聖書を読むとき、それを避けるテクニックを発展させた。YHWHの言葉にきたときに、代わりにアドナイ(「わたしの主」という意味)と呼んだ。そうしなければならないことを忘れないように、YHWHの子音にADONAI(アドナイ)の母音を添えて時々書いたようだ。

このことは後代の読者に、二つのことばを一緒に呼ぼうとする混乱を引き起こした。それでやや強引に(彼らにとってある文字は入れ替え可能だった。YとJ、WとVのように)エホバ(JEHOVAH)という合成語を作った。古代イスラエル人や初期クリスチャンの前でこの言葉を使っても理解できないだろう。

旧約聖書の英訳のほとんどは、神ご自身の名前を発音させないようにする習慣を守ってきた。その代わりにこの言葉が出てきたときは、一般的に「主」と訳してきた。時に英語圏においては大文字で「the LORD」と書かれた。これは二重の混乱を与えてきた。ユダヤ教、とくにキリスト教の神についての信仰を理解したいなら、この問題を真剣に取り扱う必要がある。

早い時期から(実際、福音書によればイエス自身の活動時期から)、クリスチャンたちはイエスを「主」と呼んでいた。初期のクリスチャンの間でこの表現は、少なくとも三つの意味合いがあった。(a)「主人」「自分たちの仕えている方」「従うことを約束した方」、(b)「真の主」(「主」という同じ呼称で呼ばせたカエサルに対抗するため)、(c)「主」、すなわち旧約聖書で語られるYHWHである。この三つの意味合いは、私たちの接する最も初期のクリスチャンの著者、パウロのうちにも見ることができる。初期のクリスチャンたちはその柔軟性を享受していた。しかし、私たちにとって混乱の元となっている。

現在の西洋文化は理神論の影響を受けているため「主」という言い方は、イエスを特別に示したり、旧約聖書のＹＨＷＨを指したりすることから離れてしまった。その代わりに、単に遠く隔たった一般的な神的存在を指すものになった。その神は、もしかしたらイエスと何らかの関わりがあるかもしれないし、ないかもしれない。ただそんな神だとしたら、ＹＨＷＨとはまったく関わりのない神だろう。

このように、古代イスラエル人の神の名を口にすることへのためらい、中世時代の誤訳、そして一八世紀のぼやけた思想が重なり、一世紀のユダヤ人がＹＨＷＨを想うときの理解、また初期のクリスチャンがイエス、あるいは「主」と語るときの意味を、今日にいきいきと再現するのは難しくなってしまった。そして、この伝統全体をその意味にふさわしく、きちんと受け継ぐことを難しくしてしまった。

それでも努力しなければならない。神についての言語は、結局はどれも神秘的なものである。だからといって、ぞんざいでぼやけたままであってはならない。「主」というタイトルは、初期のクリスチャンがイエスを語るときに好んで用いたので、この点をはっきりさせることは必須である。

ここからさらに先に進むためには、唯一の真の神、ＹＨＷＨによって選ばれた特別な神の民、世界のために召されたと信じた民、すなわち神の全宇宙的な救いのわざを証しし、自分たちをその計画の代行者と信じた民についてもっと注目する必要がある。

ナザレのイエス自身の物語は、クリスチャン信仰の核心であり重要な点であるが、それはこの民の物語の中に置かれてこそ意味をなす。そしてあえて言えば、そのようなイエスを理解して初めて、義への熱望、霊的なことの渇望、関わりへの希求、美を味わう喜びにおいて響きわたるあの声が、いったい誰のものかを聞き分けられるようになるのである。

第6章 イスラエル

歴史的な出来事として、あのナザレのイエスが生まれた民について、なぜ一章を割いて論じなければならないのか。

初期のクリスチャンは、この問題について考える必要がなかった。この問いが起こること自体、クリスチャンの世界がそのルーツからいかに離れてしまったかを示している。この問題が起こることと自体、い物語《ストーリー》において、ナザレのイエスのうちに起こったことこそが、まさにクライマックスであると受け止めることとは、クリスチャンの世界観にとって文字どおり最も根本的なことである。そのイスラエルの物語がどんなものであったか、それがどのような働きをし、どのような意味があるかを理解しないままでイエスを知ろうとするのは、野球やクリケットがどんなものかをまったく知らないまま、なぜバットでボールを打つのかを理解しようとするようなものだ。

当然であるが、古代イスラエルであろうとイエス時代のイスラエルであろうと、あるいは現代のイスラエルであろうと、とにかくイスラエルについて何かをクリスチャンが語ろうとすると、恐ろしいほどの困難を感じる。数週間前に私はヤド・ヴァシェム（「記念と名前」という意味）を訪ねた。エルサレムにあるホロコースト記念館である。そこに刻まれているひとりのユダヤ人の証しを、初めてではなかったが読んだ。数十人のユダヤ人と共に密封された家畜輸送用の貨車に詰め込まれ、まさに生き地獄で死に追い込まれた。続いて私は砕石場を歩き回った。そこにある硬い石に、ヨーロッパの都市名が刻まれている。そこで何千というユダヤ人が集められ、殺戮のために連れ去られた場所である。

ユダヤ人について何かを言おうとすれば、悲しみで心がうずき、頭を横に振りたくなり、深い恥辱を感じる。ヨーロッパ文化の中から（ある人はいまだに「キリスト教」文化と思っているが）そのようなことが考えられ、それればかりか実際になされたのだ。

しかしだからといって、何も言えないという意味ではない。ユダヤ人の物語の中でこそ、イエスのなしたことに意味がある。そのユダヤ人の物語について何も語らないことは、ヒットラーの出現以前から長いあいだ潜在化していた反ユダヤ主義を黙認することになる。どんなに戸惑いがあろうと、語らなければならない。

それが困難なのは、現代がそのことに敏感であるからだけではない。アブラハム、モーセ、ダビデ、それに続く人たちに関して、実際、どれだけのことを知ることができるのかという歴史的大論争があるからである。エジプトからの「脱出」は実際にあったのか。聖書記者たちは後期青銅器時代と初期鉄器時代（両者合わせておおよそ紀元前一五〇〇年から一〇〇〇年）について語っているようだが、それらの記述はその当時に書かれ、後に編集されたのだろうか。あるいは五、六百年後に書かれたのだろうか。もしそうだとするなら、しっかりとした資料に基づいているのだろうか。あるいは何もないところから作り上げたのだろうか。

幾つかの問いがありながらも、私はイエス時代のユダヤ人が語っただろう物語を述べてみたい。あるいは少なくともそのような仕方で述べてみたい。そうすれば、しっかりとした土台に立つことになる。私たちはヘブライ語（ある部分はアラム語であるが）で書かれた旧約聖書そのものを持っている。「七十人訳」と言われるギリシャ語訳（イエスの時代の二、三世紀前に作られた）も持っている。さらにイエス時代の一、二世紀以内に書かれた幾つかの書物もある。それらは聖書の物語の幾つか、あるいはすべてを再録したものか、あることを強調するために特定の記事にスポットを当てている。

最もよく知られているのは、有能だが一匹狼だったフラヴィウス・ヨセフスの大著『ユダヤ古代誌』である。ヨセフスは六〇年代半ばにローマ軍と闘ったユダヤ人貴族で、七〇年にエルサレムが陥落すると立場を変えて、ローマのために働き、ローマでの年金生活に入っている。一世紀のユダヤ人が見たように物語を語ることは、いまも議論の多い初期の時代に関する歴史上の疑問を避けられるだけではなく、ナザレのイエスがなぜそのように語り、行動し、それがなぜ影響力を持ったのかを理解する助けになる。

物語の最も初めの部分についてはすでに語った。その初期の中心的な出来事の一つに入ってみたい。アブラハムの召しである。そこで、そのアブラハムに先立ち、そのための準備となった悲喜劇的出来事から始めてみよう。

アブラハムの召しは……

「やっぱり塔を建てたのだね？　次は何をするつもりだね？」。これが創世記第一一章に見られる神の声の調子である。自分たちは偉大で重要な存在なのだと示したい人間の痛々しいまでの努力を、神は嘲笑するかのようにご覧になった。物語は悪い状態からよりいっそう悪い方向に進んだ。エデンの園での反抗（創世3章）から最初の殺人（4章）、さらに地に満ちた悪（6章）、そしていま、天にまで届く塔を建てようとする愚かな考え（11章）。

神の姿《イメージ》をこの世界に反映させるはずだった人間が、その代わりに自分の姿を鏡で見るようになった。そこで見た姿を気に入り、同時におびえた。尊大になり、同時に不安になり、自分たちだけが重要な存在だと思うようになった。そこで神は人間を地の表に散らし、言葉を混乱させることで、以後、傲慢なプロジェクトを立てさせないようにした。

バベルの塔の物語は、不義にまかせた世界であり、見せかけの霊的な姿であり（自分たちの努力で天にまで届こうとした）、人間関係の崩壊であり、大都市の醜悪さで人間のプライドを誇示しようとした建造物の物語である。困ったことにそれらはみな、私たちにとってあまりに身近なことである。創世記第一二章で迎える大きな転換点は、そのような状況下での出来事だった。神はアブラム(この後の第一七章で、「アブラハム」と名前が長くなる)を呼び出し、彼と特別な約束をする。

そうすれば、わたしはあなたを大いなる国民とし、あなたを祝福し、あなたの名を大いなるものとしよう。あなたの名は祝福となる。あなたを祝福する者をわたしは祝福し、あなたをのろう者をわたしはのろう。地上のすべての民族は、あなたによって祝福される。
(創世12・2〜3)

最後のセンテンスが極めて重要である。地上の民族は分裂し、混乱していた。自分たちだけではなく、世界のあらゆるいのちの営みを台無しにしていた。アブラハムとその子孫たちはある意味で、物事を正すための神の手だてであり、神の救いのわざに先立つ者となるはずだった。ともかく、そうなるはずだった。最初は、確かにばかげた不可能な考え方のように見える。しかしその約束は続く章で繰り返され、さらに展開していく。とくに、神はアブラハムと「契約」を結んだ。それは取り決めであり、拘束力のある同意として、神とアブラハムがその後もずっと縛られる約束である。正確には、両者が対等な立場の「協定」ではない。神はこの同意において、初めから終わりまで不動の主導権を握っている。

時には神は父として、イスラエルは最初の子として描かれる。時には神は主人として、イスラエルは仕える者として描かれる。時には驚くべきことに、神を花婿とし、イスラエルを花嫁とするという、結婚で使われる用語で契約を語る。その契約が意味するすべての味わいを私たちが知るためには、これらのイメージがみな必要である(もちろん、それらはイメージにすぎず、しかも私たちの経験する現代の世界とはまったく異なる世界からくるイメージではあるが)。

大切なことは、神がアブラハムと結んだこの契約は、世界の創造者がアブラハムとその家族の神となるという確固たるコミットメントである、ということだ。アブラハムとその家族を通して、神は全世界を祝福する。アブラハムがさまよった砂漠の揺らめき光る蜃気楼のように、それは新しい世界、回復された世界、創造者によってもう一度祝福される世界を示すヴィジョンである。そこは義の世界であり、神とその民が調和をもって生き、人間関係も豊かにされ、美によって醜さがおおわれた世界になることだろう。そこでは、あらゆる人間の心の中に響いているあの声が調和し、生ける神の声として聞こえてくる世界になるだろう。

この契約は、神の側にあっては揺るぎないものだった。しかし創世記が語るように、アブラハムの側はとうてい堅固とは言えなかった。最初から問題にぶつかり、それがナラティヴ全体につきまとうことになる。難破した船を助ける救命ボートが大波で座礁し、救出を必要としているとしたらどうなるだろうか。世界を救出するために神が立てた人々、世界を正すために定められた人たち自身が救出を必要とし、正される必要があるのである。イスラエルが問題の一部となり、解決をもたらさないとしたらどうなるだろう。陽気な老ラビであるリオネール・ブルーがラジオでこう言っていた。「ユダヤ人は他の人とまったく同じだ。ただし、他の人以上に人間的だ」。旧約聖書はどのページを見ても、そのことを強調している。

力強く、無限で、自由な愛をもって神の創造した世界が、いまや反乱を起こし、しかも神の救出計画を実現すべく選んだ人々がそれを台無しにしてしまったのを見て、神はいったい何をすべきだろうか。後になって、あれはまったくの間違いだったとは言えない（それに最も近いことが創世記第六章から第八章の大洪水のときに起こった。しかしそこで大事なことは、神はノアの家族と人間以外の創造物を救い出し、それによって再出発をさせようとしたことである）。

さまざまな不明瞭さとパラドックスを生むことになるが、神はご自分で創造したものの内側から働こうとする。それは、人間の反乱によってもたらされた多重な問題に対処するためであり、それによって創造そのものを回復するためである。また神は、契約を交わした民の内側から働こうとする。それは、回復のわざを完成させ、本来の目的を成就するためである。

そのことは、なぜイスラエルの物語の中心において一つのテーマが繰り返し出てくるかを説明してくれる。それはワーグナーの楽劇で、一つのライトモチーフが異なったコンテクストで、異なった視点から繰り返し演奏されるのと似ている。それは行きつ戻りつする物語である。奴隷状態と救出の物語であり、捕囚と回復の物語である。それはナザレのイエスが、ことばと行動で意識的に語った物語である。そして究極的には、彼の死と復活において語った物語である。

旧約聖書の中心テーマ——捕囚と帰還

旧約聖書を生み出したユダヤの物語記者たちが、行きつ戻りつする物語を主要なモチーフと見なしたのは、おそらく必然的なことだったろう。ヘブライ語聖書の主要な部分が最終的な形に落ち着いたのはバビロン捕囚(exile)の最中だったと思われる。それは、故郷からだけではなく、ヤハウェである主が共にいると約束してくださった神殿からも引き離され、悲しみのうちに暮らしていた(「私たちがどうして、異国の地にあって主の歌を歌えようか」詩篇137・4)ころである。

アブラハムの子孫が、よりによってバベルの塔の地であるバビロンに住むことになるのは皮肉だが、それでも彼らは何を望むべきかを知っていた。前にも捕囚状態だったことがあるからだ。それは、彼らのすべての物語の中心的テーマだった。

実際、ことはアブラハム自身から始まった。遊牧生活の続きであるかのように、しばらくエジプトに下ることになった。そして、そこに縛りつけられるところだった。いのちの危険を感じて、妻であるサラを妹だと偽った(実際に異母妹であった)。それで解放された。この物語は、アブラハムに最初の約束が与えられたすぐ後のことだった。あたかも次のように言っているようだ。「見なさい。神がアブラハムに偉大な未来を約束するや、アブラハム自身がそれをだめにしてしまうところだった」。

このパターンはいろいろなかたちで繰り返される。たとえば、ヤコブは兄エサウをだまし、東の国に逃げた。その後、戻って来て兄と対面する。さらに重要なことに、ヤコブは神と格闘する（創世32章）。そこには義のこと、霊的なこと、回復した関わりのことが、物語の周りを巡って大きく鳴り響いている。聖書記者や編纂者が、決して忘れることのできない大きなテーマが響いている。

しかし、創世記のすべての流れはヨセフの物語に至る。彼はエジプトに奴隷として売られた。彼の残りの家族全員も故郷で飢饉《ききん》に襲われ、まもなくエジプトで彼に合流した。しかし一世代もたたないうちにヤコブ家への待遇が変わり、奴隷の民になっていく。その後、境遇が最悪になったとき、助けを求める彼らの叫びを神は聞かれた。奴隷状態から解放し、彼らに国を与えて自由にすると約束した。それはユダヤ人とクリスチャンが記憶すべきことの中で、最も重大な時の一つとなった。それは、アブラハムとの約束への神の真実さ、神の民の苦難に対する神の憐れみ、救出と自由と希望への約束、そして何よりも神の名とその重大さの啓示、それらすべての集大成である。

神はモーセに仰せられた。「わたしは、『わたしはある』という者である」。また仰せられた。「あなたはイスラエル人にこう告げなければならない。『わたしはあるという方が、私をあなたがたのところに遣わされた』と」。神はさらにモーセに仰せられた。「イスラエル人に言え。あなたがたの父祖の神、アブラハムの神、イサクの神、ヤコブの神、主（ヤハウェ）が、私をあなたがたのところに遣わされた、と言え。

これが永遠にわたしの名、これが代々にわたってわたしの呼び名である。

……わたしはあなたがたをエジプトでの悩みから救い出し……乳と蜜の流れる地へ上らせると言ったのである」。（出エジプト3・14～17）

そして、そのとおりのことが起こった。神は異教のエジプトを罰し、神の民を救い出した。過越《すぎこし》の祭りの物語である。それは今日に至るまで、ユダヤ人の主要な祭りの一つである。

しかしその後（控えめに言っても）、思うように運ばなかった。それでもイスラエル人は約束の地に到着した。そこでも、ことはうまくいくこともいかないこともあった。その地の先住部族たちに支配されたり、他の解放者が現れて自由になったりした。そうした混乱の経験をへて、民たちは王を求めた。最初のサウル王で道を誤った後、ダビデ王が出現し、「神の心にかなう人」として迎えられた。しかしアブラハムと同じように、ダビデも自分の心の欲するままにふるまった。それは惨めな結果をもたらした。

ダビデの治世の中心として、王国を築き上げる物語になるはずが、何と自分に背いた息子アブシャロムからの逃避行の物語となった。またしても繰り返されるパターン。ダビデは逃亡し、悲しみを抱いて、いくらか賢くなって帰ってくる。しかし次の二世代の間に、彼の王国は二つに分裂した。それから二世紀たち、二つの国のうち大きな領土を持つ「イスラエル」と呼ばれた北王国（それに対し南王国は「ユダ」と呼ばれた）が、アッシリア帝国によって破壊され、無理矢理立ち退かされた。今度こそは物語の流れがついえた。帰るべき家はなかった。

ユダ王国は首都エルサレムのことで苦闘し、エルサレムを守ることに集中した。しかし、アッシリア帝国の力は弱まったものの、より強力な敵が現れた。バビロンである。四方八方に広がった大帝国を築き上げ、海の巨獣が小魚を飲み込むようにユダの小さな領土を飲み込んでしまった。エルサレムは破壊された。神殿も他のすべても破壊された。ダビデの家系は恥辱を受け、多くが殺された。かつてヤハウェの歌を歌った民は異郷の敵国で、その歌詞が喉につかえるような経験をする。

それは再び起こった。七十年がたって、バビロンはペルシャ帝国の手に落ちた。新しいペルシャの支配者はユダヤ人たちを帰郷させることに決めた。エルサレムは人の住むところとなった。神殿が再建された。「主がシオンの繁栄を元どおりにされたとき」と詩篇の作者は書いた。その喜びは筆舌に尽くしがたく、こう続けた。「私たちは夢を見ている者のようであった。そのとき、私たちの口は笑いで満たされ、私たちの舌は喜びの叫びで満たされた」（詩篇126・1〜2）。

捕囚（exile）と帰還という、かの日から今日に至るまで変わらない、ユダヤ人の物語の重大テーマがイスラエルの民の意識にしっかりと埋め込まれた。そして、神殿において天と地が重なり合うこと、そこでヤハウェは民を赦し、交わりを持ってくださること。過去いろいろあったとしても、ご自分の民を救い出し、世界を正してくださる神のプロジェクトはいまなお進んでいること。それらを信じる人々が、再びエルサレムの神殿に参拝するようになった。

ダニエルに示された救出の約束

しかし、今度はいままでのようではなかった。少なくともダビデやソロモンの時のようではなかった。ダビデの当時、イスラエルは独立国として自由だった。周りの国々は従属していた。人々は遠くからエルサレムの美しさを見に来たり、王の知恵を聞きに来たりしていた。

確かに今回、イスラエルはバビロンから帰還した。しかし、当時の何人かの聖書記者が書いているように、自国にいながらもなお奴隷状態にあった。帝国に続く帝国の支配があった。ペルシャ、エジプト、ギリシャ、シリア、そして最後にローマ帝国。さまよえるユダヤの民にとって、これが帰還の意味するものだったのだろうか。神が民を救出し、世界を正すとはこのことだったのだろうか。

この時代のある時点で、学識あるユダヤ人が、外国の支配下におけるユダヤ人の英雄や先見者の物語を書物にまとめた。その書は、主要な登場人物の名前を取って『ダニエル書』と呼ばれ、唯一の創造主なる神ヤハウェ、すなわちアブラハムの神の王国のもとに、いずれ全世界が秩序を回復するに至るという不滅の希望を強調している。しかし、この書が明らかにしているように、この約束の実現は、多くのユダヤ人の想像よりはるかに長くかかった。

確かに彼らはバビロンから帰還した。しかし、もっと深い意味での彼らの「捕囚」は、ただの七十年ではなく、「七十週年」であった。言い方を変えると、七年の七十倍、四百九十年（ダニエル9・24）であった。今日の私たちは、昔の預言からいまの出来事を数えることに慣れている。BC（紀元前、Before Christ）、あるいはBCE（Before Common Era 非キリスト教徒が用いる呼称）の二百年間、多くのユダヤ人はこの『ダニエル書』の預言に基づき、彼らの捕囚がいつ終わるのか、神がいつ彼らを救出し、世界を正すのかを探し求めていた。

ここに、やがて初代キリスト教の主導的なテーマの一つとなる信仰が見られる。初期のイスラエルの詩人と預言者は、自分たちの神が世界の王になると宣言していた。ダニエルはこの信仰を、イスラエルの捕囚と回復、離れてまた帰ってくる物語の流れに刻み込んでいる。神の民が最後に救出されるとき、別の言い方をすれば、彼らから圧迫を受けてきた異教の民が滅ぼされ、イスラエルが最終的に自由になるときは、真の神がすべての約束を成就し、全世界をさばき、すべてを正すときでもある。

そのとき、神の民を襲った「獣たち」はさばきを受ける。それらをさばく方は、不思議にも人のかたちをしている「人の子のような方」で、神の民を代表し、苦難の後に主権を回復する（ダニエル7章）。それは「神の国（王国）」の到来となる。神が全世界を支配し、悪をさばき、すべてを正していくときである。ここに至って、いよいよそのテーマをライフワークとした人物を見ていく準備ができたと言える。

神の民を支える四つのテーマ

ようやくその時が来たが、まだ触れなくてはならないことがある。イスラエルの物語を巡る四つのテーマについてである。それらは聖書の記述に、そしてその後のユダヤ人による文書の両者に見られるもので、いままで見てきた物語の輪郭を肉づけしてくれる。

第一は王である。神がダビデと結んだ目を見張るような約束、すなわちダビデの王家が永遠に続くという約束（第2サムエル7章）は、イスラエルを治める王たちはみな民を圧迫するだろうという、預言者サムエルの警告（第1サムエル8章）を背景に登場してきた。ダビデ自身のふるまいにしても、その子ソロモンのふるまいにしても、サムエルの警告どおりだったことを如実に物語っている。ダビデの後継者たちの多くも、弱いか、あるいはまったくの悪に傾いた。イスラエルの生活、礼拝の回復のために立てられた王たち（ヒゼキヤ、ヨシヤ）も、捕囚という終極的な大惨事を避けることはできなかった。

詩篇八九篇は、詩編の中で最も壮麗で心をとらえて離さない詩の一つだが、この問題をこれ以上ないほど完璧に描いている。一方で、神はダビデと重大な約束を結んだ。しかし他方で、それがすべて無に帰したかのようである。この詩篇は、その両面を神の前に差し出して見せ、「さあ、あなたはこれをどうなさろうとしているのですか」と言っているかのようである。

しかしまさに、この謎めいた不透明さの中から、断続的ではあるが、徐々に明確になり、ついには断固たる言い方で前面に出てきたものがある。それは、いつの日か真の王、新しいかたちの王、すべてを正す王が立てられるという希望である。その王が王位に就いたときは、悩む者たちがついに公正を授かり、造られたものが喜びの歌を歌い出す。

神よ。あなたの公正を王に、
あなたの義を王の子に授けてください。
彼があなたの民を義をもって、
あなたの、悩む者たちを
公正をもってさばきますように。
山々、丘々は義によって、
民に平和をもたらしますように。
彼が民の悩む者たちを弁護し、
貧しい者の子らを救い、

しいたげる者どもを、打ち砕きますように。（詩篇72・1〜4）

このようにして、神がいにしえに約束したものが成就する。油が注がれ、つまり神ご自身の霊を注がれた新しい王が立てられ（「油注がれた者」はヘブライ語でメシア、ギリシャ語で「キリスト」）、世界を正しい秩序に回復する。公正を求めて響いている声は、ついに聞き入れられる。

第二のテーマは神殿である。すでに見てきたように、理屈としてユダヤ人は、神殿のことを天と地が出合う場所だと信じてきた。しかし周知のように、いわゆる第二神殿（バビロン帝国による破壊の後に再建され、紀元七〇年のすさまじい破壊のときまで建っていた神殿）は、その前の壮大な神殿とは比較にならなかった。そこで働いていた祭司たちでさえ、預言者マラキが訴えているように、神殿を侮辱的に扱った。ダビデ以来、神殿を建てあげ、回復するのが王の役割だった。イエスの時代がくる前、ふたりの人物が神殿の回復を利用して、自分を王位継承者に仕立てようとした。だが、ふたりともダビデの子孫ではなかった。

そのうちのひとり、ユダ・マカベウスは、紀元前一六四年、シリアに対する反乱を起こし、劇的な勝利を手にした。敵の支配を撃破し、（異教の礼拝に使われていた）神殿を元の状態に回復した。彼の家系をその後、一世紀以上にわたる強固な王室として支えるために、それで充分だった。ローマ帝国によって「ユダヤ人の王」という称号（その近辺で最も戦いに秀でていたのがおもな理由で）を与えられたもうひとりの王、ヘロデ大王は、神殿の再建と美化のための大がかりな事業に着手した。息子たちがさらにそれを引き継いだ。

それでも充分ではなかった。王朝は紀元七〇年、神殿自体が破壊される数年前に終焉した。しかし、原理はすでに確立されていた。いつの日か真の王が立てられるとき、その王の果たす役割で欠かせない中心的要素は、義を確立するだけではなく、世界に公正がもたらされることである。天と地が出合うのにふさわしい場が再建されることになる。人々が深く渇望していた霊的なこと、つまり神に近づくことが、ついにかなえられる。

第三のテーマはトーラー、モーセによる律法である。いわゆる「モーセ五書」と呼ばれるもので、トーラーとして知られる最終的な形に編纂されるのは、たぶんバビロン捕囚の間であったと思われる。それは、奴隷と解放、捕囚と帰還、迫害と過越という昔の物語を際だたせ、またそのようにして救出される民の生活パターンを確立することになる。

神が彼らを解放するとき、どのように生きねばならないかをトーラーは伝えた。それは神に気に入られるためではなく(あたかも道徳的な恩を売るかのように)、感謝の心で、忠実に、契約によって生きるという決意の表明であって、その協定に従うのは、何よりも神が彼らを救い出してくれたからである。それこそが、バビロン捕囚の解放からイエスの時代まで、またそれ以降もトーラーが大事にされ、その研究と実践がますます盛んになった背後にある理由である。

トーラーは、誰かがどこかでそれを守り、それで何が起こるか様子を見ようというような個人の特権として与えられたのでは決してなかった。それは民に与えられ、民によって、民のために編纂された。そして、少なくとも捕囚からの解放後に民に適用された。それはまさにその民が神のもとで調和を保ち、互いに対して公正に生きるためであった。人類学者はトーラーに記されている禁止事項《タブー》や慣習の多くが、とくに異教徒の支配下にいた期間、少なくともシンボルとして民を一つにし、唯一神との契約の民としてのアイデンティティーを保つ役割を果たしたという理解を強めている。例えば、それこそがユダ・マカベウスとその一族がシリアに反抗した理由だった。

シリア人は意図的な動機で異教の礼拝を神殿で行い、冒涜しただけではなく、忠実なユダヤ人に何とかトーラーを捨てさせようとあらゆる手を尽くした。ユダヤ人の国民としてのアイデンティティーの破壊は、その精神を打ち砕くのと同じであった。ユダ・マカベウス一族の反乱は、神殿のためであったのと同じくトーラーのためでもあった。トーラーは神の家族として、神の民として生きることのすべてだった。それは神との、そして互いの、またすべての人の心の内に響きわたる真の関わりを求める叫びへの答えであった。

第四は新しい創造である。神がアブラハムと結んだ全世界的な約束に立ち戻る書は、『ダニエル書』だけではない。『イザヤ書』の中心的部分は、ヤコブの諸部族の回復だけではなく、異邦の国民すべてに光をもたらすという神の意図を語っている(イザヤ49・6)。そしてこの同じ書で驚くべき形でまとめて語られていることは、王と神殿とトーラーへの希望、全世界的な平和への希望、エデンの園が植え替えられる希望であることが分かる。まさに新しい創造にほかならない。この新しい世界の美は、古代詩が繰り広げている美と一致している。『イザヤ書』から幾つか抜き取って次に紹介するが、その続き具合をよく味わってほしい。

終わりの日に、
主(ヤハウェ)の家の山は、山々の頂に堅く立ち、
丘々よりもそびえ立ち、
すべての国々がそこに流れてくる。
多くの民が来て言う。
「さあ、主(ヤハウェ)の山、ヤコブの神の家に上ろう。
主はご自分の道を、私たちに教えてくださる。
私たちはその小道を歩もう」。
それは、シオンからみおしえが出、
エルサレムから主(ヤハウェ)のことばが出るからだ。
主は国々の間をさばき、
多くの国々の民に、判決を下す。
彼らはその剣を鋤に、
その槍をかまに打ち直し、

国は国に向かって剣を上げず、
二度と戦いのことを習わない。（イザヤ2・2〜4）

預言者は平和と希望の幻をイスラエルだけではなく、すべての国民に差し出している。ヤハウェが最後にご自分の民を解放し、ご自分もそこに住み、支配する場所としてエルサレム（「シオン」）を再建するとき、その恩恵を受けるのはイスラエルだけではない。その昔、神が初めにアブラハムに約束したように、この民を通して、創造主である神が全世界に回復と癒しをもたらすことになる。

さらに具体的には、神はこのことを、（「エッサイの子」としばしば言われる）ダビデの子孫、イスラエルの究極の王の到来によって行使することになる。この王は、神の義を全世界にもたらすために必要な知恵を備えている。

エッサイの根株から新芽が生え、
その根から若枝が出て実を結ぶ。
その上に、主（ヤハウェ）の霊がとどまる。
それは知恵と悟りの霊、
はかりごとと能力の霊、

主（ヤハウェ）を知る知識と主（ヤハウェ）を恐れる霊である。
この方は主（ヤハウェ）を恐れることを喜び、
その目の見るところによってさばかず、
その耳の聞くところによって判決を下さず、
正義をもって寄るべのない者をさばき、
公正をもって国の貧しい者のために判決を下し、
口のむちで国を打ち、
くちびるの息で悪者を殺す。
正義はその腰の帯となり、
真実はその胴の帯となる。
狼は子羊とともに宿り、
ひょうは子やぎとともに伏し、
子牛、若獅子、肥えた家畜が共にいて、
小さい子どもがこれを追っていく。
雌牛と熊とは共に草をはみ、
その子らは共に伏し、
獅子も牛のようにわらを食う。

乳飲み子はコブラの穴の上で戯れ、
乳離れした子はまむしの子に手を伸べる。
わたしの聖なる山のどこにおいても、
これらは害を加えず、そこなわない。
主(ヤハウェ)を知ることが、
海をおおう水のように、地を満たすからである。(イザヤ11・1〜9)

こうしてメシアの支配はすべての造られたものに平和と義、そしてまったく新しい調和をもたらすことになる。それが意味することは、義と、霊的なことと、関わりと、美に飢え渇いている人は誰であってもみな、来て、見なさいという招きが、ついに公布されたということである。

ああ、渇いている者はみな、
水を求めて出て来い。金のない者も。
さあ、穀物を買って食べよ。
さあ、金を払わないで、穀物を買い、
代価を払わないで、ぶどう酒と乳を買え。
……耳を傾け、わたしのところに出て来い。

聞け、そうすれば、あなたがたは生きる。
わたしはあなたがたととこしえの契約、
ダビデへの変わらない愛の契約を結ぶ。
見よ。わたしは彼を諸国の民への証人とし、
諸国の民の君主とし、司令官とした。
見よ。
あなたの知らない国民をあなたが呼び寄せると、
あなたを知らなかった国民が、
あなたのところに走って来る。
これは、あなたの神、主(ヤハウェ)のため、
また、あなたを輝かせた
イスラエルの聖なる方のためである。
……まことに、あなたがたは喜びをもって出て行き、
安らかに導かれて行く。
山と丘は、あなたがたの前で喜びの歌声をあげ、
野の木々もみな、手を打ち鳴らす。
いばらの代わりにもみの木が生え、

おどろの代わりにミルトスが生える。
これは主（ヤハウェ）の記念となり、
絶えることのない永遠のしるしとなる。（イザヤ55・1、3〜5、12〜13）

旧約聖書の壮大な詩的文書から、新約聖書の驚くべき喜びまでを貫く主要なテーマは、全宇宙が、天も地も共に新たにされることであり、この新しい世界においてはすべてがよくなり、すべてのあり方もよくなる、という約束である。

「見よ。まことにわたしは新しい天と新しい地を創造する。
先の事は思い出されず、心に上ることもない。
だから、わたしの創造するものを、
いついつまでも楽しみ喜べ。
見よ。わたしはエルサレムを創造して喜びとし、
その民を楽しみとする。
……狼と子羊は共に草をはみ、
獅子は牛のように、わらを食い、
蛇は、ちりをその食べ物とし、

わたしの聖なる山のどこにおいても、
これらは害を加えず、そこなわれない」
と主（ヤハウェ）は仰せられる。（イザヤ65・17〜18、25）

さらに、この何倍もの箇所を引用することも可能だろう。新しいエデンの園のテーマ（創世記第三章のいばらとあざみは美しい灌木に置き換えられる）は、聖書全体の物語の根底にある主題の一つである。究極的には、真の捕囚（exile）、すなわち真に「家を出た」瞬間とは、エデンの園からの人間の追放であった。イスラエルの度々の捕囚と回復は、エデンからの最初の追放の再現であり、象徴的には、家に帰ること、人類の回復、神の民の救出、創造そのものが新しくされることへの希望を表している。

何度も繰り返し出てくるこの第四の主要テーマは、すべての人間の心がそうであるように、古代の預言者の心において、とめどなく湧き出て響いていたものである。それは、新しい創造の美しさであり、エルサレムとその居住者、平和に過ごす動物たちで満ちた風景、喜びの歌声を上げる山々と丘々の美である。

イザヤは決して忘れていなかった。神がアブラハムを最初に召し出したのは、創造のすべてを正しい状態に戻し、天と地を神の栄光で満たすためであったことを。

ヤハウェのしもべ

しかしこの新しい創造は、最後の衝撃的な捕囚と回復を通してのみもたらされる。王と神殿、トーラーと新しい創造、義、霊的なこと、関わり、美というテーマは、『イザヤ書』の中心に位置する暗いテーマそのものの中で、一斉に噴出する。

王がしもべ、ヤハウェのしもべとなる。そのしもべは、イスラエルに負わされた宿命を演じなければならない。もはやその召しに忠実に従わない、イスラエルに代わるイスラエルでなければならない。救出のために救命ボートは出されたが、船長はおぼれかけているというテーマが、『イザヤ書』第一一章の荘厳な描写から始まり、苦難に耐える不思議な使命が新たに加わる展開を見せ、第四二章、第四九章、第五〇章、第五二章、そして第五三章と、段階を追って描かれていく。それは神の救出のわざが、いかになされねばならないかを示しているようだ。

これらの箇所は、いわばその前後関係から「きれいに切り離されている」わけではない。この書の同じ部分の、より大きなテーマと密接に織り合わされている。それは、諸国民に対するヤハウェの主権、異教の神とそれに従う者が受ける当然の報いとしての滅び、イスラエルの不真実さに関わらずイスラエルと結んだ契約に対するヤハウェの真実さ、ヤハウェの口から出た「ことば」が創造のときと同じように、イスラエルを回復し、契約を新しくし、世界を造り替えるという、より大きなテーマのことである（イザヤ40・8、55・10～11）。

神が王であるというそのメッセージ、すなわちバビロンが征服され、平和がついに実現し、イスラエルが救出され、地の隅々まで神の救いを知るというメッセージが、しもべの働きによって究極的に実現するのである（52・7〜12）。このしもべは捕囚のイスラエルのように、恥と苦難と死に打ち負かされる。それからそこを通り抜け、勝利の側に立つ。

このメッセージは、いくらか異なった仕方でまとめられているにせよ、他の預言書でも受け継がれている。とくに、新しい契約というテーマを語る『エレミヤ書』のうちに、また神が民をきよめ、新しい心を与え、救出のわざを通して自分たちの地に連れ戻すという『エゼキエル書』の宣言のうちに、それらを見ることができる。それはまさに、死者のよみがえりの比喩《メタファー》であろう。

そのときイスラエルはこのしもべに目を注ぎ、驚きをもってこう言うだろう。「しかし、彼は、私たちのそむきの罪のために刺し通され、私たちの咎《とが》のために砕かれた。彼への懲《こ》らしめが私たちに平安をもたらし、彼の打ち傷によって、私たちはいやされた」（イザヤ53・5）。

イスラエルの神は王であり、バビロンの神々はそうではない、という政治的メッセージの中心で、捕囚と回復の物語が、ある人物に関する預言へと向けられているのが分かる。それはあたかもその先にある、神、イスラエル、世界のそれぞれの物語の流れが一つにまとまる在処《ありか》を示す、霧の中に立つ不思議な道しるべのようである。

こうしたコンテクストにおいても、イエス時代のイスラエルにおける天と地の結びつきについて考え、語ることの多様性を見ることができる。前の章では、神殿がそのような場としていかに機能したかを見た。天幕に住まわれ、その後、神殿そのものに住まわれたヤハウェの栄光に満ちた臨在は、「天幕を張る(住む)」という言い方で言及された。すなわち、シェキナー(*Shekinah*)である。それは、天の神が神の民と共に、民のためにこの地に臨在するあり方である。

イエス時代のトーラーとの関係、すなわち贖われた民のための神の賜物との関係については、同様な考え方が深められていた。もしトーラーを守っているなら、神殿そのもの、すなわち天と地が出合う場にいるかのように見なされた。以前も、同じ方向を示すもう一つの要素を見た。それは、神の「ことば」である。発することですべてを創造したことばが、もう一度すべてのものを新しくする。

同様なことを、神の「知恵」に関しても言うことができるだろう。神が世界を造られたとき、知恵をもって造られたと思われるからである。そして「知恵」は、それ自体で独立した存在となっていく(「知恵」〈*chokmarh* コクマー〉というこの用語は、ヘブライ語は女性形で、同じ意味のギリシャ語、ソフィア〈*sophia*〉も女性形である)。それゆえ「知恵」は、神の領域と私たちの領域の重なりという、この世界における神の働きを語るもう一つの極めて重要な手だてである。

最後に、もう一度創世記に戻るが、そこには神の強力な風、神の息、神の霊(この三つは同じ原語)がある。それは、新しいいのちをもたらすためにこの世界に解き放たれている。

臨在、トーラー、ことば、知恵、そして聖霊。それらは同じことを語る五つの手段である。イスラエルの神はイスラエルと世界の創造者であり、贖い主である。いにしえに立てたご自分の約束に忠実であるがゆえに、イスラエルとこの世界において働かれる。その働きは、捕囚と回復、神による救出事業、義をもたらす王、天と地を結ぶ神殿、神の民を結びつけるトーラー、そして、創造を癒し、回復する壮大な物語のクライマックスに導くためである。それは単に天と地が結びつくというだけではない。それこそ神の未来であり、また神の現在なのである。

ナザレのイエスに

何と素晴らしい夢であることか。豊穣で、幾重にも折り重なり、哀愁《ペーソス》とパワーに満ちている。しかしそれは(その夢の上に築かれ、立てられたすべてを含め)ただの夢物語でしかないと、誰が言い切れるだろうか。では、それを真実として思い描くべき根拠はどこにあるのだろうか。

新約聖書全体が、この問いに答えるために書かれている。そして言うまでもなく、その答えはすべて、ナザレのイエスに焦点が合わされている。

第7章 イエス——神の王国の到来

キリスト教は、実際に起こったことに関するものである。それは、ナザレのイエスに起こったことである。またナザレのイエスを通して起こったことである。

別の言い方をすれば、キリスト教は道徳的な新しい教えについてではない。私たちが道徳的に無知なために、まったくの新しい教えや、より明確なガイドラインが必要だと言いたいのでもない。ただしそれは、最初にイエスに従った人たちの生活をすっかり変えた新鮮で知的な道徳的教えを否定するものでもない。ただ、そのような教えは、より大きな枠組みの中に、すなわち、それによって世界が変えられる大きな出来事の物語《ストーリー》の中に含まれるものなのだ。

キリスト教は、道徳的な素晴らしい模範をイエスが示しているものではない。私たちにとって最も必要なものは、神と他者への究極的な愛と献身の模範をイエスに見いだし、努力してそれをまねることだというのでもない。もしそれがイエスの中心的な目的であったのなら、確かにそれなりの結果をもたらしただろう。実際、ある人たちの生活は、イエスの模範を思い巡らし、まねすることで確かに変えられた。しかしそれは同時に、落胆させられることも現実である。スヴャトスラフ・リヒテルがピアノを弾き、タイガー・ウッズがゴルフボールを打つのを見て、自分もそれをまねしたいとは思わない。決してまねできないし、まねしてできるものでないことを思い知らされるだけである。

またキリスト教は、「死んだのち天国に行く」新しい道筋をイエスが提供し、実例で示し、完成した、というのでもない。これは歴史の中で繰り返しなされてきた「誤り」である。それはヨーロッパの中世の考えに基づくもので、あらゆる宗教が目指しているものだ。つまり、お決まりのゴールである。いわばゲームのルールのように、聖史劇（宗教劇）の終わりでステージの正しい側の舞台袖《そで》（すなわち地獄ではなく天国の側）に姿を消して出番を終えたり、ローマのシスティーナ礼拝堂でいえば、壁画の右側（天国）に行く保証を得る目的があるという考え方からきた。

ここでも、現在の私たちの信仰と行いが、永続的な結果をもたらすことを否定するものではない。ただ、イエスがそこに自分の働きの重点を置いたとか、それがキリスト教の「中心」だとする考え方を否定したいだけである。

最後に、キリスト教は神についての新しい教えを世界に知らせるためのものでもない。クリスチャンの主張どおりであれば、イエスに目を注ぐことで神がどのような方であるか、極めて多くのことを学べるのは確かである。しかし、クリスチャン信仰にとって不可欠なのは、私たちが神について無知なので、より優れた情報が必要だというのではない。そうではなく、私たち自身が道に迷ったために、見つけ出してもらう必要があり、泥沼に落ちてしまったために、救い出してもらう必要があり、死につつあるので新しいいのちを必要としている、ということなのである。

それでは、キリスト教とはいったい何についてなのだろうか。

キリスト教は、いまも生きている神が、ご自身の約束の成就として、またイスラエルの物語のクライマックスとして――見つけ出し、救い出し、新しいいのちを与える――というすべてが、イエスにあって成し遂げられたと信じることにほかならない。神がそれをなされた。イエスと共に、救出のわざをただ一度で完全に実現された。この宇宙において、決して二度と閉じられることのない素晴らしいドアがサッと開かれた。それは、私たちが鎖につながれ、閉じ込められている牢獄から出るために開かれたドアである。

私たちに向かって自由が差し出されている。神による救出を経験する自由、開かれたそのドアを通り抜け、いまや到達可能となった新しい世界を探索する自由である。とくに私たちは皆、イエスに従うことで次のことを見い出すように招かれている（実際は命じられている）。すなわち、この新しく開かれた世界はまさに義であり、霊的であり、関わりと美の場所である。それらを楽しむだけではなく、それらが天でなされるように、この地の上でもなされるように私たちが取り組むこと。また、イエスに聴くことによって、人類の心と思いに、最初からずっと響きわたっていたあの声が、誰からのものであるかを見い出すことである。

イエスについてどこまで知ることができるのか

イエスに関わる出版は過去一世紀の、あるいはそれ以上にわたる成長産業だった。その理由のいく分かは、過去、あるいは現在に至るどんな人物像ともイエスが異なるため、西洋文化の記憶とイメージに絶えず姿を表すからである。私たちはいまだに、イエスの生まれた年を規準として年代を数えている（実際は、六世紀の修道士による計算が数年違っていた。イエスは紀元前四年かその少し前に生まれたと思われる。ヘロデ大王が死んだ年である）。

私のいるイギリスでは、イエスのことをまったく知らない人も、ののしり言葉としていまもその名を使っている。それは、イエスがいまも文化に影響を与えていることの裏返しである。

アメリカでは、イエスについての突拍子もない意見が、いまだにトップ・ニュースになる。福音書が伝えているようなことをイエスは決してせず、言いもしなかったとか、結婚をしていたとか、自分のことを神の子とは思っていなかった、という類のものである。ファンタジー的解釈でしかない筋書きの物語や歴史小説を書く人もいる。たとえば、ダン・ブラウンの『ダ・ヴィンチ・コード』である。イエスがマグダラのマリアと結婚し、一児の父だったと主張している（他にもいろいろある）。この本が爆発的に有名になったのは、単にスリラー小説として巧みに書かれているからだけではない。

このような例は枚挙にいとまがない。イエスについて、いまだ知られざる面があるのは、いまも多くの人に新しい可能性と視野を開く感覚を呼び覚ますからである。

その理由の一つは、どのような歴史的人物もそうであるのだが、イエスについての再解釈がつねに可能だからである。ウィンストン・チャーチルの伝記は改訂版がいくつも書かれている。彼についても、ありあまるほどの証拠がある。アレクサンドロス大王についても同じである。彼のほうは証拠がはるかに少ない。実際のところ、証拠があればあるほどさまざまな解釈が可能である。証拠が少なければ少ないほど、欠けたところを補う周到な推測が必要になる。歴史家にとっては、情報が充分ある現代人についても、情報がはるかに少ない昔の人物についても、すべきことはつねに山ほどある。

イエスはそれらの両面を持っていて、さらに他の面もある。もちろんチャーチルやジョン・F・ケネディより、イエスに関する物的証拠ははるかに少ない。しかし、昔の人々、たとえばイエスが亡くなったころのローマ皇帝ティベリウスや、同時代のユダヤ人指導者であったヘロデ・アンティパスより、私たちはイエスについてはるかに知っている。事実、イエスが言ったといわれることを多く手にし、イエスがなしたといわれる多くの行為を知っているため、選ぶのに迷ってしまうほどである。本章や次章のようなわずかなスペースでは、そのほんのわずかしか取り扱えない。

ただし同時に、どうにもならないほどの空白もある。イエスの幼少時代のみならず、現代の伝記作家が知りたいのに分からないことがある。イエスの容貌、朝食に何を食べたかなど、誰も伝えていない。さらに重要なことだが、イエスが聖書をどのように読んだか、どのように祈ったのかなどについても、ほんのわずかなヒントがある以外、誰も語っていない。

そこで必要なことは、イエスのいた世界、紀元一世紀の中近東における複雑で危険な世界を理解することで、イエスが何をなそうとし、何を使命と信じていたのかの歴史的、個人的、神学的意味を探ることである。

すでに述べたように、そこにはそれ以上のものがある。イエスを理解しようとするとき、古代や現代の歴史的人物を理解するより複雑で、議論を引き起こすものがある。クリスチャンが最初から言っていることだが、イエスはもはやパレスチナを歩き回ってはおらず、直接会って知り合うことはできないものの、異なる意味で「私たちと共に」いて、実際、他の人を知るのとあまり変わらない方法でイエスを知ることができる。

そのことは、ナザレのイエスにおいて天と地が最終的に結びついたことが、単なる教義であるだけではなく、クリスチャンの経験にとっても中心であり続けた理由である。神のおられる場と私たちのいる場が交差し、かみ合っているのは、もはやエルサレムの神殿においてではない。イエスご自身においてである。神殿について通用していた意味の宇宙観が、そのままイエスにも当てはまる。

思い起こしてほしいが、ユダヤ人とクリスチャンの考えにおいて、「天」と呼んでいるものは空の彼方にあるのではなく、いわば神がおられる次元のことである。そのように、イエスはいま「天に」おられながらも私たちの世界の内に臨在し、近づくことができ、実際に活動していると信じることができる。そこで、そのことを信じ、それに信頼して生きようとする者にとって、イエスの歴史を書くことは、単に過去の人物の生涯を記述するようなものではなく、はるかに複雑なものになる。それは、いまも活発に活動し、その生き方でいつも周りを驚かす友人の伝記を書くようなものだ。

そこで、歴史的人物のようにイエスを記述する試みをあきらめ、その代わりに、私たちがいま経験しているイエスのことを書いたほうが簡単ではないだろうか。多くの人は今日、熱心にそのように勧める。それはよく理解できる。これまでの学者や有名著者による文書に辟易し、それらを文字どおりガラクタのように思っているからである。

しかし、そういうわけにはいかない。確かに、いかに真摯に歴史を学んでも、私たちのイメージでイエスを作り上げることなくそれを書くのは至難のわざである。しかし、歴史研究を放棄するなら、ブレーキが外れ、その人物像は単なるファンタジーに成り下がってしまう。

そのようなファンタジーで最も不快なものは、一九三〇年代にドイツの神学者たちが、ユダヤ人でないイエス、実質的に反ユダヤ主義のイエス像を創り出そうとしたことである。非ユダヤ的イエス像を作り出そうとする最近の動きにも、気がかりな類似が見られる。現代の学問における健全なしるしの一つは、当時のユダヤ教の内側からイエスを新たに理解しようとする確固たる試みである。

しかし、それでもまだ答えの得られない幾つかの問いが残る。イエスが一世紀のユダヤ人であることは確かだが、一世紀のどの種のユダヤ人であったのだろうか。この問いは少なくとも、私たちがどこから始めるのがよいのか、正しい地点に導いてくれる。

福音書は信頼できるのか

イエスを学んでいくための重要な問いは、福音書は信頼できるか、ということである。福音書とは、マタイ、マルコ、ルカ、ヨハネの名前で知られる四つの書である。それらは新約聖書の「正典」の一部で、教会が初代から認めた本物であり、権威あるものである(そのため「正典福音書」という言い方がなされる)。

近年、学術的、また一般向けの書籍が多く出されたことで、次のような考えが浸透しつつある。すなわち、これらの福音書は初代教会に流布していた多くの類似の書の中の、たった四つで、それらは特別扱いされたが、他のものは破棄、発禁、禁書扱いとなったのだと。また、それらの四つが採用されたおもな理由は、四世紀にキリスト教がローマ帝国の公認宗教になりつつあるとき、支配者に都合のよいイエス理解を提供したからだ、というのだ。

ということは、正典福音書に基づいて描かれたイエス像を破棄し、初めからやり直さなければならないのだろうか。決してそうではない。実際、一九四五年に上エジプトで発見されたナグ・

ハマディ文書を初め、これまでにあらゆる種類の文書が出てきた。中には、その文書が書かれた当時、イエスについて人々がどう言っていたかを見事にかいま見させてくれるものもある（ところで死海写本も、ナグ・ハマディ文書の発見と近い時期に発見されたが、イエスや初代クリスチャンについては何も伝えていない。正当に理解しない人はそれと反対のことを主張しているのだが）。しかし実際、どれ一つ取っても、すでにある福音書をしのぐものはない。

ナグ・ハマディ文書でいちばんよく知られ、最も長い記録の一つである『トマスによる福音書』（以下『トマス伝』）を取り上げてみよう。それは、イエスが語ったとされることを集めている。よく指摘されることだが、イエス自身についての歴史的資料として、正典福音書と同等、おそらくはそれ以上のものとして取り扱い、取り扱われるべきだとの主張がある。

現在入手できる『トマス伝』は、ナグ・ハマディの他の文書と同様、当時のエジプトで話されたコプト語で書かれている。しかし、明らかなことだが、『トマス伝』はシリア語からの翻訳で、そのシリア語は、イエスが話していたと思われるアラム語に近い（イエスはギリシャ語も話したと思われる。今日、多くの人が第二外国語として英語を話すように）。

しかし、そこで使われているシリア語の用法は、紀元一世紀のものではまったくなく、二世紀後半のものである信憑性が高い。イエスの時代から百年以上たったものなのである。つまり、正典福音書が初代教会で広く使われるようになって七十年から百年後のことである。

それだけではない。その正統性を証明しようとする努力にもかかわらず、『トマス伝』に出てくるイエスの言動は、正典福音書の該当箇所（に相当する箇所の場合）ほどに信憑性がないことがはっきりとうかがえる。その語録は多くの場合、かなり修正されたもので、非常に異なった視点を示している。例えば、イエスがマタイ、マルコ、ルカの福音書で、「カエサルのものはカエサルに、神のものは神に返しなさい」と言っている箇所において、『トマス伝』ではその最後に、「私のものは私に」という余分なフレーズを加えている。それはどういうことか。

そこで表された世界観によると、「神」という語は、現状のような悪の世界を作った、一段格下の神を意味している。その世界から人類を救うためにイエスが来たというのである。『トマス伝』とナグ・ハマディのほとんどの資料は、グノーシス主義か半グノーシス主義として知られる世界観を示している。この世は闇で悪に満ちた場であり、そこから救出される必要があるというものだ。それは、イエスや、四つの正典福音書のユダヤ世界とまったく異なる。

『トマス伝』と他の同様の文書は、つまり新約聖書以外のすべてのいわゆる『福音書』と呼ばれる文書は、語ったとされる言葉の集成であって、イエスの行ったことやイエスの身に起こったことのナラティヴはほとんど含まれていない。

正典福音書はまったく異なっている。それは単なる語録ではない。物語を語っている。イエス自身の物語である。それはイスラエルの物語のクライマックスとして語られ、創造者であり、アブラハム、イサク、ヤコブと契約を結ばれた神の約束の成就として語られたイエス自身の物語である。ナグ・ハマディ文書とそれと似たテキストは、前の二つの章で見てきた世界からはまったくかけ離れている。その世界とは、イエスが紀元一世紀の信頼に足るユダヤ人であるなら当然属していた世界のことである。

正典福音書はすべて、イエスをその世界から見ることを主張している。しかし不幸なことに、今日まで教会の礼拝の伝統では、福音書のほんのわずかな部分しか読まれないため、この事実が不明瞭になっている。イエスと福音書の歴史的な学びが必要な理由の一つは、この世界だけではなく教会自体も、福音書が本当は何を語っているのかを繰り返し思い起こすことが必要だからである。

しかも、それらの正典福音書は、遅くとも紀元九〇年までに書かれたに違いない。個人的には、おそらくもっと早く書かれたと理解している。しかし、それ以降ではあり得ない。これらの福音書は、二世紀前半のクリスチャン執筆家たちに知られ、言及されている。ナグ・ハマディ文書の資料に関して議論される年代より、かなり以前のことである。

正典福音書は、ずいぶん前にさかのぼれる口伝と記述の両方の資料をまとめたり、それを元にしたりして書かれている。その資料は初期のクリスチャンの時期のもので、イエスの弟子たちがまだ生きて活動していたときであるだけではなく、他のかなり多くの目撃者、反対者、行政官たちが周りにいて、台頭しつつある新しい動きに注目し、広がりつつあるうわさを耳にしたり、それに反対する話が流布したりした当時のものである。

パレスチナは小さな国である。印刷や電子情報の伝達手段もない世界で、人にまつわることならどんなことでも、ともかく人々は、普段の生活と異なる物語を一生懸命聞き、伝達した。『ヨハネによる福音書』の最後に記されているように、記者の誰もが扱いきれないほどイエスについての資料があったと考えられる。いずれにせよ、資料は充分にあったはずである。イエスの生涯と働きの中心的なことがらも、当時よく知られていたのは間違いない。初代の説教者のひとりが指摘しているように、イエスの活動は隅っこのほうで行われていたわけではない。

福音書の資料を再構成するのは、考えるほど楽なことではない。とくに、マタイとルカの福音書の背後に、Q資料というものがあると多くの人が推定しているが、私個人はそれほど関心を持ったことはない。そのような資料が存在したとしても、初めにそれを再構成し、次にその再構成したものを、マタイとルカの福音書を書くときの尺度とするのは、まったくありそうもないことである(それでも、そのような試みをする大胆な人たちはいたが)。

ある人たちが近年示唆しているように、その資料を初期キリスト教のあり方、その信仰と生き方を完全に表すための材料とするのはさらに心もとない。私の判断では、福音書記者たちは、当惑するほど多様な資料を利用できたと考えるほうが妥当である。資料の多くは口伝であり(口伝のほうが記述より評価される世界だった)、その多くは目撃した証人によるものである。

もちろん、だからといって、福音書が伝えているすべての内容が自動的に正しいと断定できるわけではない。それらの歴史的価値についての評価は、非常に骨の折れる歴史研究によってのみ可能である。私も他の学者も、長年にわたってそれに携わってきたが、ここでは本書の性質上、これ以上扱うことはできない。ただ私の確信として記しておきたい。大まかな言い方ではあるが、正典福音書は真の歴史にしっかりと根ざしたナザレのイエスを描いている。記念碑的な『世界の歴史』(*History of the World*, 1980)の著者である故ジョン・ロバーツが次のように言っている。「(福音書が)拒否される必要はまったくない。はるかに扱いにくいテーマについて、より不確かな証拠が(歴史を書く上で)採用されているのだから」。

福音書に描かれているイエス像は、紀元一世紀の二〇年代と三〇年代のパレスチナにおいて意味をなすものだった。何と言っても、そういう意味で首尾一貫した意味を持つものである。そこに現れるイエスは、歴史上の人物として完全に信頼できるものである。ただし、イエスを見れば見るほど、またもや太陽を見つめるような気がしてくるのだが。

神の王国

「神の国は近くなった」。この宣言は、イエスの公の宣教の中心にあった。前章の終わりで描いた世界に向かってイエスは宣言した。すなわち、異教徒の圧政から人々を救出し、世界が正されることを切望していたユダヤの民の住む世界に向かって、言い換えれば、究極の完全な王となることをついに宣言したのである。福音書はその物語を、昔のさまざまな約束と現在の緊迫した状況とに結びつけ、イエスをそのすべての真ん中に置くことによって語っている。イエス自身が自分の働きをそのように見ていたことは疑いの余地がない。

しかしイエスにとって、そのことは何を意味していたのだろうか。幾つかの詩篇と他の聖書箇所とも一致しているが、預言者イザヤは神の到来の時を次のように述べている。ⓐ神の約束と目的が成就する時、ⓑイスラエルが異教徒の圧政から解放される時、ⓒ悪（とくに圧政的な帝国の悪）がさばかれる時、そしてⓓ神が、義と平和による新しい支配を主導する時、である。ダニエルは来るべきその時を、獣たち（この場合は異教徒の王たち）がまさに最悪のことをするなかで、神がその民を擁護し、すべてを正す時なのだと見ている。

世界はついに正しい方向へと向かうことになった。神の王国がいま到来したと語ることは、すべてのナラティヴが集約されることであり、そのクライマックスに至ったことの宣言である。まさに神の未来が、現在に突入しようとしている。天が地に到来しようとしている。

イエスの語った神の王国のメッセージは、当時の人が初めて聞いた表現ではなかった。イエスの少年時代に二度、人口調査とそれに伴う徴税に対しユダヤの革命家たちが、ローマ帝国に抵抗するように同胞たちをけしかけた。「神以外に王はいない」と彼らは言った。言い方を変えると、腐敗した人間の王国ではなく、神の王国の時がきたと言ったのである。ローマ帝国はそれらの反乱者たちをいつものように冷酷に、残虐のかぎりを尽くして弾圧した。

「神の王国」という言い方は、当時の多くのユダヤ人にとって反逆者に下されて当然な死刑の十字架刑をただちに連想させただろう。そうであるなら、人々の面前で、いまにも神の王国が到来するとイエスが語ることは、何を意味しただろうか。

イエスは、昔の預言が成就しつつあると信じた。イスラエルの神が新しいことをなし、イスラエルを抜本的な手段で刷新し、再構成しようとしているのだと信じた。イエスの従兄《いとこ》であるバプテスマのヨハネも同じく、神の王国の到来を語り、自分の後に来る人（イエス）を受け入れるようにと語った。斧が木の根っこに置かれているという、思い切った言い方をした。神は石ころからでもアブラハムの子孫を起こすことができると語った。

もしこれが神による救出作戦だとすると、そこには違いがあった。その作戦は、イスラエルの神が、悪意に満ちた異教徒たちを打ち破り、ご自分の民を援護するという程度ではなかった。もっと衝撃的なものだった。イエスが語ったのは、異教の民だけではなく、イスラエルをもさばく神だった。すなわち、まったく思ってもみない新しいことをする神、約束を果たされるが、誰も願ったり、想像もしなかったやり方でなさる神であった。

神はアブラハムへの約束を繰り返しつつ、イスラエルにまったく新しいチャレンジを与えた。イスラエルはまさに世の光であるのに、現状はその光をバケツの下にずっと隠してきたと指摘した。いまや思い切って行動すべきときである。よくある軍事的革命によってではなく、戦いや暴力によってでもなく、敵を愛し、もう片方の頬を向け、もう一マイル余分に行くことで、真の神がどのような方であるかを異教の民たちに示すときだった。それこそが、「山上の説教」といわれる一連の教えでイエスが提示したチャレンジである。

これほどまでに過激なメッセージを、どのように行き渡らせることができるだろうか。それとはまったく別なことを期待していた人たちに、そんな衝撃的なことをどのように語ることができようか。そのためには、とくに二つの方法がある。象徴《シンボル》としての特別にドラマチックな行為、そして物語である。イエスはその両方を用いた。イエスは身近に従う者たち（「弟子」とは「学ぶ者」という意味）を十二人選択したが、それ自体が強烈なシンボルであった。それは神の民全体を立て直すことを語っていた。ヤコブの十二人の子どもの子孫、イスラエルの十二部族である。

神の民を立て直すことは、イエスの驚くべき癒しのわざの中心でもあった。歴史的に疑いの余地ないことは、イエスが癒しの力を持っていたことである。それは群衆を魅了しただけではなく、悪霊の仲間と非難されることにもつながった。

イエスはしかし自分がする癒しのわざを、単に昔の移動病院のようには見ていなかった。病人の癒しは確かに重要なことだったが、そのためだけに癒したのではない。また単に自分のメッセージを聞かせようと人々の注意を惹くためでもなかった。むしろ、メッセージそのものの劇的なしるしだった。

世界の創造者である神が、イエスを通して働かれている。約束を果たし、目の不自由な人の目を開け、聞こえない耳を開け、民を救出し、すべてを正しい方向へと導くためである。最下層の人たちは、自分たちが最重要視されていることに驚いた。「柔和な者は幸いです。その人は地を相続するからです」とイエスは言った。イエスはまさにそれを実現した。

イエスは同様に物語も語った。その物語は、当時の人々を怒らせるものだった。というのは、まさに彼らが期待していたとおりの物語であり、また、そうでなかったからでもある。昔の預言者たちは、捕囚の長い冬の後、神がイスラエルを植え直すことについて語っていた。そしてイエスは、種を蒔く人の話、実を結ぶ種とまったく実を結ばない種の話、知らないうちに成長し、不意に豊かな実を結ぶ種の話、小さな種が大木になる話をした。

これらの「たとえ」は一般に思われているように、「天上でのことを意味する地上の物語」ではない。イエスのすべての働きの中心は、天をこの地にもたらすことであり、天と地を永遠に結びつけることである。また神の未来を現在にもたらし、そこにしっかりと結びつけていくことである。しかし、天が地に来たのに、地にまだその準備がなければ、そして、神の未来が現在に到来したときに、人々がまだ眠ったままでいるなら大騒ぎになるだろう。そして、まさにそのとおりになった。

とくに、今日なら「宗教右派」と呼ばれるかもしれない、当時、人気のあった非公式な圧力団体、パリサイ派と呼ばれる人たちが、神の王国はイエスの働きを通していまや到来しているという教えに強く反発した。とくに、もう一つの強烈なシンボルであるが、すべての不適切な人々、すなわち貧しい人々、見捨てられた人々、憎まれていた収税人など、仲間になりたいと思う人であれば、誰とでも一緒に神の王国をイエスが祝うことに、彼らは憤慨した。

イエスが語った最も痛烈で、かつ強烈な幾つかのたとえ話は、そのような批判に対するものだった。とりわけふたりの息子（ルカ15章）の物語が思い浮かぶ。弟息子のほうは家出をして自分自身と家族を辱めたのに、その当の彼が悔いて家に戻ったところ、驚くほどの歓迎を受けた。家にとどまっていた兄息子は、好き勝手に放蕩して戻った弟を、父が贅《ぜい》を尽くして歓迎することに大変腹を立てた。ここには、聖書の物語が反響している。ヤコブとエサウの物語、そして捕囚と解放の出来事である。イエスのたとえ話のほとんどがそうだが、この物語についても、それを耳にする者はその場面に自分の姿を知らされずにはおれない。それによって、イエスについての真理を見いだし、自分たち自身についての真理も見いだす。

このたとえ話は、ある欠かせないことを示すために語られた。すなわち、先に述べたすべての不適切だと思われていた人たちが皆、神の王国を祝うために集められることである。そして、もしそれに加わることを拒否したらどうなるかを人々に示している。つまり、神の王国はあなたの目と鼻の先で起こっているが、あなたには見えない。さらに、よく気をつけていないなら、あなたは外に取り残されることになると。

イエスの教えを警戒したのは、非公式な圧力団体だけではなかった。（当然であるが）トーラーに対するイスラエルの民の忠誠心を見張り、伝統に合わないイエスの教えの危険性を懸念していた人々がいた。神の王国の宣言は、すでに見たとおり謀反を意味していた。当時の複雑な権力組織が、それに気づかないわけがなかった。

ヘロデ・アンティパス（父ヘロデ大王より見劣りがするが、権力を掌握し、邪悪だった）は、当時の正式な「ユダヤ人の王」だった。彼はイエスの物語の記録に暗い影を落としている。ただし、エルサレムにおける権力の中心は、神殿そのものを管理していた大祭司だった。彼らがすべてを牛耳っていた。それらすべての背後で、近隣のシリアから援軍を動員できる総督による支配は、ローマ帝国の恐ろしい権力を意味していた。

イエス時代のユダヤ人たちはダニエル書で、神の民を襲う四頭の海の獣の物語を読んだとき、その四番目の最もどう猛な獣のことをローマ帝国だと理解した。そしていまや神が行動を起こし、王位に就き、民を救出し、神の王国を打ち立て、世界を正す時だと受け止めた。イエスが神の王国について語ったことばはまさに、それらの響きを呼び覚ましたに違いない。

それではイエスは……

それではイエスは、これらすべてのことで何を意図したのだろうか。何が次に起こると思っていたのだろうか。なぜイエスは、このような形で騒動のさなかに足を踏み入れたのだろうか。そして、暴力による死の後に、なおも人々が長期にわたってイエスを真剣に受け止めたのはなぜだったのか。ましてイエスを、真の唯一の神の生きた体現者として認めたのは、なぜだったのだろうか。

第8章　イエス——救出と刷新

イエスはパレスチナで、ついに神の王国が到来していると宣べ伝えた。そのメッセージは、イエスが語ったことと同様、行ったことによっても広まった。昔からの預言が真実となり、イスラエルの物語《ストーリー》がようやくその目的に達しようとしている。つまり、神みずからがもう一度動き出し、神の民を救い出し、世界を正すというのだ。

そこで、イエスがあるときから、「人の子は必ず多くの苦しみを受け……殺され、三日の後によみがえらなければならない」と語り始めたとき、弟子たちはきっと次のように理解したと思うかもしれない。すなわち、イエスのことばは、聖書の預言を響かせている暗号《コード》であって、神の王国の到来と神の未来の訪れを暗示し、長いあいだ待ち望んでいた希望がまさに成就されようとしているのだ。またいつものような言い方で、聖書のあちこちにある微妙なポイントを浮き出させる謎めいたたとえ話をイエスが語っているのだろうと。

しかしこのときばかりは、それが何を意味するか、まったく解くことができなかった。

それは無理もない。なぜなら彼らはイエスを、イスラエルの「メシア」、ヤハウェに「油注がれた者」、民が長く待ち望んでいた王だと見なすようになっていたからである。思い出してほしいが、「メシア」とはヘブライ語かアラム語で「油注がれた者」を意味した。それが当時の共通語であるギリシャ語に訳されたとき、「キリスト」となった。初代のクリスチャンにとって、「キリスト」は単なる名前ではなく、特別な意味をもった称号だった。

当時のユダヤ人のすべてがメシアの到来を信じ、待ち望んでいたわけでない。しかし待ち望んでいた人はかなり多くいて、その油注がれた者が到来したとき何をしてくれるのかという期待感を、何度も繰り返して心の内に温めていた。メシアはイスラエルの仇敵、すなわちローマ帝国と必ず戦ってくれるだろう。そして神殿を再建するか、少なくともきよめ、回復してくれるだろう。ヘロデ家が神殿の再建に取り組んだのも、自分たちこそ真の王位継承者であるとの主張を押しつけるためだったのだ。メシアはイスラエルの長い歴史をクライマックスに導き、ダビデとソロモンのときと同じように、君主国家を再建するだろう。メシアはイスラエルに対する神の代表となり、神に対してはイスラエルの代表となるだろうと。

これらすべては、当時のいろいろな文献テキストからも、歴史的記録にかいま見るメシア像からも読みとることができる。イエスから百年後、シメオン・ベン・コシバ(通称バル・コフバ)は、当時の偉大なラビのひとりであったアキバによってメシアと呼ばれた。シメオンはローマ帝国によってその反乱が潰される前、「第一年」、次に「第二年」、そして「第三年」というコインを造幣した。それらのコインの一つは、紀元七〇年の大惨事によって破壊されたままの神殿を描いている。

シメオンの目指した目的は神殿再建だった。そうすることで、ダビデ、ソロモン、ヒゼキヤ、ヨシヤ、ユダ・マカベウス、ヘロデに続くユダヤの王の系列の中に、すなわち神殿の建設者、もしくは神殿の修復者という系列に自分を置くことだった。その実現のために、異教徒の権威に対抗して、あらゆる戦いをしなければならなかった。シメオンのもくろみは、まさにメシアのあるべきパターンにぴったりと合っていた。

それではイエスに従った者たちは、どうしてイエスをメシアとして歓迎したのだろうか。軍事的反乱を起こしたわけでも扇動したわけでもない（ある人はそれに対する反論を試みているが、それはかなり難しい）。神殿の再建についても一言も語っていない。実際、神殿についての明確な教えは、公の宣教の中で何も示されていない。

イエスは目覚ましい行動をした。群衆を集め、惹きつけた。それでも、人々がイエスを王として迎えようとすると、そこから抜けだし、退いてしまった（ヨハネ6・15）。ほとんどの人はイエスを預言者と見なし、イエスもそう見られるように行動し、語ったように思えた。それればかりか、イエスの最も身近に従った者たちは、彼を単なる預言者以上に見なし、イエス自身も、従兄《いとこ》のヨハネについて謎めいたことを語ったとき、そのことをほのめかした。

聖書に出てくる最後の預言者たちのひとりは、偉大な日の到来に備えてこの世界を整えるため、預言者エリヤが戻ってくると語った。そしてエリヤの後は、来たるべき人がただひとり残っている。すなわちメシアその人である。イエスはヨハネをエリヤであると示唆した。それが意味したことは明白であった（マタイ11・9〜15）。

しかし当時の人たちは、メシアが苦しみを受け、まして死んでいくとは誰も思っていなかった。それはまさに、通常期待されることとは正反対だった。メシアは、イスラエルの敵との戦いで勝利をおさめると思われていた。決して敵の手によって死んでいくとは思われていなかった。それゆえに弟子たちは、自分たちの目覚ましい指導者は、神から油注がれた人物として受け止めていたので、そのイエスが、来るべきみずからの死とよみがえりを語ったとき、それが文字どおりのことを意味しているとは、とても想像できなかった。ユダヤ人の信仰にとってよみがえりとは、終わりの時代に神の民のすべてに起こることであって、歴史の途中でひとりの人に起こることではなかった。

イエスはそれを、従来と異なった仕方で見ていたようである。ここで私たちは、イエス自身が自分の召命をどのように理解していたかという、その核心に近づく。すでに記したように、クリスチャンなら誰もが顧みて気づくことだが、イザヤの預言のただ中に「苦難のしもべ」という像が現れる。それは、旧約聖書の初めからあった王のあり方を発展させたものだった。

残存している資料から言えることは、イエス時代のユダヤ人は、この像を二つの異なった仕方で理解していた。ある人たちは、まさにしもべとしての姿をメシアと見なしたが、イザヤの語ったその「苦難」は、メシアが敵に与える苦難だろうと見ていた。他の人たちは、しもべは苦しむと見なしていたが、当然ながらそれはメシアであるはずがないと見ていた。

イエスはこれらの二つの解釈を、創造的で、じつに衝撃的な仕方で結びつけたと思われる。つまり、このしもべは王であると同時に、苦難に遭うというのである。そして、そのしもべこそ……イエス自身であるという。『イザヤ書』は、イエスが自分の召命の意味と結びつけた唯一のテキストでは決してないが、そこに記されたことを考え、祈り、それなりの時間をかけて徹底的に考え抜いたに違いない。そして『イザヤ書』にこそ、とくにその中間部分に、幾つかのテーマが結びつけられていることが分かる。すなわち、神の王国の到来、とりわけ驚くべき癒しのわざとして表された創造の刷新、救い、回復する神の「ことば」の力、世界中にあるすべての「バビロン」に対する究極的な勝利が、しもべそのものの姿と結びつけられている。

そしてそれらを、私たちはもう一度、福音書の中に際だったかたちで見いだすことになる。メガネ屋が度数の異なるレンズを何度も取り替え、目の前のスクリーンの文字が読めるようになるまで調整するように、私たちもイエスが何のために、またなぜその任に招かれたのか、それをどのように信じていたかを理解するためには、これらすべてのテーマとイメージを、心にしっかりと納めておく必要がある。

イエス時代の多くのユダヤ人は、注意深く、洞察力をもってていねいに聖書を学んだ。イエスも同じようにし、そうすることで自分の召命を明確にしたと想像できる。イエスが自分の務めとして信じていたことは、イスラエルの偉大な歴史をただ一度で、決定的なクライマックスに導くことだった。創造者である神の長期計画、すなわち世界を悪から救い出し、すべてを最終的に正すわざが、イエスにおいて実現しようとしていた。

イエスの死はある見方からすれば、司法手続きのひどい乱用だったが、預言者イザヤが言ったように、「私たちのそむきのために刺し通され、私たちの咎《とが》のために砕かれた」者にイエスがなるときでもあった。世界を悪から救い出す神の計画は、しもべ、つまりイエス自身に対し最悪なことがなされ、それによって悪の力が使い果たされることで実現するものだった。

神殿、晩餐、そして十字架へ

ふくれ上がる群衆と共にイエスと弟子たちが、最後の過越《すぎこし》の祭りのためにエルサレムに到着したとき、事態は頂点に達した。その祭りを選んだのは偶然ではなかった。イエスは聖書の昔の物語の象徴的な意味について、他の人たちと同様に精通していた。イエスが思い描いていたのは、神が最後の偉大な出エジプトに当たる脱出を実行することだった。すなわち、奴隷にされているイスラエルとその世界を「バビロン」から救い出し、新しい約束の地、すなわちイエスによる癒しがその先がけとなって進行しつつある新しい創造に導くことであった。

しかし、エルサレムにいた多くの人が驚いたことに、イエスが到着して真っ先に攻撃したのは、駐屯していたローマ軍ではなく、神殿そのものだった。神殿の腐敗を告発し（当時のユダヤ人の多くがそれを認めていたが）、最も象徴的な行為に出た。短い時間ではあったが、強引にテーブルをひっくり返し、通常の活動、つまり継続的に献げものをするのを妨げた。それに続いてイエスが論じたことは、イエスが何を意図していたかをよく示している。これは単に神殿をきよめるのではなく、神殿そのものが神のさばきのもとにあることのしるしだった。

イスラエルの神の名によってイエスが挑んだのは、神がそこに住まわれ、神が民と共に活動することになっていた、まさにその場であった。彼のほとんどの象徴的行為と同じように、イエスはそのことを、同じ視点を伝える次の教えによって確かな裏づけを与えている。つまり神は、エルサレムの町と神殿を破壊することによって、ユダヤ国家を全体的に擁護するのではなく、イエス自身と彼に従う者を擁護するというのである。

イエスは、自分の行動がどのような結果をもたらすのか分かっていたに違いない。その気になれば捕まらずにいることもできたが、祭りが近づいてきたため、それよりも最後の晩餐のために十二弟子を集めた。それは、過越の晩餐だっただろうが、それに対してイエスは、新しい、驚くべき象徴的解釈を施した。

ユダヤ人の祭りはどれも豊かな意味が盛り込まれている。過越の祭りは、その中でも最も意味深い。それは、出エジプトの物語をドラマチックに再現して語り聞かせる。そうすることですべての人に、異教徒の支配を神が覆した時のこと、イスラエルを自由にした時のこと、圧倒的な力で神の民を救われた時のことを思い起こさせる。過越を祝うたびに、神は再び同じことをなさるという希望が伴う。過越についてのイエスの新鮮な理解は、抽象的な理論ではなく、解釈の伴う行動によって、未来がまさにここに到来しつつあることを語った。

神はまさに、神の王国をもたらそうとしていた。しかし、イエスに従った者が誰も予想しないかたち（ただしイエスが伝えようとしたかたち）でなされた。イエスはメシアとして闘おうとした――負けることによって。真の敵は結局、ローマ帝国ではなく、人間の傲慢さや暴力の背後にある悪の力である。それは、イスラエルの指導者たちが宿命的に加担してきた悪の力であった。

そのとき、イエスの公の働きの間、ずっとつきまとっていた悪――金切り声を上げる狂暴な者たち、悪事を謀るヘロデ家、口やかましいパリサイ人、陰謀を企む大祭司、弟子の中の裏切り者、自分の内でささやく悪の声――が、一同に集まって悪の大波となり、イエスの頭上に猛烈におおいかぶさってきた。

イエスは過越の祭りで食べるパンを、友のために与える自分自身のからだとして語った。それは、人々が悪の重荷を負うことがないように、ご自分でそれを引き受けようとしたからであった。また、過越の祭りで飲む杯のぶどう酒を、自分自身の血であると語った。それは神殿における献げものの血のように、契約を交わすために注がれるものだった。しかしこの場合は、預言者エレミヤによって語られた新しい契約のことだった。

その時が、いまようやくきた。神が自分の民と全世界を単に政治的な敵から救い出すのでははなく、悪そのものから、人々を捕らえていた罪から救い出す時がきた。イエスの死は、神殿での献げものに関する制度が決して達成し得なかったことを果たすことになる。自分に襲いかかってきた運命に従い、天と地の狭間《はざま》で木に吊されながら、イエス自身が天と地の出合う場となる。暴力の連鎖に加わるのを拒否することで、この世の王国に対する神の王国の勝利を祝いつつ、イエスご自身が、神の未来が現在に到来した場となる。イエスは敵を愛する。イエスは敵に頬を向ける。イエスは強要される倍の二マイルを歩く。苦難のメシアを語った昔の預言が示す自分についての解釈を、イエスはついに実行に移すことになる。

続いての数時間は、凄惨で、血なま臭かった。イエスはゲッセマネの園で懸命に祈った。捕えられるまでの間、自分に襲いかかる闇と格闘した。大祭司は予想どおりのことをした。すなわち、神殿に対して扇動的な発言をしたという告発、煎《せん》じ詰めれば冒涜罪に値するという訴えに対する形だけの法的手続きを済ませた。それをローマ総督の益になるように都合よく言い換え、ローマ帝国への反逆という疑いで告発した。

ローマ総督は軟弱で煮えきらなかった。祭司たちがすべてを牛耳っていた。イエスは実際は、ローマに反逆したという無実の罪で告発され、死刑になったのである。しかし、そのことについて当時のほとんどの人は、少なくともその動機において同罪だった。以前の反逆者たちのリーダーだったバラバが、イエスに代わって釈放された。百人隊長は、自分が殺害した千人目の犠牲者を見上げ、想像もしなかったことを目撃した。そして思わず、この男は本当に神の子であっ・・・たかも知れないと、つぶやいた。

この出来事の意味は、細部においても、また大きなナラティヴにおいても見いだされる。人々の長年にわたるすべての痛みと涙が、イエスの処刑されたカルバリの丘の上で一つとなった。天の悲しみと地の苦しみとが結びついた。未来のために蓄えられてきた神の赦しの愛が、現在にどっと注ぎ出された。多くの人の心に響いている声、すなわち義を求める叫び、霊的なものへの渇き、関わりへの飢え、美への憧れ、それらすべてが、悲惨な断末魔の叫びに合わさった。キリスト教以外の宗教（異教）の歴史で、出来事と意図と意味が、これほどまでに結びついたものはどこにもない。ユダヤ教においても、不可解な謎めいた預言を除き、これを予期するものは何もなかった。ユダヤ人の王としてのナザレのイエスの死は、いにしえの民と結んだ神の約束を成就するという、イスラエルの目的を担うものであった。その出来事は、世界がこれまでに目にした最もばかげた意味不明な無駄や、途方もない思い違いであるか、そうでなければ、世界の歴史が方向を変えた転換点であるかのどちらかである。

キリスト教は、後者の立場であり、現在もそうであるという信仰の上に立っている。

最初のイースターは……

処刑されてから三日目、すなわち、週の初めの日である日曜日に、ナザレのイエスはからだをもってよみがえり、空になった墓をあとに立ち去った。クリスチャンは、そのように信じている。まさにそれゆえにこそイエスの死は、混乱を招く悲劇的な出来事などではなく、悪のすべての力に対する驚くべき神の勝利であったと私たちが信じる理由である。歴史的な現象であるキリスト教の起源を、イエスの復活の確実性について語らないで説明することは極めて難しい。しかしそこに触れる前に、二つの点を明らかにしておかなければならない。

第一に、復活のことを語っているのであって、蘇生のことではない。ローマ兵やベテランの死刑執行人がイエスを処刑し、不可解にも生きたままイエスを十字架から降ろすのを許したにしても、一晩中続いた拷問とむち打ち、そして翌日の十字架刑のあとも首尾よく生き延びて墓から出ることができたにしても、イエスが死を通り抜け、あちらの世界から生還したと人々を説得するのはとうてい不可能である。せいぜい言えるのは、イエスが助け出され、長時間かけてゆっくりと回復した、ということくらいだろう。一つだけ確かなことは、次の点である。もし単なる蘇生であれば、イエスがメシアであるとか、神の王国が到来したとか、イエスが真の主であると世界中に宣べ伝える時がきたとは、誰も言わなかっただろう。

いまはほとんど否定されているが、数年前、この結論に反対するある説が流行った。ある社会学者たちが、弟子たちは「認知的不協和」に陥ったと主張したのである。それは、あることを強烈に信じている人が、それに反する証拠に出くわしたとき、いっそう声高に自分の信念を主張し続ける現象である。また、自分を不利に追い込む証拠を認めたくないとき、いっそう強硬な否定的態度をとり、大きな声で叫んだり、自分のほうに他人を引っ張り込もうとして、何とか自分の立場を守ろうとすることである。

　認知的不協和といわれるものが、他の状況でいくら起こり得たとしても、それによって初代教会が出現したことの正しい説明にはとうていなり得ない。死者がよみがえるとは誰も思っていなかったし、ましてメシアがそうなるとは予想もしていなかった。十字架にかけられたメシアなど、失敗したメシアにすぎない。

　シメオン・ベン・コシバ（通称バル・コフバ）が紀元一三五年にローマによって殺されたとき、彼こそが本当のメシアだと言い出した人は、結局、誰もいなかった。そうであったらと、強く願っていたにもかかわらずである。神の王国は、現実の生活の場に起こるべきものだった。ファンタジーの国の出来事ではない。また、ある著述家たちは好んで、「復活という考えは、古代中近東のすべての宗教に見られる」と言うが、そのようなことはない。死んで生き返る「神々」ということでは、穀物の神、多産の神というものがある。イエスにつき従った典型的なユダヤ人と思われる人たちでさえ、そのような異教の伝統は知っていただろう。

　しかし、それらの宗教のどれ一つとして、それが一個人に起こると想像したことはなかった。まったくなかった。キリスト教の起源に関して考え得る最善の説明は、イエスがぼろぼろで血まみれの生還者としてでも、幽霊としてでもなく（聖書の物語はそのことでは明確である）、生きたからだを持った人として再び現れた、ということである。

しかし、そのからだはどこか異なっていた。福音書の物語はこの点で、後にも先にも例を見ないものだ。ある指導的な学者が指摘しているように、福音書の記者は、正確に言い表す用語を持ち合わせていないなかで、何とか説明しようと試みているかのようである。

イエスのよみがえったからだは、普通のからだが持っているのと同じ特性を多く有していた（話し、食べ、飲み、触れることができた）が、他の性質もあった。ふっと出現したり、姿を消したりでき、鍵のかかった戸を通り抜けることもできた。どのようなユダヤ人の文献や想像力からしても、とうてい予想されるものではなかった。すでに持っている考え方に合った話を作り出したのであれば、このようにならなかったはずである。

確実に言えることの一つは、よみがえりのイエスを語るとしたら、輝く星のようであったはずである。『ダニエル書』第一二章三節（当時のユダヤ人に大きな影響を与えた箇所）によれば、義なる者のよみがえりはそうなるはずだった。しかし、イエスはそうではなかった。イエスのからだは、先例も、預言もなく、後の時代にも例のない仕方で変容されたと言える。

このような結論は、科学的視点から見るとまったく物足りないように思われるだろう。科学は何といっても、実験室で繰り返し実験可能な現象を正確に調べることである。しかし、歴史はそうではない。歴史家は一度だけ、ただ一度だけ起こったことを調べる。部分的に並行したものがあっても、歴史的な出来事はそれぞれがユニークである。そして、歴史的議論はそれで充分明瞭なのである。繰り返すが、暴力でイエスが殺された後、なぜキリスト教が始まったかという問いに対する最善の説明は、イエスが死後三日目にからだをもって、まさに変容されたからだで、よみがえったことにある。

この説明によって（あるいは他の説明にしても）誰もが、イエスは死者からよみがえったと信じられるはずだと言いたいのではない。人が次のような感想を持つのも無理はない。「それにしても、キリスト教がどうやって始まったか、あまり良い説明を聞いたことがない。死んだ人は絶対よみがえらないし、不可能だと皆が知っているので、きっと別の説明の仕方があるに違いない」。そう思うのは、まったく理にかなっている。

ここで問われるのは、イエスが死者の中からよみがえったと信じることは、通常は変えようがないと思われることに対して、少なくとも判断を控えることである。もっと肯定的に言うなら、そんなことは起こらないという世界観を入れ替え、創造者である神がイスラエルの伝統を通して知らせようとしたことが、いまやイエスにあって、ついに完全なかたちで実現したという考え方を受け入れ、その視点からすれば、イエスのよみがえりはまったく理にかなっている、と認めることである。もちろん、信仰を強制することはできない。ただ、不信仰は挑戦を受ける。イエスのよみがえりを証言する人が出て以来、つねにそういうものだった。

実際、部分的に似たことが現代科学の世界で起こっている。いまや科学者たちは、とくに宇宙物理学や量子力学の分野で、不可解で非論理的なことを私たちに信じるように求めている。例えば光のような基本的なことでさえ、一見相容れないように見えるのに、波と粒子という両面で語らなければ説明できない。ときに目の前の現実を理解するために、常識的感覚の世界観から抜け出て、新しい見方に変更しなければならない。イースター(復活日)の出来事の信憑性について求められているのは、まさにそのようなことである。

しかし、このことはいったい何を意味しているのだろうか。この点で、ここ数世代の西洋におけるクリスチャンは、極端に間違った方向に向かってしまった。自分たちを取り巻く世界の急激な世俗化によって、とりわけ墓の向こうにはいのちがまったくないという考え方に直面したことから、多くのクリスチャンがイエスのよみがえりを、「死後のいのち」が実際にあるしるしのことだという考え方に捕らえられてしまった。これが、ことを複雑にしている。

よみがえりとは、「死んだら天国に行く」ことの気の利いた言い方ではない。よみがえりは、「死後のいのち」というものでもない。むしろ、からだをもって死んだ後に、からだをもってよみがえることを端的に語る語り方である。よみがえりは、死後のいのちの第二ステージである。すなわち、「死後のいのち」の後の「いのち」のことである。

もしイエスのよみがえりが、死んだ後に何が起こるかを「証明する」ものだとすれば、まさにそのことを意味している。しかも興味深いことに、『福音書』や『使徒の働き』でのよみがえりの物語は、死後の世界について何も語っていない。その代わり、次のように言っている。「もしイエスがよみがえられたのなら、それは神の新しい世界、神の王国がついに到来したことを意味し、私たちには果たすべき務めがある。世界は、イスラエルの神、創造者である神が、メシアを通して完成したことに耳を傾けるべきだ」。

さらなる誤解をした人たちもいる。その考えは先に示した選択肢〈二〉、すなわち、神と世界はまったくかけ離れた正反対のものとする見方に、イースターの出来事を組み合わせたことから出てくる。この見方では、神は通常まったく別な場所、私たちの世界とかけ離れたところにいて、時々こちらに踏み込んできて劇的なことを行う。それは（この見解では）、通常の出来事への神による介入や中断と見なされる。

そのことを今日のほとんどの人は、「奇跡」また「超自然」と呼ぶ。イエスのよみがえりをこの線で解釈するなら（つまり「最高の奇跡」と呼ぶなら）、次のような反応を引き起こす。「イエスについては大変良かった。しかし他のことはどうなのか。神がそのような芸当をすることができるのなら、どうしてホロコーストやヒロシマに介入し、それを止めなかったのか」と。

答えはこうである。イエスのよみがえりは、イエスに関する他のすべてのことについてもそうだが、選択肢〈二〉の枠組みには、どんなかたちであれ収まらない（さらに言うなら、選択肢〈一〉にも収まらない。イエスにまつわることを、「自然」現象の単なる新しい現われであるとする試みを、何度か見かけたことはあるが）。もしイースターが意味をなすとすれば、私が選択肢〈三〉として描いたユダヤ教の古典的世界観の中においてこそ意味をなすのである。すなわち、「天」と「地」は同じではないし、互いにまったくかけ離れてもいない。そうではなく、いろいろな仕方で神秘的に重なり合い、かみ合っている。また、天と地の両方を造られた神は、世界の内側から働き、同様に、世界の外側からも働いている。世界の痛みを分かち合い、じつに、すべての重荷をご自分の両肩に負っておられる。

この見方からすれば、東方教会がつねに強調してきたように、イエスがよみがえられたとき、神のすべての新しい創造が墓の中から現れ出て、この世界に新しい潜在力と可能性に満ちた世界を導き入れたのである。じつに人間自身が再生され、刷新されるという、まさにその新しい可能性のゆえに、イエスのよみがえりは、私たちを受動的で無力な観客にしたままではおかない。私たち自身で身をもたげ、自分の足で立ち上がり、肺に新しい息を吸い込み、出て行って、世界に新しい創造をもたらさずにおかないのである。

このようなよみがえりについての解釈こそ、私がこれまで示してきたイエスの生涯とわざを理解するのに、最もぴったりくる。イスラエルの民の受けた召命が、唯一の神の愛する創造物を救い出す民になることだとすれば、またイエスが、神に遣わされたメシアとして、イスラエルの召命を自分の身に引き受けることを信じていたとすれば、そして死に向かうことで、世界中のすべての悪の重みをみずからの上に負い、ある意味、まさに悪の膿《うみ》を完全に出し尽くしたことが真実であるなら、さらに果たされるべき務めがある。

イエスの書き記した音楽は、いま奏でられなければならない。初代の弟子たちはこのことを見て、それに着手した。イエスが墓の中から立ち上がり、出てきたとき、義と、霊的なことと、関わりと、美が、イエスと共に立ち上がったのである。イエスの内に、またイエスを通し、何かが起こり、その結果、世界は異なった場に、すなわち天と地が永遠に結びつく場となった。神の未来が現在に到来した。単なる残響の代わりに、私たちはあの声そのものを聞く。それは、悪と死からの解放を告げる声、すなわち新しい創造の声である。

イエスとその神性

イエスの短い公生涯の間、イエスに従った最も初期のクリスチャンたちは、メシアは神であるとは思ってもいなかった。ここで話を難しくしているのは、「キリスト」という用語が、単なる固有名詞(「イエス・キリスト」)か、それ自体が「神」のタイトルかのように使われていることだろう。

同様に「神の子」という言い方も、余計なことを脇に置いて、「三位一体の神の第二人格」を意味する用い方がよくされる。少なくとも、初代のクリスチャンがそのような新しい意味を加えるまで、そうした意味はなかった。その時点では、メシアを表す別名にすぎなかったのである。聖書は来るべき王を、ヤハウェに受け入れられた子と語っている。人間にとって高位の存在であるのは疑いない。しかしそのような王が、イスラエルの神ご自身の体現とか、あるいは(ラテン語の表現になるが)受肉として考えられることはなかった。

しかし、キリスト教の初期の段階から、驚くほど劇的な変化が起きた。当時のユダヤの伝統は、イエスに従った者たちにとって何の準備にもならなかった。彼らはユダヤ的な唯一神信仰の内にしっかりと留まっていた。それでも早い時期から、イエスは神であると言っていた。彼らがイエスのことを語るとき、それ以前の何世紀もの間、世界で唯一の真の神の存在とわざについて、ユダヤ人たちが使ってきた表現方法をそのまま用いた。

すなわち、臨在（神殿でのことも）、トーラー（律法）、みことば、知恵、そして聖霊である。彼らは言う。イエスはイスラエルの唯一の神の、唯一無二の体現者であり、イエスの名によって、天にあるものも、地にあるものも、地の下にあるものも、すべてがひざをかがめ、すべてのものが彼によって造られ、いまやすべてのものが彼によって再創造されると。また、イエスは神の生きた、受肉したことばであり、いわば神の神性が、その生涯を貫くほどにイエスの人格に深く刻まれていたと語った。初代のクリスチャンは、ユダヤ人の唯一神のあり方から離れようとはしなかった。むしろ、その真の意味を探し求めていたと主張したことだろう。

彼らがこのすべてを語ったのは、三世紀や四世紀もたってからではない。長いあいだ熟考し、考えをまとめ、社会的にも政治的にもそうした発言がふさわしいと思われる時期を狙ってそう語ったのでもない。彼らはそれを、自分たちの生きている一世代のうちに口にした。当時のユダヤ教と異教の宗教的感情にとっていかに衝撃的であろうとも、そのように語った。さらに、ローマ人の主張と真正面からぶつかることを意味しようが、そう語った。

カエサルは何といっても「神の子」であった。彼は「世界の主」であり、その王国は絶対的権力を持ち、当時のすべての人が彼の名にひざをかがめねばならなかった。最も初代のクリスチャンのイエスの評価、すなわちイエスにおいて天と地が出合い、神殿に取って代わる生きた神の体現者であるとすることは、想像するまでもなく社会的な物議をかもすこととなり、神学上においても革新的なものだった。それでも彼らは、そう話した。そしてそう話すことで、イエスが自分自身のことをどう信じていたかを思い出せる範囲で思い出し、それらを手がかりにして思い巡らし、じっくりと考えた。

この点でも多くのクリスチャンは間違った方向に進んだ。イエスがその生涯の間、自分が「神である」ことに「気づいていた」というのである。その意味することは、自分についてのその知識を、どういうわけか瞬時に、ほとんど普通に自覚していた、というものである。しかしそうであるならば、ゲッセマネの園で激しく苦悶した出来事の説明を難しくしてしまう。

別のところでも論じたが、イエスの受肉の意味を少しも減ずることなく、その最も深い次元の意味を明らかにするのは、次のようなイエスの自覚である。すなわち聖書に記されているような、イスラエルの神のみが可能とされる行いとあり方を、自分の召命として、使命として自覚していたことである。それこそが、イエスが真の神であり、真の人であるという両者のあり方を意味すると私は信じている。そして、人間が神のかたちに造られたことを思い起こせば、それは分類の仕方の誤りではなく、創造自体の目的がイエスにあって究極的に成就したものだということが分かる。

このことが、イエスが最後にエルサレムに来たときに語った物語、すなわち家来や使用人たちがどれだけ仕事をしたかを見るために、外出後、突然戻ってきた王（主人）の物語を語った理由である。イエスはここで、捕囚のときイスラエルから去り、ついには、民をさばき、救い出すために戻ってくるヤハウェ自身について語っているのだ。しかもヤハウェがエルサレムに戻ってくると語りながら、戻ってくるのはそのイエスご自身である。ロバに乗ってエルサレムの都に入り、自分を神殿の権威者と定め、権威あるお方の右に座すことを大祭司たちに宣言し、世界の罪のために自分自身の肉と血を捧げたのはイエスご自身であった。十字架に近づけば近づくほど、私たちは次のイエスの問いへの明確な答えを持つようになる。それは、「あなたはわたしのことを誰だと思うか」という問いである。

イエスは、自分がおかしいかもしれないと知っていたはずだ。妄想の可能性も意識できるくらい充分な洞察力を持っていた。しかし、何よりも神秘的なことは、イエスは聖書を読んで自分の召命のたどる道をはっきりと知っただけではなく、「アバ、父よ」と呼ぶ方との親しい祈りの生活によって支えられていたことである。どういうわけかイエスは、天の父に祈り、同時に、昔の預言によれば、ヤハウェだけが担うはずの役割、イスラエルと世界を救出する役割を自分の身に引き受けた。イエスは、父に忠実であった。同時に、神のみができることを行った。

このことを、私たちはどう理解したらよいだろうか。イエスが「自分が神であると知っていた」のは、寒いか温かいか、うれしいか悲しいか、男か女かを私たちが知るのと同じように知っていたとは思えない。むしろ私たちが、自分の使命と結びつけて考える「知識」のようなものだったろう。それは、自分の存在の深みで、ある人が芸術家、技術者、哲学者に召されているのを知っているというような意味合いである。

イエスにとってそれは、そのような種類の深い「知識」であり、力強く、すべてを捧げる信仰であったと思われる。すなわちイスラエルの神は、ほとんどの人が想像するよりもはるかに神秘的な存在であり、その神の存在の中心に、与えることと受けること、行ったり来たりすること、与える愛と受ける愛が存在する、という信仰である。人間そのものであるナザレ出身の預言者イエスは、自分は愛におけるそうしたパートナーのひとりだと信じていたと思われる。イエスは召し出され、天の父への従順のゆえに、そうした愛をはばかることなく、ことごとく差し出すわざを遂行した。

このことは、神学の限界と同様、言語の限界にも導く。しかし、歴史家としての私が到達した結論はこういうことだ。そのように分析することこそが、なぜイエスはあのように行い、イエスに従った者たちもイエスの死と復活の直後に、なぜすぐにそれを信じ、またその信じたことを行ったのかという理由を最もよく説明してくれる。そして、クリスチャンとしての私が達した結論は、そう理解することこそ、私も含めて数え切れない人たちが、この世界と私たちの生活の中にイエスが人格的に存在し、活動し、また私たちの救済者、主であると見いだした理由を説明してくれる、ということである。

第9章　神のいのちの息

爽快な春の朝、私は窓を開け放った。新鮮な風が庭にそよいでいる。遠くでは焚《た》き火の音がして、農夫が冬の残り屑《くず》を燃やしている。海に降りていく小道では、ヒバリが巣の上空を舞っている。辺り一面、神による創造の香りが冬の帳《とばり》を押し上げ、新しいいのちの出現を待っている。

これらはどれも（私は何も作り話をしているのではない）、初期のクリスチャンが用いたイメージである。彼らはそれを、イエスの物語《ストーリー》と同じように不思議でありながらも、日々の生活のように現実的なものを描写するのに用いた。力強い風が家の中を吹き抜け、自分たちの中に入り込んだと語った。また、炎のような舌が自分たちの上に留まり、自分たちを変えたと語った。古代の創造物語のイメージを借りて、鳥が混沌の水の上をおおうようにして、秩序といのちの誕生をもたらしたと語った。説明しきれないことを説明するのに、すでに知っている世界から湧き出るイメージを借りてくる以外に何ができるだろうか。

確かに、説明の必要なことがある。イエスに従う者たちは、イエスが彼らに語ったことに対して、イエスのよみがえりに大いに困惑した。次に何をしたらよいか分からないほどだった。神が次に何をなさるのか、先が読めなかった。そのためか、一時は漁師生活に戻った。

また、イエスが最後に姿を消してしまう前、弟子たちはイエスに尋ねた。これらの不思議なことが次々に起こるというのは、イスラエルについての昔からの夢が、ついに実現しようとしているのですかと。いまやまさにイスラエルに王国が建てられるのでしょうか、そして私たちや同時代の人々が待ち望んでいるように、ようやく自由にされるのでしょうかと。いつものように、イエスは彼らの質問に直接的には応えなかった。今日、私たちが神に尋ねる質問の多くも、直接的には応えてもらえない。

それは、神が答えを知らないからではなく、私たちの問いが意味をなしていないからである。C・S・ルイスが指摘しているように、私たちの抱く問いの多くは神の視点から見ると、「黄色は四角か丸か」とか、「一マイルは何時間あるか」と問うようなものだ。イエスはそれらの質問をやさしく退ける。そして言う。「いつとか、どんなときとかいうことは、あなたがたは知らなくてもよいのです。それは、父がご自分の権威をもってお定めになっています。しかし、聖霊があなたがたの上に臨まれるとき、あなたがたは力を受けます。そして、エルサレム、ユダヤとサマリヤの全土、および地の果てにまで、わたしの証人となります」（使徒1・7〜8）。

聖霊と教会の務め。この二つは共に手を携えていく。別々に語ることはできない。いまより少し前の世代のクリスチャンは、新しい霊的体験に興奮した。そこから連想されるかも知れないことだが、神は、「ディズニーランドの一日」のような霊的楽しみを与えるために聖霊を与えているわけではない。もちろん、落ち込み、気持ちが沈んだときには（そうでないときも）、神の霊の新しい息吹はすべてに対する新しい視点、とりわけ神の臨在、愛、慰め、さらには喜びの感覚を与えるためである場合も多かった。しかし、聖霊が与えられる目的は、イエスに従う者たちが次のようなニュースを携えて、全世界に出ていくためである。すなわち、イエスは主であり、悪の力に打ち勝ち、新しい世界が開かれる。私たちはその実現を助けるようになると。

同じように、教会の務めも聖霊なしには果たされない。イエスのうちでわざをなした神は、次は私たちが独力で責任を果たすのを願っているかのようにクリスチャンたちが語っているのを聞いたことがある。しかし、それは大変悲しい誤解である。それは傲慢に行き着くか、燃え尽きに行き着くか、あるいはその両方になるだけである。神の霊なしに神の王国に関することをすることはできない。神の霊なしに教会は教会ではあり得ない。

私はここで、「教会（チャーチ）」という用語を幾分重苦しい思いをしながら使っている。多くの読者もこの用語で、大きな暗い建物、尊大な宗教的宣言、見せかけの厳粛さ、ひどい偽善を思い浮かべることを知っている。しかし、それに代わる言葉を見つけるのは容易ではない。私もまた、否定的イメージを強く持っている。仕事上、いつもそのことで闘っている。

しかし、そこには別の面もある。まさに風と火のしるしであったり、水の上を翼でおおい、新しいいのちをもたらす鳥のしるしを示す面もある。多くの人にとって「教会」は、先に触れた否定的イメージとは反対のものを意味している。教会は、人を受け入れ、笑いと癒しと希望をもたらし、友であることや、家族、義、新しいいのちの場であるというイメージだ。

そこには、ホームレスの人が一杯のスープを求めて訪れ、お年寄りが誰かと談笑するために立ち寄る。あるグループは薬物依存の人々のために働き、他のグループはグローバルな正義の実現のための運動をしている。そこで、人々は祈りを学び、信仰を持ち、誘惑と戦い、新しい目的を見いだし、その目的を果たすために新しい力を得る。

人々はそこに、それぞれの小さな信仰を携えてきて、他の人たちと共に真の神を礼拝するために集まる。全体でまとまるのは、個々ばらばらの単なる総計よりもはるかに大きな意味があることを見いだすからである。どの教会も、いつもこのようなわけではない。しかし、驚くほど多くの教会で、たとえ部分的ではあっても、頻繁にこのようなことが起こっている。

忘れてはならないことがある。それは、南アフリカの教会のことだ。教会は労し、祈り、苦しみ、闘った。大きな変化が起こり、アパルトヘイトは廃止され、さらに新しい自由がもたらされた。誰もが予想していた大流血なしに、それは実現した。また、東ヨーロッパの旧共産主義のただ中で生き延びてきたのも教会だった。旧体制が終焉するとき、キャンドルと十字架を掲げて行進し、もうたくさんだと内外に示した。多くの愚かさや失敗にも関わらず、病院、学校、刑務所、その他たくさんの場所を含め、そこにはいつも教会があった。「神の民の家族」とか、「イエスを信じ従うすべての者」とか、「聖霊の力によって神の新しい創造を生み出す者の群れ」とかいう長々しい言い方より、私はむしろ、「教会（チャーチ）」という言葉を再生させたい。

実際、それが私の意味していることである。風、火、翼でおおう鳥というイメージは、教会が教会であることを可能にするために与えられている。言い変えるなら、神の民が神の民であることを可能にするためである。それらには驚くべき劇的な効果がある。聖霊が与えられていることで、普通のはかない存在である私たちが、イエス自身がそうであったものに幾分かでも近づくことができるのである。すなわち、神の未来が現在に到来している部分に、天と地が合わさっている場に、神の王国が前進していくための手段に、近づくことができる。

実際、聖霊が与えられているのは、イエスが神のおられるところ、すなわち天に昇られたいまにおいて（「昇天」はまさにそのことである。イエスは神の領域に先に行かれた。天と地が一つになって、結び合わされる新天新地に、再びイエスが出現し臨在するその日に備えて）、教会がイエスご自身のいのちと、いまも続いているイエスの働きを分かち合うためである。

それらの点については、さらなる説明が必要になる。

神の未来の保証としての聖霊

聖霊が与えられたのは、神の未来を現在に現実化する働きを始めるためである。そのことは多くのイメージで表されているが、聖霊の不思議な人格的な力の働きをとらえる第一の、おそらく最も重要なポイントである。イエスの復活が、神による新たな創造という予期しない世界を開いたように、聖霊も、その新しい世界、生まれ出ようとする世界から、また、昔の預言者たちによれば、平和と義が花開き、狼と子羊が共に伏す新しい世界から、私たちに届くのである。

クリスチャンとして生きる大切な要素の一つは、たとえこの世界に生きていながらも、未来の、神の世界におけるいのちを生きることであり、そのルールに則って生きることを学ぶことである（パウロは現在の世界を「今の悪の世界」と呼び、イエスは「このような姦淫と罪の時代」と呼んでいる）。

これが、最も初期のクリスチャン・ライターであるパウロが、来たるべきものの保証、あるいは手付け金と聖霊のことを呼んでいる理由である。ギリシャ語のアラボーン（arrabon）がそこで使われているが、その現代ギリシャ語での意味は婚約指輪であり、来たるべきものの現在のしるしなのである。パウロは聖霊を、私たちが「受け継ぐこと」（エペソ1・14）の保証であると述べている。パウロはそれを、誰かが亡くなったときに相続する通常の方法、例えば、その前払いや最初の分配というイメージを指して言ったのではない。また、多くのクリスチャンが思うような、「天国に行く」という単純な話しでもない。そうだとすれば、まるで神が天上に取っておいてくれた祝福を単に「受け継ぐこと」だけかのようである。

そうではない。パウロはこのことについて、旧約聖書の中心的なテーマを持ち出し、それを際だった新しい方向へと導いているのだ。そのことを理解するには、聖霊がそもそもなぜ与えられたのか、とりわけ、聖霊とは現実に誰であるのかを見ていく必要がある。

パウロは、将来「受け継ぐもの」の保証として、手付け金として聖霊が与えられることを語っているが、そこで描かれているテーマは、私たちにとって聞き慣れた出エジプトの物語である。すなわち、イスラエルの民がエジプトから脱出し、約束の地に向かう物語である。カナンの地、いまでは聖地と呼ばれているその地は、約束された「受け継ぐもの（嗣業）」、すなわち、神の民としてそこで生活することになるその土地だった。そここそが――民が、神と交わした契約を守ることで――神が彼らと共に住み、彼らも神と共に住むことになる場所だった。その約束を前もって味わうものとして、また約束の地の継承へと導く手段という両面の意味において、神は不思議な聖なる臨在を通し、荒野をさまよう民を導きつつ、また彼らの反抗を嘆き悲しみながら、共にその道を進まれたのである。

つまり、パウロが「受け継ぐことの保証」として聖霊を語っているときは、イエスがそうであったように、出エジプト全体の伝統を呼び起こしているのである。過越《すぎこし》で始まり、約束の地で終わった物語である。パウロは事実上、「あなたはいま、真の出エジプトの民である。あなたはいま、あなたの受け継ぐべきものに向かっている」と言っている。しかし、その「受け継ぐもの」は、肉体から離脱した天国ではなく、単に現在の国々の中にある小さな国という意味でもない。世界のすべてはいま、神の聖なる地であるのだから。

いまこの時において、世界は力と美の場所だけではなく、苦しみと悲しみの場のように見える。しかし神は、その世界を再生させる。イエスの死と復活とは、まさにそのことであったのだ。

私たちは、その再生の働きの一部となるように召されている。いつの日かやがて、造られたものすべてが奴隷状態から救い出される。また、美を損なう堕落と腐敗と死から、関係の破壊から、神の臨在の喪失から、さらには、世界を不正と暴力と残虐の場とすることから、救い出される。これこそが、救出、「救い」のメッセージであり、パウロが書いた中で最も偉大な章の一つである『ローマ人への手紙』第八章の核となるものである。

それではここで言う未来が現在に到来し始めているとは、どのような意味だろうか。パウロが意味しているのは、次のことである。イエスに従う人々、つまり、イエスはこの世界の真の主であり、死者の中からよみがえった方であると信じ、認める人々には、新しい世界がどのようなものかを前もって味わうために聖霊が与えられた、ということである。誰でも「メシアのうちに」(イエスに属する者を言い表すのにパウロが好んで用いた言い方)あるなら、まさに新しい創造(第2コリント5・17)なのであり、あなた自身の人間としてのあり方、すなわちあなたの人格も、あなたのからだも、再生されているのだ。そういうわけであなたは、単に古い創造の一部分や悲しみと不義の身の上なのではなく、究極的には、死そのものの恥に取って替わる、先取りされた新しい創造の一部分となっているのであり、また同時に、あなたを通して新しい創造が、いまここで実現し始めているのである。

このことは、聖霊について何を語っているだろうか。聖霊は、過越から約束の地への私たちの遍歴において、すなわち、イエスの復活によって創造のすべてがまったく新しくされるまでの旅路において、『出エジプト記』の物語に出てくる雲の柱、火の柱が果たしたのと同じ役割を果たすのである。聖霊は、生きた神ご自身の不思議な人格的臨在であり、私たちを導き、案内し、忠告し、叱責し、その過ちを悲しみ、そして、真の受け継ぐべきものに私たちが少しでも近づくとき、祝ってくださる方なのである。

それでは、聖霊が神ご自身の人格的臨在であるとするなら、そのことは、私たちクリスチャンについて何を語っているだろうか。ここで再びパウロにその答えを見いだす。あなたは生ける神の宮・神殿であると、パウロは言っているのである。

天と地の間の神の霊

もし聖霊が、神の未来を現在にもたらす方であるとするならば、聖霊はまた、天と地を結びつける方でもある。ここでまた選択肢〈三〉に戻ることになる。それがどのように機能するかを思い起こしてほしい。

選択肢〈一〉は、天と地が基本的に完全に重なり合っていると見る。それは、存在するものすべてのものの内に、そしてすべてのものと共に、神の力と強さと臨在があるという言い方をする。そこには私たち自身も含まれる。すなわち汎神論(pantheism)である。それは、この世界に神性さの香りのないものはないと認めることであり、その神性とは、この地に存在するすべて、すなわち川、動物、星、そして私たち自身の内に見いだす神性さの香りを総計したものにすぎない。汎内在神論（panentheism）は、神をそれ以上のものにしてはいるが、それでも、創造のすべてに神の臨在がいき渡っているとしている。

この理解の枠内では、神の霊が私たちの内で働いていると語ることは容易である。当然のことだが、汎神論者の考えによれば、「神」と呼ぶものがすべての内に存在しているとすれば、神の霊について語るとしても、同じものを別の仕方で言っているにすぎない。この考えはよいように思えるし、現代人にとって「民主的」のように思える。ある人やある場所が、他の人や場所よりも特別だとは思いたくない。それは、啓蒙思想後の西洋的な感性に反するからである。

最初に汎神論者に出会ったときのことをよく覚えている。一九六八年の夏、カナダのブリティシュ・コロンビア州の中ほどでヒッチハイクをしたとき、ある女の子に出会った。「もちろん、イエスは神よ」と彼女は言った（どのように会話が始まったのか覚えていないが、私がクリスチャンであると分かったに違いない）。「でも、私も、あなたも、そして私のペットのウサギも、そうよ」。

ペットのウサギには何の問題もない（わが家のウサギの飼い主が、ウサギ小屋の掃除を他人任せに、つまり私に押しつけることを除いて）。しかし言うまでもなく、このときの会話が忘れられないのは、神の霊がイエスの内に、イエスと共にいたのと同じ意味で、ペットのウサギの内に、ウサギと共にいると言ってのけてしまうことが、非常に滑稽なこととして強く印象に残ったからである。その滑稽さはいまも脳裏から消え去らない。それは何と言っても、汎神論の問題である。

汎神論は、あなたをそのままにしてしまう。すでにすべてを手に入れているのだから。そこには悪に対する解決がない。いまあなたがあるところ以上の未来もない。もし選択肢〈一〉が正しいとすると、イエスはまさに、何かにたぶらかされた狂信者ということになるだろう。

選択肢〈二〉は一見、神の新鮮な、燃えるような、吹き抜ける風を理解するのによい展望を与えてくれそうに思われる。それは、神の領域と私たちの領域はまったく異なるとしているからだ。遠く離れた神の世界から私たちのところに、私たちに、まして私にさえ、ある力がやってくると考えるのは、何と素晴らしく、わくわくし、ドラマチックであることか。まさに「自然」と「超自然」という言い方が、この世の多くの人にとって重要な役割を果たすゆえんである。私たちの領域のすべてのことは「自然」であり、自然、物理、歴史、その他の一般法則のすべてでは説明できると思い、同様に、神の領域はすべて「超自然」であって、まったく別ものなので、私たちの普通の経験と完全に異なると思っている(「自然」と「超自然」という用語については、いま言ったこと以上の長い、興味深い歴史があるが、ここでは今日一般に使われている用法で話す)。

そのことゆえに、選択肢〈二〉のような仕方ですべてを見る人にとって、聖霊の臨在とその働きというものは、道徳的な知恵の目立たない成長とか、息の長い、ドラマチックではない犠牲的奉仕の地道な生活などではなく、癒しや異言、劇的な回心とかいった特別な、「超自然」なことによって起こるものなのだと理解する。

ここで気をつけて欲しいのは、癒しや「異言で話す」ことは起こらないし、大切ではないと言っているわけではないことだ。それらは起こるし、大切である。神が人を回心させるときに、素晴らしく、ドラマチックで突発的なことを用いないと言っているのではない。神はそれを用いる。私が言いたいのは、選択肢〈二〉は、起こっていることの理解に、間違った枠組みを設定している、ということである。とくに、「自然」の世界にすでにある神の臨在と力の感覚を排除することになる。

最初の二つの選択肢とも、新約聖書が聖霊について語っていることを理解する枠組みにはならない。それゆえ、選択肢〈三〉が必要である。何らかの仕方で神の次元と私たちの次元、すなわち天と地が重なり合い、かみ合っていると理解する。しかしそこに出てくる問い、それはどのように起こるのか、誰にそれが起こるのか、いつ、どこで、なぜ、どのような条件で起こるのか、そして、それはどうなるのか、という問いのすべては、神秘的な部分を含んだまま残る。また、創造物が最終的に刷新され、二つの次元が元々デザインされたように一つになるまで（クリスチャンが「主の祈り」で毎日そうなるよう祈っているように）、ずっと神秘的であり続ける。

そうであるにしても、選択肢〈三〉の枠で聖霊を語ることの意義がこれで明らかになっただろう。もしそうでないなら、聖パウロは私たちを叱りつけるかもしれない。なぜなら、聖霊がみずからの内に宿っている人はすべて、神の新しい宮・神殿であるのだから。その人たちは、個人としても共同体としても、天と地が出合っているところなのである。

このことが実際に何を意味するかについては、次章のかなりの部分で探求し、説明する。しかしここでは、二つのことに触れておかなければならない。

第一は、もっともな反論だが「自分はそのようなものではない」というものである。私たちのほとんど、また私たちの模範と見なされるような人でさえ、その人が生ける神殿、すなわち天と地が出合う場であると思い浮かべることは難しい。自分たち自身について言えば、なおさら難しい。キリスト教の歴史で起こった悲劇的で愚かなことを、こうした観点から総じて見れば、教会がそのようなものだと考えるのは極めて厳しいことだと言わざるを得ない。

しかし、その反論への反論も、聖パウロの著書を知っている人にとっては同様に明らかである。パウロは私たちが見ているように、教会や個人における失敗を見ていた。そのような失敗が最もあからさまに書かれている手紙、すなわち『コリント人への手紙第一』で、パウロはこう主張している。あなたがたは全体として（彼は全教会宛にそう言っている）神の神殿であり、聖霊があなたがたの内に住んでいる（3・16）と。それこそが、教会の一致というものが非常に大切であることの理由である。また、あなたがたのからだは（彼は信徒ひとり一人に向って言っている）あなたがたの内に住んでいる聖霊の宮である（6・19）と。このことは、まさにからだのきよさ、とくに性的なきよさが非常に重要な理由となっている。

「一致」と「きよさ」は、ここ最近の世代の教会が直面している二つの大きな問題である。このことのゆえに、聖霊についてパウロが伝えようとした教えを、もう一度とらえ直す必要があると言えるのではないだろうか。

第10章 御霊によって生きる

聖霊は私たち人間の間に来て、私たちの内に住む。そして、私たちを生ける神の宮とする。そのことは、感動で私たちの足を震え上がらせる。聖霊のこのあり方に気づくなら、他の幾つかの点でも同様に、聖霊の働きの重要な点を把握することができる。

まず初めに、先に見たように、神の神殿としてきよさが求められるという驚くべき召命を基にして、イエスに従う者は律法、つまりユダヤ人の律法であるトーラーを順守するよう召されているという考え方が、初代のクリスチャンの著述全般に見てとれる。パウロがそう言い、ヤコブもそう言い、イエス自身もそう言っている。しかし今日において、ユダヤの律法を実践することは、あらゆる意味でクリスチャンの間で行われなくなり、意味を失っている。

『ヘブル人への手紙』が主張しているように、イエスの死によって、献げものについての制度は終わり、それに伴って神殿の意味もなくなった。異教を信じていた男性や少年がイエスを信じて洗礼を受ける際、割礼を受ける必要はないとパウロは主張した。イエス自身が強く示唆しているように、近隣の異教の民とユダヤ人を区別するしるしである食べ物に関する律法は、それに代わるもの、すなわち異なった種類のきよさを持ってくることで破棄された。イエスに従った初代クリスチャンにとって、ユダヤの安息日は十戒の一つであるのに、もはや明らかに強制的なものではなくなった。

それにもかかわらず初代のクリスチャンは、とくに聖霊について語るときは、律法を満たす義務のことを絶えず語っている。もしあなたが聖霊によって導かれ、力を得ているなら、律法が禁じている殺人や姦淫、それに類することをしなくなる、とパウロは明言している。彼はこう書いている。「肉の思いは神に対して反抗するものだからです。それは神の律法に服従しません。いや、服従できないのです。肉にある者は神を喜ばせることができません。けれども、もし神の御霊があなたがたのうちに住んでおられるなら、あなたがたは肉の中にではなく、御霊の中にいるのです」(ここも神殿にまつわる言い方であることに注意)。聖霊が内に住んでいる人すべてに、聖霊はいのちを、すなわち、復活のいのちを与える。このことは、いまここで、きよい生活がすでになされている(ここでも現在における未来という言い方に注意)ことを示している(ローマ8・7〜17参照)。同じ手紙のすぐ後で、さらにこう説明している。「愛は隣人に対して害を与えません。それゆえ、愛は律法を全うします」(同13・10)。

もう一度繰り返すが、律法に重点を置くのは、古代の由緒ある便利な道徳的指針であるからではない。そうではなく、律法は神殿のように、天と地が出合う場の一つだからである。それゆえ、何人かのユダヤ人教師が指摘しているように、トーラーを学び、守ることは、神殿で礼拝するのと同じようなものということになる。そして初代のクリスチャンは、天と地が重なり合い、かみ合う場として自分たちが生活をするようにと励まし合っている。

このことはまた、まったく不可能とは言わないまでも、恐ろしく難しいように聞こえる。しかし、それを避けては通れない。幸い、これから見るように、普通のクリスチャンであるとは何よりも、そのような生き方をいかに維持し、成長させていくかを求めることにある。

聖霊によってトーラー（律法）が成就されることは、『使徒の働き』第二章におけるペンテコステ（五旬節。五十日目という意味）の驚くべき記述の底流にある主要テーマの一つである。今日に至るまでペンテコステは、ユダヤ教において律法が与えられた祭り（七週祭）として守られている。最初に過越《すぎこし》がある。すなわちイスラエルの民がエジプトの奴隷状態から脱出した日があり、その後、砂漠を通ってシナイ山に到着したのが五十日後（七週間後）である。モーセは山に登り、律法を授けられて降りてきた。それは契約が記された板であり、神の民が生きるための神からの賜物であり、自分たちが真の神の民であることの証しとなった。

これが、第二章を読むときに頭に入れておくべき構図である。その前の過越の祭りで、イエスは死んで、よみがえられた。そのことで、奴隷状態にある人々を解放する道と罪の赦しへの道を開き、罪の赦しと全世界のための新しい出発とした。とくにイエスに従う者にとっては、そうであった。そしていまや復活してから五十日後、イエスは神が臨在する「天」に上げられたが、モーセのように、ふたたび天から降りてきて、新しい契約が与えられたことを確証し、石にではなく人の心の板に生きる道を記された。それによってイエスに従う者たちが、真に神の民であることの喜びに満たされて証しするためだった。

これらのことが、ルカの伝えるペンテコステの驚くべきしるしの背後にある神学である。そのとき生じた風と、火と、異言と、驚いた群衆に向けたペテロたちのイエスについての唐突な力強い宣言が、深い意味をもつゆえんである。聖霊が来て、信じる人たちに宿った。それは、彼らこそが天と地を結ぶ接点となり、生きた証しとなるためである。

神殿と律法だけが聖霊によって満たされるのではない。神が世界で働くものとして、古代からユダヤ教で言われてきた、さらなる二つの手だてを思い起こしてほしい。神殿、律法、聖霊に加え、神のことばと神の知恵である。

聖霊と、ことばと知恵と

神のことばと知恵は共に、初代教会の人たちがいつも考えていたテーマである。最初の弟子たちが、イエスによって、より広い世界に送り出され、イエスはイスラエルのメシアであり、世界の真の主であることを宣べ伝えたとき、それは多くの聞き手にとって、ほとんど、あるいはまったく意味をなさないことは分かりきったことだった。イスラエルのメシアとして到来したのにローマ人によって十字架にかけられ、しかもそれは、ユダヤ人の指導者がメシアを受け入れたくなかったからだと語ることは、ユダヤ人に対して侮辱的なことだった。ユダヤ人でない人たちに対しては、唯一の真の神が存在し、その神がある男を遣わし、死者の中からよみがえらせて全世界の責任を彼に負わせたと告げることは、まったくばからしく、嘲笑を浴びるかもしれず、さらにまずいことにもなるかもしれないことだった。

それでも彼らは、この物語《ストーリー》を語ることに力が伴っていると気づいた。その力は、いつも聖霊に関係していたが、彼らはそれを端的に「ことば」と呼ぶことが多かった。「一同は聖霊に満たされ、神のことばを大胆に語りだした」「こうして神のことばは広まって」いった。「主のみことばは、ますます盛んになり、広まって行った」「こうして、主のことばは驚くほど広まり、ますます力強くなっていった」(使徒4・31、6・7、12・24、19・20)。

パウロは次のようにも語っている。「あなたがたは、私たちから神の使信のことばを受けたとき、それを人間のことばとしてではなく、事実どおりに神のことばとして受け入れてくれたからです。この神のことばは、信じているあなたがたのうちに働いているのです」。これは「真理のことば」であり、「この福音は……あなたがたの間でも見られるとおりの勢いをもって、世界中で、実を結び広がり続けています。福音はそのようにしてあなたがたに届いたのです」(第1テサロニケ2・13、コロサイ1・5〜6)。後ろのほうの箇所はさらに、そのことばが新しいものであり、同時に古いものでもあるということと共に、もう一つのヒントを与えている。「実を結び広がり続けています」ということばは、創世記第一章の最初の創造に直接に結びつくのだ。

詩篇の作者は歌う。「主（ヤハウェ）のことばによって、天は造られた。天の万象もすべて、御口のいぶきによって」（詩篇33・6）。初代のクリスチャンは、「そのとおり」と応答した。この同じことばが、よきおとずれ、「福音」、すなわちイエスはよみがえられた主、と宣告するメッセージとして、いまその役割を果たしている。「『みことばはあなたの近くにある。あなたの口にあり、あなたの心にある』。これは私たちの宣べ伝えている信仰のことばのことです。なぜなら、もしあなたの口でイエスを主と告白し、あなたの心で神はイエスを死者の中からよみがえらせてくださったと信じるなら、あなたは救われるからです」（申命30・14、ローマ10・8〜9）。

別な言い方をすれば、よみがえられたイエスは主であると宣告するとき、まさにそのことばはすべて、神の霊を伝える役割を担う神のことばであり、イザヤの預言のように、神の臨在からの新しいいのち、新しい創造を私たちのうちにもたらす手段となる（イザヤ40・8、55・10〜13）。

最後に、神の知恵についても同様である。知恵は昔からユダヤ教において、それを通して世界を創造した神の手だてであると思われてきた。ヨハネ、パウロ、そして『ヘブル人への手紙』はすべて、イエス自身によって神が世界を造られたと語る際に、この知恵と結びつけて語っている。しかしそれだけではない。パウロは『箴言』と同様、神の霊の力によって人間もこの知恵を手に入れることができる、と語っている。『箴言』がそうであるように、知恵が大切であることの一つは、真の人間としていきいきと生きていくために必要だからである。

パウロが言うようにそれは、「この世の」の知恵ではない。すなわち、現在の世界の知恵でも、この世界の見方による知恵でもない。現代の支配者が好んで認めるような種類の知恵でもない。「私たちの語るのは、隠された奥義としての神の知恵であって、それは、神が、私たちの栄光のために、世界の始まる前から、あらかじめ定められたものです」。神は御霊によって、新しい種類の知恵に私たちを導いている（第1コリント2・6〜13）。

神の知恵と理解力の宝のすべては、メシア自身のうちに隠されている。すなわちそれは、次のことを意味する。メシアに属する者は、この知恵が自分たちに開かれており、それゆえ人として、クリスチャンとして成長する機会が与えられている、ということなのだ。「私たちは、このキリストを宣べ伝え、知恵を尽くして、あらゆる人を戒め、あらゆる人を教えています。それは、すべての人を、キリストにある成人として立たせるためです」（コロサイ1・28、2・2〜3）。ここでもまた、聖霊が内に宿っている人は、天と地が出合っている場であり、そこに生き、それによって生きるよう召されている。

注意していただきたい。選択肢〈二〉を信じる人においてのみ、「あの人の頭は天国のことばかりで、この地では役立たない」という言い方がされることになる。選択肢〈三〉の人にとっては、この地で真に役立つことこそ、その思いが天に捕らえられた本物の生き方となる。すなわち、天と地が重なり合う場で生き、そのあり方に沿って生きることになる。

このようにして、教会はイエスのわざを推し進めていく。『使徒の働き』が描いているのは、前の書（同じ著者が先に書いた『ルカによる福音書』）で、「イエスが行い始め、教え始められたすべてのこと」（使徒1・1）である。そこに込められた意味は明解である。すなわち、教会の物語は、御霊の力によって導かれ、力づけられながら、御霊によって導かれた人たちによるイエスの物語の続きであり、それを教え続けることである。

もう一度言うが、そのことがまさに、神の王国が到来し、神のみこころが「天で行われるように地の上にも」なるようにと祈る理由である。

霊的であるとは

神ご自身の霊は、クリスチャンの信仰によれば、本書の初めで取り上げた四つの問い、義、霊的なこと、関わり、美に対する答えを提供する。今度はそれを逆にたどってみよう。

神は、ご自身の霊を通して世界を再創造すると約束なさった。それにより、造られたものがそうありたいと全力を尽くし、切実に慕い求めている姿にされるためである。現在の世界の美はすべて、さらに極められ、高められて、現在、その美を破壊しているものから自由にされる。そのとき、いますでに知っている美は、ほんの先がけでしかないほどの、さらに麗しい美が現れる。

神は聖霊によって、神自身との新しい関係を私たちにもたらす。そして同時に、私たちの隣人との、そして創造されたもののすべてとの新しい関係をもたらす。聖霊による人間のいのちの刷新は、傷つき、壊れた人間関係を修復し、癒す力を与えてくれる。

神は聖霊を通し、自分の存在意義を心の底から納得できる賜物、すなわち、神の創造の秩序や、天と地の両方の次元に生きる者になるための賜物を与えてくださる。霊的なものの探求はいまや、天と地が結ばれることを追い求めることになる。それをたどることは大変なチャレンジだが、信じる者に明確に差し出されている。

最後に、神は聖霊によって世界が正され、義という善なる喜びに満ちた賜物で創造の世界がおおわれるために、いまから備えたいと思っておられる。今日の個々人の生活における聖霊の働きは、やがて世界のすべてが正されることを裏づける一つの先駆け、手付け金、保証金としてデザインされている。私たちはいま義とされている（後でさらに詳述する）。それは、神の義をこの世界にもたらすためであり（それも聖霊の働きであるが）、水が海をおおうようにヤハウェを知る知識が地に満ちる日に備えるためである。

この際だった構図で、クリスチャンに特徴的な霊性について二つのことが浮かび上がる。

第一に、クリスチャンの霊性には、神への畏敬と尊厳という感覚と、神の親しい臨在という感覚が結びついている。それを説明するのは難しいが、経験するのは容易である。イエスが神を、アラム語の家族表現であるアバ（父）と呼んだように、仲のよい家族の子どもが父を親しく知っているように、クリスチャンも神を親しく知り、父と呼ぶように促されている。教会に来ている人でこの点に当惑し、それが何を意味するのかまったく見当がつかないという人に出会ってきた。偉大で、畏れおおい、聖い神であるけれども、少なくともいくらかは親しく知っているというのでなければ、クリスチャンとしては文字どおり矛盾しているといわなければならない。もちろん、イエスの福音を心から信じ、聖霊によって生きる努力はしていても、人格的な傷や、神からの特別な召し、あるいは何らかの他の理由から、神が身近に親しく感じられない状況に陥ることがあるのは、問題なしに認める。それはいわゆる、「魂の暗夜」といわれるもので、祈りの生活の神秘を深く探求した人によって伝えられている。しかしイエスは、求める者には聖霊を拒まないと宣言している(ルカ11・13)。聖霊の働きの特徴的なしるしの一つはまさに、神の親密な臨在感である。

第二に、クリスチャンが霊的であること(霊性)には、ある程度の苦しみが伴っている。イエスが、「アバ、父よ」と祈ったと記されたうちの一つは、ゲッセマネの園でのもので、目前に迫った厳しい宿命を本当に通らなければならないのか、他の道はないのか、と尋ねたときのことだった。答えは、「そのとおり」であり、イエスはその道を通られた。もしイエスがそのように祈ったとすれば、私たちも同様に、そう祈らざるを得ないときがあるのは当然である。

パウロもヨハネも、このことを強調している。イエスに従う者たちは、古い世界のルールよりも、新しい世界のルールで生きるように召されている。古い世界はそれを嫌う。天のいのちは、地のいのちに癒しをもたらすようデザインされているが、いまもこの地を動かしているさまざまな権力は、天のいのちを自分の都合のよいように形成し、少しでも自分の意図と異なったことを言われるのを嫌う。そのため、政治、メディア、専門職、ビジネス界での権力者たちは、「こうあるべきだ」とクリスチャン指導者が言おうものなら怒りを覚え、あざ笑いながら、「今日の問題について発言しなくて結構だ」と教会に言うのである。

そうなると苦しみは、実際の迫害という形をとることがあるかもしれない。自由主義的な現代の西洋世界においてさえ（おそらく、まさにそのような世界だからこそ）、イエス・キリストに献身しているがゆえの差別で苦しめられることがある。とくに、権力を持つ者の世界観が、あらゆる形でクリスチャンの信仰にあからさまに反対する場（今日のイスラム教国の一部のように）はなおさらである。

しかし苦しみは、他にも多くの形をとってやってくる。病気、うつ病、死別、より深刻な道徳的問題、貧困、悲劇、事故、そして死。新約聖書や最初の二、三世紀に書かれたキリスト教の文献を読むとき、初代のクリスチャンがイエスに従う生活を、たとえバラ色に描いたとしても、誰も非難はできないだろう。しかし、肝心なことはこういうことだ。すなわち、苦しみに遭っているときにこそ、聖霊が私たちと共にいてくださることを最も確実に期待できるのである。

私たちは苦しみも殉教も求めないし、招きもしない。しかし、どんな形であれ、それがきた時には、聖霊についての偉大な章の終わりでパウロが語ったように、「私たちは、私たちを愛してくださった方によって、これらすべてのことの中にあっても、圧倒的な勝利者となる」（ローマ8・37）のを知るのである。

三位一体の神をかいま見る

それでは、クリスチャンの理解している神を、どのようにまとめたらよいのだろうか。神学的に言って、太陽を見つめることを学ぶとは、何を意味するのだろうか。

神は世界の創造者であり、世界を愛する方である。イエスは神のことを「わたしを遣わした父」と言い、他のところでは、「わたしを見た者は、父を見たのです」(ヨハネ14・9)と述べた。イエスをしっかりと見てほしい。とくに、イエスがみずからの死に立ち向かうときのことを見てほしい。無限に輝く天の星や私たちの良心の内にある道徳律を学んで推測するよりはるかに、神がどういう方かが分かるだろう。神は、義を求める熱望を満たす方であり、霊的なことへの渇望を満たす方であり、豊かな関係への飢え渇きを満たす方であり、美を恋い慕う思いを満たす方である。

そして神は、真の神とは、ナザレのイエス、イスラエルのメシア、世界のための真の主の内に見られる神である。初代のクリスチャンは、神とイエスを同等に語っている。いわば、方程式をイコールで結んでいる。パウロが、ユダヤ教における唯一神についての最も有名な標語(「聞きなさい。イスラエル。ヤハウェは私たちの神。ヤハウェはただひとりである」)を引用したとき、「主」(すなわちヤハウェ)を「イエス」の意味で、「神」を「父」という言い方で説明している。

パウロはこう書いている。「私たちには、父なる唯一の神がおられるだけで、すべてのものはこの神から出ており、私たちもこの神のために存在しているのです。また、唯一の主なるイエス・キリスト（メシア）がおられるだけで、すべてのものはこの主によって存在し、私たちもこの主によって存在するのです」（第1コリント8・6）。さらに、この箇所に先立ってパウロが書いていることは、異教の神々ではない真の神を知りたいと思うなら、世界を救い出すために昔からあったご自分の計画を果たすためにご自分のひとり子を遣わし、次に、その御子の御霊を遣わした神（ガラテヤ4・4〜7）という観点から、まず考えなければならない。

教会による公式な「三位一体の神の教理」は、パウロの時代の後、三、四世紀になるまで完全にはまとまっていなかった。しかし、後の神学者たちがそれを最終的にまとめ上げたものは、事実上、パウロ、ヨハネ、『ヘブル人への手紙』、そして新約聖書の他の書のために、その内容の詳細を説明する脚注のような役割を担っている。それは後の世代の人々が、初期の文献には原則的にどんなことが書かれているかを知る助けとなっている。

しかしながら、神についてのクリスチャンの教理が、賢い知的な言語ゲームとか、心理ゲームのような印象を与えてしまうのは間違いである。クリスチャンにとってそれは、つねに愛のゲームである。つまり、神のこの世界に対する愛は、その愛への私たちの応答を求める愛であり、それは、神が私たちを愛しているだけ（あたかも神の特徴の単なる一面かのように）ではなくて、神が愛そのものであることを、私たちが発見できるようになるためなのである。それこそ、これまでの多くの神学上の伝統的な教えが、神ご自身の存在の中核にあるものとして、その理解を深めてきたことであり、それは父と子と聖霊との間で絶えず行き来している愛である。

実際、ある人たちたちが示唆しているように、聖霊を理解する手がかりの一つは、父が御子に対して、また御子が父に対して抱く人格的な愛として、聖霊を理解することである。そして私たちもまた、私たちの内に住んでくださる聖霊によってそこに招かれ、私たち自身も、私たちの内にある神の愛に満ちた生活にあずかるのである。それゆえ、新約聖書の中で最も私たちを魅了する神の名と描写が、そうした内的生活に私たちを引きつけるのである。パウロはこう書いている。「人間の心を探り窮《きわ》める方は、御霊の思いが何かをよく知っておられます。なぜなら、御霊は、神のみこころに従って、聖徒のためにとりなしをしてくださるからです」(ローマ8・27)。「心を探り窮める方」とあるが、そこには思い巡らすべき神の名がある。

それはすべて、イエスのゆえである。三位一体の教理、あるいは、その事実をひとたび把握すれば、単に善意全般の源として擬人化された神(実際はもっと複雑だが)に遠くから敬意を表すだけの、ごく一般的な意味での宗教に戻りたいとは決して思わないだろう。クリスチャンの信仰は、そんなものよりはるかに厳しいものであり、荒々しいものである。

イエスが、古代イスラエル、そして全世界の生活に爆発的な影響を与えたのは、時間を越えた真理を伝える教師としてでも、偉大な道徳的な模範としてでもなく、その生と死と復活を通して神による救出のわざを可能にし、ついにはこの宇宙の行方《ゆくえ》を変えてしまったことによるのである。この主張は、他のあらゆる種類の世界観に対して根幹からチャレンジを与えるものになる。しかもそれは卓越していて、決して揺るがされることはない。

イエスのゆえにクリスチャンは、世界の真の創造者が誰なのかを知っていると主張してきた。人として来られたイエスが、いまや父なる神がおられる「天」と呼ばれる場に共におられるので、クリスチャンはためらいなく、父としても子としても神を語ることができる。聖霊によってイエスは私たちと共におられるが、私たちが地上にいる間もイエスは天にもおられるので、クリスチャンは聖霊についても、聖なる三位一体の際だった一員として語ることができる。私たちが私たちにできる仕方で神を語れるのは、すべてイエスのゆえである。

そして、すべてイエスゆえに、私たちは自分たちのあるべき姿で生きるように召されていることを知る。とりわけイエスを通して、より真の人間になるように命じられている。それは、そのようにして、私たちがこの世界に向けて神のかたちを反映させるためである。

第三部　イメージを反映する

第11章 礼拝

神の臨在を一瞬でもありありと感じたとき、おのずと出てくる反応は神を礼拝することである。そのような反応がなかったとしたら、神はどのような方で、何をなしてくださったかについて、まだほとんど理解していないことが明白になるだけである。礼拝とは何かを知る最良の方法は、礼拝に参加し、自分の目で確かめることである。

しかし、しばらく礼拝に集ったとしても、生涯集い続けたとしても、どこかで行き詰まりを感じる。礼拝にいったい何の意味があるのか、どうして参加しなければならないのかと、より深い問いが浮かんでくる。そこに集わない多くの人も、しばらく続いている人も、そのうち行かなくなる多くの人も、礼拝の何がそんなに重要なのか困惑したままでいる。

そうした状態にある人や、進んで参加はしていても、もっと深い意味を知りたい人の手がかりとしてよい聖書の箇所は、『ヨハネの黙示録』の第四章と第五章である。

この箇所を読むと私たちは、崇高な神秘をかいま見ていることに気づくだろう。先見者であるヨハネは、自分の見た幻をそこに描いているが、それは壁にとまっているハエのようにして、神の王座をこっそりのぞき見しているかのようである。私たちは、ヨハネの目が見た情景を観察することで、二次的にそれをかいま見るようなものだ。それでもその情景は、唯一の真の神の礼拝について多くを語っている。

ヨハネは、天における出来事を観察する特権が与えられた。それは前に述べたように、ずっと先の未来の先取りという意味ではない。実際、ヨハネがその書の終わりで描いている究極的な未来は、第四章と第五章で見たものとまったく異なっている。またヨハネは、はるか空の彼方のどこかに移されてしまったわけでもない。むしろ、「天に一つの開いた門があった」と言っているように、本書の要点の一つを強調している。

すなわち、神の領域と私たちの領域はそれほどかけ離れておらず、ある時点で重なり合っているということである。時には、その間の境界線は薄い幕のようで、ある人たちには、ときおりその戸が開かれ、カーテンが開かれ、私たちのいるこの世界の人も、神の臨在しておられる場で起こっていることを見ることができる。ヨハネが幻としてそこで見たものは、天における普段の生活であり、それは神を礼拝することであり、その次元でいつでも起こっていることなのである。

それは驚くべき情景である。ヨハネは神の御座を、また、慎重に遠回しにだが、神ご自身を描くことでその描写を始めている。御座から雷鳴と稲妻が起こる。御座は、威厳と畏敬に満ちた栄光の場であった。その周りには、生き物たちの王国を、また人間の世界を代表する者たちが控え、すべての造られたものが、全身全霊をこめて神を礼拝している。生き物たちが、永遠なる神の聖さの歌を歌っている。

聖なるかな、聖なるかな、聖なるかな。神である主。
万物の支配者、昔いまし、常にいまし、後に来られる方。

動物たちも鳥たちも、自分たちを造った方を知っていて、私たちに理解できない言語で神を賛えている。しかし天の次元では、すべてが明らかである。われらの造り主は全能者であると知られている。神は永遠であると知られている。そして、神が聖なる方であると知られている。

ここにすでに、礼拝についての内的な必然性を見る。礼拝とは、あるもの、もしくはある存在に価値があることを、文字どおりに認めることを意味する。あるもの、もしくはある存在が、誉め賛えられるにふさわしいことを認め、そのように語ることを意味する。あるもの、もしくはある存在が、自分よりはるかに優れているため、すべてのものはただ、そうした価値を認め、それを祝わずにおれないことを意味する。

情景はそこで終わっていない。事実、それは始まりでしかない。動物たちは途絶えることなく神を賛える。そこに人間たちが加わる。人間たちの歌はさらに豊かである。なぜなら、言いたいことがさらにたくさんあるからだ。人間たちは神の御座に冠を投げかけ、神の偉大さを誉め賛えるだけではなく、被造物としての自分たちが神を賛えることは、いかに正しいかを理解している。

主よ。われらの神よ。あなたは、栄光と誉れと力とを受けるにふさわしい方です。
あなたは万物を創造し、あなたのみこころのゆえに、
万物は存在し、また創造されたのですから。

ここに、神の世界のあるべき姿を見る。天の次元においてはすでにある、神の世界の姿である。すべての造られたものは、神を拝む。人間も、神のシークレット（秘密）を最初に知ったことにより、選ばれた代表者たちを通して神を拝む。人間は、なぜ神を誉め賛えるべきか、また、なぜ神を誉め賛えたいかを知っている。神が万物を造られたので、神を誉め賛えるのだ。

この点については、多くの人が次のように言いたいことだろう。「しかし、世界はまさに混乱しているではないか。人が神を創造者と賛えるのはそれでよい。だが、その状態を見てみるがよい。神はその混乱をどうするつもりなのか」と。良き知らせ（それ自体がクリスチャンの礼拝がどのようなものかを示す中心だが）とは、まさにこうした疑問への対応が天の法廷で、目の前で繰

り広げられることである。

『黙示録』第五章の初めでヨハネは、御座に座っている方が巻き物を持っていることに気づく。しばらくすると、それは神の将来の目的が記された巻物であることが分かる。その目的は、ついに世界がさばかれ、癒される、というものである。問題はしかし、誰もその巻き物を開けられないことであった。創造以来、神はすでに被造物を通して、とくに神のかたちを担う存在である人間を通して働かれると決めていた。しかし、人間たちは皆、神の期待を裏切ってきた。そこで一見、神の計画はすべて頓挫してしまったかのようである。

しかしそのとき、御座の脇に、異なった種類の生き物が現れる。それは獅子だといわれている。さらにそれは小羊だといわれている。『黙示録』を読むときは、万華鏡のように次々と絶えず変化するイメージに慣れないといけない。

獅子は、古代イスラエルのイメージではメシアであり、イスラエルと世界の王である。小羊は、イスラエルと世界の罪のための献げものである。その両方の役割が、かつて誰も想像したこともない形で、いまや完璧に意味をなすかたちで結びつく。その方が現れると、すでに歌を歌っていたものたち（生き物と人間）の賛美は、創造主である神に対するものから、贖い主である神に対する賛美へと変わる。

あなたは、巻き物を受け取って、その封印を解くのにふさわしい方です。

あなたは、ほふられて、その血により、あらゆる部族、国語、民族、国民の中から、神のために人々を贖い、私たちの神のために、この人々を王国とし、祭司とされました。彼らは地上を治めるのです。

さらに、偉大なオラトリオのように、四方から聖歌隊が加わり、御使いたちが歌う。

ほふられた小羊は、力と、富と、知恵と、勢いと、誉れと、栄光と、賛美を受けるにふさわしい方です。

そして最後に、「天と地と、地の下と、海の上のあらゆる造られたもの、およびその中にある生き物」が賛美に加わる。

御座にすわる方と、小羊とに、賛美と誉れと栄光と力が永遠にあるように。

これこそ、まさに礼拝である。造られたものがみずからの造り主を認め、小羊の勝利を悟って、創造主なる神と救い主である神に向けた賛美の雄叫《おたけ》びである。それが天において、神のおられるところで、つねになされている礼拝なのだ。それでは、どうしたらその礼拝に最高のかたちで加われるだろうか。

真の礼拝とは……

礼拝に加わるのは、そうするようにと私たちが要請されているからである。次に進む前に、ここで一つのことを明確にしておこう。というのは、このことを議論するとき、ある疑念がつねにつきまとうからである。すなわち、神を礼拝することへの招きは、まるで独裁者の発する命令のようだ、というやっかいな心配である。

部下が独裁者を礼拝するのは、独裁者を好むというより、恐怖からではないか。独裁者は何百万という人々に、自分の誕生日にパレードをさせたがるではないか。確かにそうだ。独裁者はそうさせ、人々はあたかも自分のいのちがそれにかかっているかのように喝采を送り、手を振る。実際、いのちがかかっているからだ。退屈してそっぽを向いたり、参加したりしないものなら、もっと悪いことが起こる。

それが神を真に礼拝することだと思う人がいるなら、かなり違ったモデルを紹介しよう。私は有名な交響曲から大編成のジャズ演奏まで、いろいろなコンサートに行ったことがある。世界的に有名な指揮者による、世界有数のオーケストラの演奏を聴いたこともある。聴衆を感動させ、心を満たし、深い満足感を与えてくれた素晴らしい演奏の場にいたこともある。しかし、これまでほんの二回か三回だけだが、指揮者の棒が最後に振り降ろされた瞬間、聴衆が電気に触れたように立ち上がり、受けた感動と驚きを抑えることのできなかった経験をした（断っておくが、イギリスの聴衆は滅多にスタンディング・オベーションをしない）。それは、真の礼拝にかなり近かっただろう。『黙示録』第四章と第五章にはそのような雰囲気が、いやそれ以上のものがある。それこそ、生きた神を礼拝するときに私たちが招かれている礼拝である。

このようなコンサートでは、そこにいる誰もが引き上げられたように感じる。彼らに何かが起こった。物事が新しく感じられる。世界のすべてが違って見える。それは恋に落ちたようなものだ。事実、恋に落ちているのである。そして恋に落ちているとき、愛するものの足元にひざまずくことができる。そして愛が求めるものは何といっても、一つになることである。

このことは、霊的なこと《スピリチュアリティ》の中心にある最初の黄金律に導く。あなたが礼拝するもののようにあなたはなる。あるものを、ある方を、恐れとおののきをもって見つめ、思い巡らしていくなら、あなたが礼拝する対象の性質のいくぶんかを、あなたの身におびるようになる。

お金を拝む者は、いずれお金を数える機械のようになる。セックスを拝む者は、自分自身の魅力や性的能力のことばかり考えるようになる。権力を拝む者は、ますます無慈悲になる。幸いほとんどの人はそこまで陥らないが、ポイントは明確だ。世界を救出し、回復するための計画、ほふられた小羊によってそれらをすでに完成された創造者を拝むなら、どんなことが起こるだろうか。

その答えは、二番目の黄金律にある。あなたは神のかたちに造られているゆえに、礼拝はあなたをさらに真の人間にする。そのかたちに造られたあなたが、神を愛と感謝をもって見つめるなら、あなたは確かに成長する。生きていることの意味を心底、さらに見いだす。逆に、それと同程度の礼拝を、神以外のものや他の人に向けるなら、人間として萎縮する。もちろん、そのときはそう感じないかもしれないが。

創造されたものの一部を創造者のように拝むなら（別な言い方をすれば、偶像を拝むなら）、一時的に気分が「ハイ」になるかもしれない。しかし、幻覚を生むドラッグのように、その効果への代償が伴う。つまり、その効果がなくなれば、それを始めたときより劣る人間になる。偶像礼拝が支払う代価である。

しかし、真の神、創造者、贖い主を礼拝するためのチャンス、招き、招集が、私たちに差し出されている。真の神を礼拝することは、いっそう真の人間になるためなのである。礼拝は、クリスチャン生活のすべての中心にある。神学（神がどのような方かを正確に考える試み）が重要である理由の一つは、心を尽くし、思いを尽くし、たましいと力を尽くして神を愛することが私たちに求められているからである。だから、神はどのような方かを学ぶことが大切になる。そうすれば、神を正しく誉め賛えることができるからだ。

礼拝の多くが（少なくともある教会では）多くの人にとって魅力的でないのは、礼拝している方についての真理を忘れているか、おおってしまっているためである。真理をもう一度かいま見ることさえできれば、真の礼拝が回復するだろう。街にやって来たロック・スターを、職場をこっそり抜け出て一、二時間見に行く熱狂的ファンのように、また優勝して凱旋するサッカーチームを夜通し待ち続けるファンのように、獅子であり小羊であるイエスのうちに神を認めることさえできれば、それらのファンにまさって神の到来を待ち望み、礼拝する者となるだろう。しかし、どのようにすべきだろうか。

聖書を通しての礼拝

クリスチャンの礼拝は何といっても、創造者である神を誉め賛え、崇拝し、祝うことである。したがってそうした祝祭では、創造と新しい創造の物語《ストーリー》を何千という異なった仕方で語ることが主要な部分を占める。しかしクリスチャンによる礼拝が、世界を単にいまのままの状態で祝うのであるなら、注意しなければその時点で劣化し、つまらない、センチメンタルなものになってしまうだろう。

賢明なクリスチャンによる礼拝は、創造がひどく悪い状態になり、堕落し、腐敗し、そのため、大きな断層が真ん中を走っている事実を真剣に受け止める。さらに、神のかたちを担う人間として創造物の世話を任された私たち自身の真ん中にも、その断層が走っている事実を真剣に受け止める。ゆえにクリスチャンの礼拝は同時に、メシアであるイエスのうちに神がしてくださったことを祝い、その成就された約束がやがて完成されることを喜んで祝うのである。

別の言い方をすれば、『黙示録』第五章のように、贖い主としての神、すなわち世界を愛し、救い出してくださる神を礼拝するとは、創造主としての神への礼拝がつねに伴い、また完結するものなのである。またそのことは、救出の物語を創造の物語と同等に語ることを意味する。まさに、救いの物語を、創造の救出と刷新という物語として語るのである。

その物語を語るとは、神の全能のわざを繰り返し語ることである。それがクリスチャンの礼拝の中心近くに位置するが、今日、多くのクリスチャングループでよく行われる、自由な流れにそって熱く盛り上がる礼拝などでは、それが充分になされているとは言えない。私たちは神を、この世界の創造において、イスラエルの歴史を通して、とくにイエスのうちになされたことを通して知る。また、聖霊を通してご自分の民と世界のために行ったことを通して知る。クリスチャンの礼拝とは、この神を、それらをなさった方を賛えることである。神によるそれらの出来事を記録した場所は、もちろん聖書、バイブルである。

聖書が何であるかは、いずれもっと語ることにして、この時点で私の言いたいことは明確である。すなわち、聖書を声をあげて読むことが、つねにクリスチャンの礼拝の中心となるのだ。このことを切り詰めてしまうと、どんな理由であろうが（例えば、朗読を切り詰めれば礼拝が長引かない。音楽の一部として唱えればよい。説教者が取り上げる箇所だけ読めばよい、というのでは）、大切なことを見落とすことになる。

礼拝の中で聖書を読むことは、うろ覚えの聖書箇所やテーマを教えたり、思い起こさせたりするためではない。また、説教への導入以上のものがそこにあるのである。もちろん、読んだ箇所から説教することは賢明なプランである。しかし、礼拝の中で聖書を読むことは何にも増して、神がどのような方であり、神が何をなしたかを祝うことの中心にくる。

ここでかなり現実的に考えてみたい。現在の教会の礼拝に要する一般的な時間内で、一章か二章以上を読むことは不可能である。だからといって、その現状に目をつぶったままでよいわけではない。礼拝のために集うときはいつでも、どのような「礼拝」の時間であろうとも、創造と救いの物語の全体を祝う機会である。礼拝ごとに聖書全部を読むことはできない。しかし、二箇所かそれ以上を読むことはできるし、読むべきである。少なくとも旧約聖書から一箇所入れておいたほうがよい。

このように言える。いま私が座っている部屋には、大変小さな窓がある。もしその窓の反対側の壁の隅に立てば、わずかでも外を見ることができる。正確には、向かいの家の一部と、わずかな空が見えるだけだろう。しかし、そこから窓のほうに近づけば、遠くの木、畑、動物、海、丘も見ることができる。二、三箇所の聖書の短い朗読は、部屋の反対側から見る窓のようなものである。多くのものを見ることはできない。しかし、聖書をよりよく知れば知るほど、窓により近づくことになる。そうすれば必ずしも大きな窓でなくても、聖書の情景の全体をかいま見ることができるだろう。

それゆえ、クリスチャンが礼拝でなすべき最も単純なことは、聖書朗読にいつでも焦点を合わせることである。時には、途中でみじかい間《ま》を一回、あるいは数回設け、読んだ箇所を思い巡らしてもらうこともできる。時には、会衆が応答することもできる。教会は豊かな精神的資産を育んできた。とくに、聖書そのものからそれを採用して私たちは歌い、語り、また聴いたことを思い巡らし、神に感謝し続けてきた。基本的な礼典は、そうして築かれてきたものである。それはみことばの展示場である。そうやって、聖書をどれだけ真剣に扱うべきかを明確にしていくのである。

良質なぶどう酒を、色や香りや豊かな風味を味わうグラスに代えてプラスチックカップに入れるなら、それはぶどう酒に対する侮辱となる。同じように、機会が与えられているのに、聖書を聞き、その伝えていることを祝い、創造者であり救出者である方の力強い行動を再現する場を作り出さないなら、それは聖書に対する侮辱である。

喉が渇いていて、その場にプラスチックカップしかなければ、もちろん遠慮なしに使用すべきだ。グラスの代わりにわざわざプラスチックを選ぶとき（ピクニックのように）もある。混乱しながらでも神を礼拝するほうが、まったく礼拝しないよりもよい。ただ通常の状態では、ぶどう酒に合ったグラスを選ぶものである。

とりわけクリスチャンは礼拝において、かなり初期から『詩篇』を多く用いてきた。『詩篇』は無尽蔵である。それを読み、語り、歌い、詠唱し、口ずさみ、暗記し、大声で叫ぶことすらしてきた。それだけの価値がある。『詩篇』は私たちの感じるすべての感情を表している。時には、そのように感じたくないと思うものさえ表現している。そんな感情でさえ、そのまま公然と神の前に差し出している。犬のゴールデン・レトリバーが、野原で見つけた変わったものを何でも飼い主の足もとに持ってくるようなものだ。『詩篇』の作者は言う。「見てください。これが今日私が見つけたものです。ずいぶん変わったものではないでしょうか。あなたはこれをどうなさいますか」と。

『詩篇』には、神の臨在のもとに来たときによく感じる、相反する思いを結びつけるものがある。愛に富んだ親密感が、雷に打たれたような驚きに急激に変わり、また元に戻ってくる。鋭い怒りに満ちた問いかけと、素朴で静かな信頼を結びつけるものもある。落ち着いた黙想的なものから、やかましい騒がしいものへ及ぶものもある。悲哀と暗闇の絶望から、厳かな聖い祝宴へと及ぶものもある。

第二二篇の冒頭の悲痛な叫び（「わが神、わが神。どうして、私をお見捨てになったのですか」）から、その祈りが神に聞かれ、応えられたことを賛美する締めくくりへ、さらにその後、穏やかな信頼と確信にまっすぐ入っていく第二三編（「主は私の羊飼い」）を読めば、素晴らしい平安が訪れる。第一三六篇には、勝利を祝って熱弁を振るう箇所があるが（「大いなる王たちを打たれた方に。その恵みはとこしえまで。主は力ある王たちを、殺された。その恵みはとこしえまで」。そして、この詩篇全体にわたって一行ごとに短い陽気なリフレインがついている）、それに続いての、心がつぶれてしまいそうな悲壮感あふれる第一三七篇（「バビロン川のほとり、そこで、私たちはすわり、シオンを思い出して泣いた」）とを交互に読むことで、賢明で健全なバランスが生まれてくる。

もちろん、そこに書かれていることをすべて理解することはできない。もちろん謎や疑問もある。ある教会、ある会衆、あるクリスチャンは良心的に考えて、ある箇所を用いないこともある。とくに、敵を激しく呪っているような箇所である。読むか読まないかの決断はそれぞれでよい。しかし、『詩篇』を規則的に、さらにその全体を使用することをどの会衆も否定してはならない。現代の礼拝で最も残念なことは、それが欠けていることである。

この点については、音楽を担当する新しい世代が真剣に向き合うべきチャレンジである。また、私が集っている教会のように、いつも『詩篇』を好み、それを中心的に使用する伝統のある教会にとってもチャレンジである。『詩篇』を有効に用いているだろうか。その周辺をぐるぐる回るだけでなく、深みに入っているだろうか。

聖書は簡単に言えば、礼拝の主食である。単なる教えのためではない。しかし、聖書の中で最も有名な物語の一つが明らかにしているように、聖書も礼拝の中核ではない。あるときエマオへの途上で、よみがえられたイエスがふたりの弟子たちに聖書を解き明かしたとき、彼らの心がうちに燃えた。

ただし、彼らの目が開かれ、イエスを認めることができたのは、イエスがパンを裂いたときであった。

礼拝とパンを裂くこと

ローズ・サパー（主の晩餐）、ホーリー・コミュニオン（聖餐）、ユーカリスト（聖体拝領）、ミサ。まさに子どもたちがよく使う韻文（ティンカー、テイラー、ソルジャー、セイラー"tinker, tailor, soldier, sailor"）のリズムのようだ。最初に言っておきたいのは、呼び名が重要なのではないということである。まったく重要ではない。かつて大がかりな神学的、文化的、政治的論争がなされたときがあった。それは、このパンを裂くこと（ここでは中立的な表現を使う）で何を伝え、その場で行われることをどのように解釈し、またどの立場をとるかなどをめぐる論争だった。

そんな時代はもうとっくに過ぎ去った。この中心的な儀式によって何が起こっていると考えるのか、それが何を意味するのか、どのように用いることが最善なのかについては、過去数十年のうちにほとんどのキリスト教会で、誰も気づかないうちに、それなりの意見の一致を見るようになった。それでも、もちろん問題は残っている。この章で、その幾つかを取り除くことができればと願う。

初めに三つの点に触れたい。第一は、共にパンを裂き、ぶどう酒を飲むときは、イエスとその死の物語を語っているのである。イエスが私たちに、「わたしを覚えて、これを行え」と言われたからである。それほどに単純なことである。それだけではなく、なぜイエスがそのように語られたのか、私たちはよく分かっている。その一連の行為は、イエスの死の意味を説明する以外の何ものでもない。それは理論ではない。私たちの罪のために死んでくださったのは、私たちを救い出すためであった。理念は重要ではあるが、それを提供するためではない。

第二は、プロテスタントの懐疑的な人がよく心配するように、同情を引き起こすための呪術ではない。その行為は、古代の預言者によってなされた象徴的行為のように、天と地が出合う契機の一つとなるのだ。パウロは言っている。「ですから、あなたがたは、このパンを食べ、この杯を飲むたびに、主が来られるまで、主の死を告げ知らせるのです」(第1コリント11・26)。パウロはここで、説教をする良い機会だとは言っていない。握手や口づけのように、行うことによって語り告げるのである。

第三に、それゆえパンを裂くことは、時にカトリックの懐疑的な人が、それをプロテスタント信仰と思い込んでいるが、昔に起こったことを単に思い起こすだけの機会なのではない。私たちがパンを裂き、ぶどう酒を飲むとき、私たちも最後の晩餐の二階広間に弟子たちと共にいる。私たちはゲッセマネでのイエスと一つになる。またカヤパとピラトの前に立つイエスと一つになる。十字架にかかり、墓からよみがえったイエスと一つになる。過去と現在が結びつく。昔の出来事が、いまここで受け取る食べ物と融合する。

しかしそれは、過去が現在に侵入してくるだけではない。もしパンを裂くことが天と地の間の薄い膜が透明になる重要な瞬間の一つであるなら、神の未来が現在に入り込む重要な契機の一つである。イスラエルの民が荒野にいたとき、約束の地に密かに侵入した斥候の持ち帰った食べ物を味わったように、パンを裂き、いただくことで、神の新しい創造を味わうのである。すなわち、イエスがその原型であり起源となる新しい創造なのである。

このことが、イエスが「これはわたしのからだである」「これはわたしの血である」と言った理由の一つである。その核心に触れるために、長いラテン語名のついた形而上学の凝った理論は必要ない。それはイエス、実在するイエスであり、いまも生きているイエスのことである。天に住み、同時に地をも治めているイエスであり、神の未来を現在にもたらすイエスである。

イエスは、私たちに影響を与えようとするだけではなく、私たちを救おうとされる。単に私たちに教えようとするだけではなく、私たちを癒そうとされる。何かについて私たちに考えさせようとするだけではなく、養おうとされる。ご自身によって養おうとされる。それがまさに食卓の意味である。

おそらく、この食卓に関してプロテスタント教会が直面してきた最大の問題は、それは神の好意を得るために「行う」「良いわざ」であるという考え方だ。教会内での「行い」を、すべてそう感じてしまう人たちもいる。

しかし礼拝で何かを行わないようにとじっと動かずに座り、何も言わないでいるのでないかぎり、皆が集まって礼拝するときは、どうしても何かを「する」ことになる。たとえクウェーカー教徒のように沈黙したままでいても、それを選んでしていることになる。すなわち、共に集って沈黙することを行っている。また、儀式を厳格に守ろうとすることで、何のためにそれをするのかを忘れ、それ自体が目的になる危険性も生じる。

ぶどう酒のグラスとプラスチックカップのことに戻ってみよう。ある教会では、（いわば）最高級のグラスを購入しても、ぶどう酒の質を誰も気にかけないことがある。同様に、グラスをやめプラスチックに代えたことを誇る教会でも、実質的な意味より外見に注意が向いていることがある。

いずれにせよ危険性は、いわゆる「カトリック的な儀式」に限定されるわけではない。十字を切るに当たって、正しいときに正しい仕方ですることにこだわる人もいれば、礼拝中に手を挙げることにこだわる人もいる。また十字を切ったり、手を挙げたり、その他の動作を何もしなくてよいと主張する人もいる。私はあるとき、まったくの見当違いに驚かされたことがあった。ある教会では、ガウンを着た聖歌隊とオルガニストを、あまりに「プロフェッショナル」に見えるからと廃止したのだ。その後、その教会では六名の人を雇った。彼らは礼拝中ずっと音量のダイアルを回し、レバーを調節し、音質と照明とプロジェクターを操作している。

つまり、どのようなことであろうとも、礼拝中に決まってなされることは、それ自体が目的となった儀式行為になり得る。同様に、礼拝中に決まってなされることでも、感謝を表す純粋な行為や無償の恵みに対する喜びの応答になり得るのだ。

これらのことを踏まえた上で検討してみたいことは、あるクリスチャンの伝統がしてきたことだが、パンを裂くことを「献げもの」と語ることに、どのような意味があるかという点である。そのことは、結構長いあいだ議論されてきた。そして二つの誤りがなされてきた。第一に、献げものは、旧約聖書の中で礼拝者が神の好意を得るために「行う」ものだと思われてきた。それは正しくない。

それは、ユダヤ人の律法そのものに対する誤解からくる。そこでは、献げものは神によって求められてはいるが、感謝するために捧げられたのである。神を買収したり、神をなだめたりするためではなかった。古代ユダヤ人が礼拝に来たとき、心のうちで何を思っていたかもちろん知るよしもない。しかしそのしきたりは、神に無理強いすることではなく、神の愛に応えるものであった。

第二は、パンを裂くことと十字架刑によるイエスという献げものとの関係が、終始混乱してきたことである。カトリックは通常、それは一つのことで同じだという。それに対しプロテスタントは、その見解は、かつて一度なされたために二度と必要のないことを繰り返すようなものだと反論する。プロテスタントは通常、パンを裂くことは、イエスによってなされた献げものと異なる献げものだという(すなわち、礼拝者によって捧げられる「喜びの献げもの」)。それに対してカトリックは、その見解はイエスによってすでに完全になされた供え物、つまりパンとぶどう酒のうちに現存する「秘蹟」(と彼らは言うだろう)に、何かをつけ加えるものだと反論する。

このような不毛な議論は、天と地、神の未来と現在という組み合わせの二つが、イエスと聖霊にあって一つとなるという、大きな絵図から礼拝を考えることで乗り越えられると私は信じている。聖書的な世界観（現代の思想は、かつてほどそれを否定したり、無視したりはしない）では、天と地が重なり合う特定の時間と場所では、イエスと聖霊がその指標となる。

同様に、ある特定の場と時における神の未来と神の過去は（すなわち、イエスの死とよみがえりの出来事のように）現在に到来する。それはあたかも、あなたが食卓についてみたら、あなたの三代にわたる親たち、さらに三代にわたる子どもたちが、あなたと食事を共にするために集っているかのようなものだ。まさに神の時はそのように働く。それこそが、クリスチャンがなぜ礼拝を捧げるかの理由そのものである。

こうした理解が、礼拝についてのすべての考え方、教会で行われる聖礼典《サクラメント》についてのすべての議論に、正しい枠組を与えると私は信じている。それ以外は枝葉、好みの問題、それぞれの伝統、さらに言えば、個々人の好き嫌いであり（自分の好みについて人はそう呼ぶ）、理屈に合わない偏見（他の人の好みについて人はそう呼ぶ）である。

この点については、律法の中の二つの偉大な戒め（神を愛することと、隣人を愛すること）が、何をすべきか教えているだろう。クリスチャンとして期待するのは、これらの戒めが、私たちの愛と忍耐とを養うことである。すなわち、この食卓にまつわる不毛な議論をすることで、自分を見失ったり、礼拝の中心的行為を充分味わうことから遠ざけられたりしないようにしよう。

共に礼拝をする

この章で私は、教会における公同の礼拝について語ってきた。その初めから、キリスト教は共に何かをするものであることは、はっきりしていた。その上であえてつけ加えるなら、初代の聖書記者たちは、キリストのからだに属するメンバーのひとり一人が、個人的な信仰においても目覚め、活発であるようにと促してきた。すなわち、礼拝の特権に関する自分たちの責任を知り、そこに現実的に関わるべきだということだ。そのように全会衆が集うなら、個人的な喜び、悲しみ、洞察、疑問を、それぞれが携えてくるようになる。

まさにこのことのゆえに、すべてのクリスチャンが、可能ならすべてのクリスチャン家庭が、個人としても小グループとしても、礼拝の慣習を学ぶことは正しいことであり、ふさわしいことでもある。同じような原則が、それぞれの地域教会のあまたの多様性(疑いなく)にも当てはまる。重要なのは、それを実行することであって、どのように行うかなのではない。

『黙示録』の第四章と第五章を振り返ってほしい。創造されたものすべてが神を礼拝している。私たちはそれを、壁にとまったハエのようにこっそり眺めているのではなく、共に神を賛え、歌うように招かれている。どうしてそれを拒むことができようか。

第12章 祈り

天にいます私たちの父よ。
御名があがめられますように。
御国が来ますように。
みこころが天で行われるように地でも行われますように。
私たちの日ごとの糧をきょうもお与えください。
私たちの負いめをお赦しください。
私たちも、私たちに負いめのある人たちを赦しました。
私たちを試みに会わせないで、悪からお救いください。
国と力と栄えは、とこしえにあなたのものだからです。アーメン。

もちろん、人それぞれに多少異なった訳の「主の祈り」を好んでいる。私は自分の育った伝統的な訳が好きだが、他の訳にも慣れてきた。ただ、幾つか問題がある。とくに『マタイ』『ルカ』、および初代教会で『十二使徒の教訓《ディダケー》』と呼ばれている書物において）この祈りのギリシャ語原典がすべて同一というわけではなく、英語訳の用語もすべて原語に対応しているわけではなく、イエス自身が用いたと思われるアラム語の味わいを正確に再現しているわけでもない。しかし、それは問題ではない。表面的なことで煩わされないようにすべきである。

ここではそこにこだわるよりも、祈りの核心に入ることにする。この祈りは、神の栄誉と栄光のための祈りである。神の王国が天にあるように、地にも実現するようにと祈る。それはすでに見てきたように、キリスト教が何であるかを端的に語っている。「主の祈り」は、毎日の糧のための祈りであり、日ごとの必要が満たされるように祈ることである。そして、悪から救い出されるようにと祈ることでもある。

この祈りはすべての点で、イエス自身の行ってきたわざを反映している。それは、一般化された意味での「神性」や「神的なもの」に対する一般的な祈りではない。典型的なユダヤ人の祈りでもない（ほとんどの要素が当時のユダヤ教の祈りに対応してはいるが）。その祈りは何といっても、とりわけイエスに関わるものである。

いずれにせよ、父の御名があがめられ、父の王国が天になるように地にもなる時がきたと触れ回ったのは、イエスであった。荒野で群衆をパンで養ったのは、イエスであった。罪人を赦し、イエスに従う者も同じようにするようにと語ったのは、イエスであった。目をしっかりと開いて「試練の時」の中を歩み、イスラエルと世界を襲う大波のような患難を、そのすべての力を自分の身に負い、人々を救ったのは、イエスであった。神の王国の到来をもたらし、神の力を行使し、神の栄光を表すために死なれ、よみがえられたのは、イエスであった。「主の祈り」と私たちが呼んでいる祈りは、ガリラヤにおいてイエスが行ったことから直接出てきている。そして、ゲッセマネにおいてもそうである。死とよみがえりによってイエスが果たしたことを、この祈りは直接に指し示している。

それゆえ、この祈りを私たちが唱えることは、天の父に向かって「イエスは私を、良い知らせの網(イエス自身が用いたイメージであるが)で捕らえました」と言うのに等しい。この祈りは、祈っている私自身も、イエスの宣べ伝えた神の国運動の一員になりたいという意思表明である。この祈りを唱えると、天と地を生きるイエスの生き方に私が引き込まれていくのが分かる。

私は、世界のためのパンというイエスがご自分に課したことの一部でありたい。それは私のためでも、他者のためでもある。そして、私自身のために赦しが必要だ。罪からの、咎《とが》からの、私の肩にかかる重荷からの赦しが。そして、他者との関わりの中で、私もそのように生きたい(この祈りの中核には、ある特定の生き方——困難な生き方——に自分を捧げる決意がある。それはいかに卓越した祈りであるかに注目してほしい)。

そして私は、悪がいまだに猛威をふるっているこの現実の世界に生きているため、守られ、救出されることが必要だ。そして、これらすべてのうちで、またすべてを通して、私は父の王国、その力、栄光を認め、かつ誉め賛える。祈りたいことのほとんどが、この祈りの中で扱われている。

イエスのたとえ話のように、規模としては小さいが、そのカバーしている範囲は広大である。

ある人は、「主の祈り」をゆっくりと数語ずつ唱えては休止し、神の前に出て、その語っていることがもたらすものに浸るようにして祈る。ある人は、もっと長く祈るとき、その初めか終わりにそれを唱えることを好む。その祈りによって、ほかに祈ったことをすべて適切な文脈に位置づけたり、まとめたりするためである。ある人は「主の祈り」をゆっくりと、何度も繰り返すことで、神の愛と臨在の深みに入ったり、天と地の領域が重なるところに踏み入ったり、日々の糧、赦し、救いをもたらす福音の力のうちに自分を浸す助けにする。

いずれにしても、用いたいと思うやり方で用いるのがよい。いまいるところから始め、導かれるままに祈っていくとよい。

祈り、天と地の狭間《はざま》で

クリスチャンの祈りは単純である。小さな子どもでも、イエスの教えた祈りを祈ることができる。しかし、その中身を実際に行おうとし、その要求を満たそうとすると難しい。

『詩篇』の作者たちのたどった苦闘は、イエスの生涯にわたる召命の最終段階での御父との葛藤、すなわちゲッセマネの園でイエスが泣き、血の汗を滴らせたときにクライマックスに達した。その次にイエスを待っていたのは、絶望のうちに十字架に架けられることであり、そのとき、詩篇二二篇の最初の節（「わが神、わが神、どうして私をお見捨てになったのですか」）以外のことばは何も出なかった。それは、神に見捨てられた状態に対する神の与えた叫びなのである。「自分の十字架を負ってついて来なさい」とイエスが弟子たちに語ったとき、彼に従う者たちも同じような経験をすると、おそらく予想していたに違いない。

私たちは、天と地が重なり合う地点で生きることに召されている。――この地は、来るべき日の到来までは完全には贖われない――そして、神の未来とこの世界の現在が重なり合う時点で生きることに召されている。私たちは、天と地、未来と現在が衝突し、地殻変動で地鳴りのするプレート上の小島に幽閉されているようなものだ。地震のために備えよ！

パウロが聖霊のうちにある生活と全宇宙の来るべき刷新について書いた偉大な章の中心箇所にあるように、どう祈ったらよいか分からないときは、聖霊が、神ご自身の霊が、神のみこころに沿ってとりなしてくださる。その記述はごく短い（ローマ8・26〜27）。しかし、そこで何が言われているか、また、どこでそれが言われているかの両面から見て、その記述は大変重要な意味がある。

神によって造られたものすべてが、産みの苦しみにうめきつつ、その胎から生まれ出る新しい世界を待ち望んでいる。教会、メシアを信じる神の民も、その一部であることを自覚し、贖われるのを待ち望んでうめいている（パウロはその数節前で、メシアの苦難をともにすることを語っている。たぶん、ゲッセマネのことに思い当たったのではないか）。クリスチャンの祈りは、この二つの時が重なり合うところに自分たちがいて、自分たちも新しい誕生の陣痛で苦しむ創造物の一部であることに気づくときに、その特徴が最も表われ出てくる。

この不思議な新しい約束は、クリスチャンの祈りの特徴であり、汎神論、理神論、その他の多くのものと一線を画する。それは、聖霊によって、神みずからが、世界の真ん中からうめいていることである。なぜなら、神みずからが聖霊によって、世界の痛みに共鳴するものとして、私たちの心に住んでいてくださるからである。

これは、汎神論的に物事の中心に触れることではない。それは不思議な、新しい、いまも生きている神に触れることである。その神は、新しいことをなし、イエスによって世界の中心に届いている。なぜなら、すべてがうまく行っていないために（それは汎神論が決して認めることのできない点であるが）、正される必要があるからである。

その神はいまや聖霊によって、世界の苦痛に届いている（理神論が決して思い浮べもしない点である）。それは、イエスにあって、また聖霊によって祈る私たちのうちで、私たちを通して、すべての造られたもののうめきが、私たちの心を探る御父ご自身に届くためである（ローマ8・27）。その父なる神は、神を愛する者のために、すべてのことを働かせて益としてくださる（28節）。それが、「御子のかたちと同じ姿にあらかじめ定められた」（29節）という意味である。それが、この時代において、神の栄光を分かち合う（18、30節）という意味である。

このことは、とくにクリスチャンの祈りが、天と地の結びつく世界においてどのような意味を持つかを説明している。そこには、前に描いた状況をさらに発展させる価値がある。すなわち、クリスチャンの世界観における祈りは、他の二つの主要な選択肢における祈りと比べて、いかに際だって異なるかが分かるのだ。

汎神論者にとって、すなわち選択肢〈一〉のうちで生きる者の祈りは、単に世界と、自分自身の最深の現実とが調和していくことである。神性は、自分自身を含めてどこにでもある。そこでの祈りは、どこか別のところに住んでいる存在に向けられるのではなく、自分自身の心の奥底と周囲の世界の沈黙のリズムのうちにある内的真理やいのちを見つけて、それと調和していくためのものである。それが汎神論者の祈りである。それは（私の判断だが）多神教の祈りよりはるかに健全である。

多神教の祈りは、海の神、戦いの神、川の神、結婚の神を呼び出し、懐柔し、おだて、買収することで自分たちの願いを叶えたり、危険を遠ざけようとしたりする。それに比べれば、汎神論者の祈りはそれなりの風格と尊厳がある。それでもそれは、クリスチャンの祈りではない。

理神論者にとって、すなわち選択肢〈二〉で生きる者にとって、祈りはただ遠くの神的なものに空しく向けられる。この高貴な方は、祈りを聞いているかもしれないし、聞いていないかもしれない。その方、あるいはそれは、私たちとこの世界に対し、何かをしてくれるかもしれないし、してくれないかもしれない。あるいは、何かをしたいと思ったとしても、多くはしてくれないかもしれない。つまり、選択肢〈二〉について極端に言えば、できることはメッセージを送るだけである。それは、孤島に置き去りにされた船乗りが、メモを書いた紙を瓶に入れて、海に放し、誰かが見つけてくれるまで待つようなものだ。この種の祈りには、それなりの信仰と希望が必要かもしれない。それでも、それはクリスチャンの祈りではない。

時にはもちろんユダヤ人とクリスチャンの祈りも、『詩篇』のある作者が言っているように、選択肢〈二〉の祈りとまったく同じに感じるときがある。しかしその作者にとって、空しさの感覚、臨在すべき方の不在という空虚感は、あきらめの境地ですべてを静かに受け止めるのとは異なっている。訴えることは当然であり、わめき散らしたってかまわない。「ヤハウェよ、目を覚ましてください」と『詩篇』の作者は叫んでいる。ベッドの脇に立ち、腰に手を当て、眠りこけている人を不機嫌に見おろしている人のように（これはまさに嵐に襲われた舟の中で、眠っていたイエスを目にした弟子たちがとった姿だ）、「起き上がって、この混乱をどうにかしてください」と言ってもよいのだ。

クリスチャンの物語《ストーリー》全体の中心点、すなわち、ユダヤ人の物語のクライマックスは、カーテンがすでに開けられ、戸が向こうから開け放たれ、ヤコブのように、天と地の間に架けられたはしごを上り下りするメッセンジャーをかいま見ることである。『マタイの福音書』でイエスは、「天の王国が近づいた」と語っている。それは、その宣言以降、天に昇ることのできる新しい道を提供したというわけではない。そうではなく、天の支配、天の真のいのちが、新しいかたちで地と重なり合っていることを告げたのである。その新しいあり方は、ヤコブのはしごからイザヤの見た幻まで、族長たちの洞察から預言者たちの夢に至るまで、それらすべての瞬間を集約し、それを人間のかたち、人間の声、人間のいのち、人間の死に転じたものなのである。

イエスこそが、選択肢〈三〉の存在理由である。ここにおいて、祈りが成熟したものとなる。イエスが立ち上がり、十字架にかかり、よみがえられたところは、またイエスの御霊の新しい風が吹いているところは、それがどこであろうと、天と地が永遠に重なり合っている。クリスチャンとして生きることは、イエスとイエスの御霊によって造り変えられた世界で生きることを意味するのだ。

そういう意味でクリスチャンの祈りは、異なった意味合いを持つ。すなわち、自然界の内的なものに触れようとする汎神論者の祈りとも、心細い空虚な世界にメッセージを送り続ける理神論者の祈りとも異なる。

クリスチャンの祈りは、二つに割れた断層の境目に立って祈るようなものである。それは、両側から引っ張られる二本のロープの端をつかみ、必死で結ぼうとするかのように、ゲッセマネの園でひざまずき、天と地を結びつけようと、生みの苦しみでうめくイエスによって形作られている。それは、真の神が備える三重のアイデンティティーに極めて近づくということになる。本書の第二部でその神を見つめ、目がくらんだ、その部分である。簡単にあきらめたくなるのも無理はない。助けを求めたくなるのも無理はない。

幸いなことに、そのための多くの助けがある。

祈りの助け

助けはとくに、私たちの前に道を歩んだ人のうちにある。ここでの難しさの根底にあるのは、自分でことを行いたがる私たち現代人の傾向である。誰かの助けを得ると、それは「本物」とは言えない、自分の心から出たものではない、と心配し始める。そのため、別の誰かが祈った祈りを使用することに、すぐに疑いを持つ。あたかも、自分でデザインして服を作らなければ、正装としてふさわしくないと感じる女性のようなものだ。また、自分で組み立てた車を運転しないなら本物でないと感じる男性のようなものだ。私たちはいまだに、一方でロマン主義、他方で実存主義の遺産によってがんじがらめにされている。そのために、誰にも指示されることなく、自分の心の深みから生まれる自発的な祈りだけが本物だという発想が出てくる。

率直に言えば、イエスが指摘しているように、心の深くから出てくるものは本物ではあっても、そう美しくない場合が多々ある。紀元一世紀のユダヤ教の現実的世界観からくる新鮮な息吹は、自己陶酔的な(究極においては高慢な)「本物」へのこだわりという霧を吹き払うのに足る。イエスに従う者たちが祈りを教えてくださいと尋ねたとき、イエスは彼らをスモールグループに分け、自分たちの心の中を深く見つめなさい、とは求めなかったし、ゆっくりと自分の生涯の経験を振り返りなさい、とも求めなかった。各自がどんなタイプの性格か調べなさい、とも求めなかったし、みずからの隠れた感情に触れる時間を過ごしなさい、とも求めなかった。

イエスも弟子たちも、「祈りを教えてください」という問いの意味を分かっていた。彼らが知りたかったのは、また必要としていたのは、自分たちで学ぶことができ、使うことのできることばの形式だった。それはバプテスマのヨハネが、彼に従った者たちに与えたものだった。他のユダヤ教の教師たちも同じことをした。それをイエスもしたのであって、それがこの章の初めに示した祈りである。それは、すべてのクリスチャンの祈りの中心になっている。

ともかく、大切なことに触れておきたい。誰かによって前もって作られた形式の言葉を使うのは、何ら悪いことではない。実際、それを用いないほうが問題かもしれない。時には、すべて自分の内から出るもので祈りの生活を維持できるクリスチャンもいる。それはちょうど、スコットランドの山岳を裸足で歩く大胆な登山家（そのような人に会ったことがある）のようなものだ。しかし、私たちのほとんどは登山靴が必要である。自分の足で歩きたくないからではなく、まさに歩きたいと思うからである。

この申し立ては、すぐに気づく人もいるだろうが、ある特定な人たちを対象にしている。つまり、気づかないうちに現代の文化（少し前で指摘したロマン主義と実存主義の合成品）を、それがあたかもキリスト教であるかのように吸収した多くの国の多数のクリスチャンに向けたものである。そのような人に私は言いたい。他の人によって昔に書かれた言葉、式文、祈り、祈祷文を用いることは、何ら悪いことでも劣ることでもなく、「行いによる義」でもない。実際、いつも自分の言葉で祈るべきだとか、毎朝、何もないところからデボーションを始めるべきだとか、毎回、新しいことや自分の言葉を引き出せないのは霊的怠慢であり劣っていると思うことのほうが、非常にありがちな人間のプライドの現れであり、「自分のしたいようにする」ことであり、それこそが「行いによる義」ではないだろうか。

良い式文は、恵みのしるし、また恵みを受ける手だて、また謙遜（自分が心から表現したいことを、別な誰かが自分より上手に言ってくれたことを受け入れる）と感謝を表すしるしとなる。また、そうあるべきである。私は、比喩的にも文字どおりの意味においても、夕暮れが迫ったとき、昔ながらの英国国教会の集祷文の祈りで、いかに多くの慰めを受けてきたことか。

我らの闇を照らし給え。主よ。我らはいま乞い願う。
汝の大いなる恵みによりて、
今晩の、起こり得るすべての危険から我らを守り給え。
汝のひとり子の愛のゆえに、
我らの救い主イエス・キリストによって。
アーメン。

私の書いたものではないが、書いてくれた人への感謝の念は決してなくならない。まさに自分が祈りたかったことであった。もちろん、これと正反対の主張もある。ロマン主義者も実存主義者も愚かではない。自分に合わない服装なら、動作と個性を抑えつける。靴が合わなかったら歩きにくい。少年ダビデがゴリアテと戦ったとき、伝統的な習わしに従った鎧《よろい》は重くて着ることができなかった。すでに自分にとって慣れ親しんだ簡単な武器を使うほかなかった。それがダビデに合っていた。伝統的な教会にいる多くの人が、実戦のための鎧を身につけ、それが何のためにあり、何をもたらすかをろくに知らずにのしのしと歩いているのを見たとしたら、それは悲劇を通り越した喜劇以外の何ものでもないだろう。

そういうことではなく、古代からの礼典と伝統的な慣習は本来、まさしく純粋な祈りを生み出し、謙遜な態度で神の臨在の前に出るのを助けてくれるものなのだ。何世代にもわたって伝えられてきた祈りが、徐々に自分自身の心からの祈りとなって湧き上がるのに気づく。しかし、かつていきいきしていた伝統も、すぐに死んだ重荷になってしまうことがある。時には枯れた古木は、新しい枝を伸ばすために取り除かなければならない。

ダビデのことを思い出してみよう。彼は滑らかになった五つの石を小川で拾い上げた。何世代にもわたって滑らかになり、いまに伝えられた多くの祈りを用いることができる。ただしダビデは、ゴリアテに勝利したことで王になり、法廷や国を動かす別の能力が必要になった。文化は変わる。変化すること自体が文化の特徴である。それゆえ、伝統的形式に困惑したり、不快を感じることになっても驚きではない。過去一、二年の間に出会った人だが、教会の会衆が新しい歌を採用し、会堂の通路で踊り出す人がいたのに驚き、その教会をやめてしまった。また他の人は、まったく同じ理由からその教会に行くようになった。

そろそろ目を覚ましてもよいときだ。人はそれぞれ、人生のそれぞれの段階に見合った異なる種類の助けを必要とする。それを認め、それに合わせて歩んでいくべきである。

それにしても、他の人によって書かれ、形になった言葉や形式で祈るのは、かなり多くのクリスチャンにとって朗報であり、安堵のため息をつけるものだ。先に引用した『集祷文』のような祈りは、神の前で縮こまったままではなく、成長するのを助けてくれる。さらに、もっと多くの助けがある。祈祷書、黙想集、他の資料が、キリスト教書店の本棚や図書館に豊富にある。誰でも自分に適した助けを見つけられるだろう。もしそれらの量に圧倒されそうなら、夏休みの宿題を前にパニックに陥った子どもへの、賢い親のアドバイスを思い出そう。「一つずつ片づけなさい」。

さらなる祈りへの助け

「主の祈り」だけが、深く豊かな祈りの伝統を築いてきたのではない。同じように長いあいだ使われてきた他の祈りもある。祈りのパターンとして、あるいは繰り返し唱えることで、イエスにおける神の臨在の深みに入るために使われてきた。最もよく知られ、東方正教会で広く使われてきたものに「イエスの祈り」がある。自分の呼吸のリズムに合わせて、ゆっくり、楽に唱えるのがよい。「主イエス・キリスト、生ける神の御子、罪人の私を憐れんでください」。

この祈りについて、それが何を意味し、どのように用いられ、どこに導かれていくものなのか、これまで多くのことが書かれてきた。一見、堅苦しい感じがするが、それほどでもない。憐れみを求めて祈るのは、「悪いことをしたので赦してください」ということを意味しない。それはもっと広い意味での嘆願である。自分は神の憐れみを受けるに値しない、決して値しない者だが、あらゆる状況で、神の憐れみ深い臨在と助けを送ってください、と神に祈ることである。

この祈りは明らかに、イエス自身に向けられている。そうたくさんはないが、イエスに向けた祈りは新約聖書で知られていないわけではない。イエスのもとに行くとは、イエスを通して父なる神のもとに行くことであり、そのように祈るには聖霊に導かれる必要がある。

この祈り（あるいは同様のもの）を繰り返し祈ることは、『マタイの福音書』第六章七節で、「同じことばを、ただ繰り返してはいけません」とイエスが非難している異邦人の祈りのことではない。もしそうなってしまったら、すぐにやめて別のことをしよう。しかしそれは、これまで何百万という人に役立ってきたし、いまでも役立っている。すなわち、神に思いを向けたり、深く、広く入っていくことで、どのような状況でも信頼できる方として、イエスにあって知る神に集中する祈りがなされてきた。祈りたいことのすべて——喜び、問題、悲しみ、怒り、恐れ、他者、政治、社会問題、戦争、震災、祝い事などを、神の憐れみの前に携え出ることができる。

これまでに何度か提案してきたが、同じようなもう二つの祈りを「イエスの祈り」と一緒に、あるいは並行して用いることもできる。「全能の父、天と地の造り主よ。あなたの御国を私たちのただ中にもたらしてください」「聖霊よ、生ける神の息よ。私と全世界とを新しくしてください」。これらについても、同じようにして祈ることができる。あるいは、この二つと「イエスの祈り」は、他の人たちが特定の人や状況のために祈りを導いている合間に、グループで、または会衆で、応答の祈りとして用いることができる。ひとりであろうと、他の人と一緒であろうと、どこにいようと、試してみる機会は充分にあるだろう。

もう一つ、用いることのできるものがある。先に紹介したのと同じように、初代教会で用いられていたと思われるものだ。古代から現在のユダヤ教に至るまで、それは毎日三回祈られてきた。このように始まる。「聞け、イスラエル。ヤハウェは私たちの神。ヤハウェは唯一である。心を尽くしてあなたの神、ヤハウェを愛せよ」。『申命記』第六章四節から始まることばから採用されたものである。「シェマーの祈り」として知られている。これがヘブル語の「シェマー(聞け)」で始まるのでそう呼ばれる。これが祈りだとは驚きかも知れない。命令を伴った神学的宣言のように見えるからである。それは会衆に教えるためではない。礼拝で聖書朗読がなされるように、神がなしたことを賛え、ヤハウェは真に誰であるか、その契約の神が何を望まれているかの宣言であり、それ自体が祈りであり、礼拝と献身の行為なのである。

そのような祈りは、まさに自分自身から、また自分の必要、願望、希望、恐れから離れさせ、自分の思いを神ご自身、神の御名、神のご性質、神の御思い、神を愛することへ招き、神の栄光に集中させてくれる。これがまさに祈りである事実をじっくりと受けとめて考えることは、このように大変示唆に富んだものである。

初期のキリスト教においてこの祈りは、まさにイエスのゆえに浸透していった。また、すでに見たように、パウロはコリントのクリスチャンのために、自分たちはユダヤ教の伝統を受け継ぐ一神教であり、異教の多神教でないことを思い出させ、それを明確にするために次の祈りを新しい形として引用している。

唯一の神、御父がおられ、
すべてのものはこの方から出て、私たちもこの方のために存在します。
また、唯一の主、メシアであるイエスがおられ、すべてはこの方によって存在し、
私たちもこの方によって存在します。(第1コリント8・6、英文からの訳)

この祈りの直前、私たちの神への愛のことを語り、この祈りの後には、互いに愛し合うようにと語っている。そうした愛はまさに、メシアは私たちのためにも、隣人のためにも死んでくださったと信じる事実から出てくる。

この祈りもまた、私たちの祈りにしてよいのではないだろうか。「イエスの祈り」のように、

ゆっくりと、繰り返し祈ることができる。『黙示録』第四章と第五章の偉大な賛美の歌のように、この祈りは、創造者であり贖い主である神を誉め賛え、礼拝することを、まとめて言い表したものである(「……から……のために」、また「……によって……によって」という短い語句は、御父をすべてのものの起源、目標と定め、また、御子によってすべてが造られ、すべてが贖われることを濃縮し、明確に宣言したものである。パウロは同じことを『コロサイ人への手紙』第一章一五〜二〇節でもしっかりと語っている)。

神をこのようにして思い巡らすことは、晴れた日に気球に乗った人のように、神の麗しい目的である壮大な景観を眺めつつ全体を見落とすことなく、ある特定なことにあれこれ目を配るようなものである。祈りについて知っておくべきことを、初代のクリスチャンはすでに知っていた。私たちは彼らから多くのことを学ぶことができる。

祈りを始める

もちろん、祈りについてさらに言うことができる。しかし礼拝と同じく、大切なことは始めることである。多くの手引き書が今日では手に入る。現代のキリスト教の健全なしるしの一つは、ますます多くの人が経験豊かなガイド(あるグループでは「霊的指導者」、あるいは「霊的同伴者」と言う)と話すことが、大きな助けになると気づき始めたことである。霊的指導者は、時には安心感（「そう、それで大丈夫、多くの人も同じように感じているから」）を与え、時には新しい方向へとやさしく促してくれる。

私は、同僚との関係で大変な困難に陥ったとき、霊的指導者の勧めで解放されたことをよく覚えている。それは、「主の祈り」を唱えることと、その祈りのそれぞれの部分を、とくにその同僚に当てはめて思い巡らすことだった。書物、リトリートでのリーダー、友人、牧師は、それぞれ助けになる。「私たちにも祈りを教えてください」という弟子の求めに、イエスがどう小気味良く応じたかはすでに述べた。もちろん、人によって有益な方法やパターンは異なる。その人に合った、その状況に応じた道を示してくれる指導者は大勢いる。

同様に誰でもできるのは、ノートに祈りたい人やその課題をリストにし、日ごとに、あるいは週ごとに祈ることである。リストを作るのが苦手な人なら、日記でも、住所録でも、また地図を使ってさえ、人々の状況や必要を思い起こせるだろう。神に感謝すること（感謝はいつでも恵みのしるしである）はいつもあるし、神に謝るべきこと（悔い改めも同様である）もいつもある。神に求めたいこともある。ある人のために特別な神の愛と支え、助けを求めたいときもある。

新約聖書の驚くべき約束、「あなたがたがわたし（イエス）にとどまり、わたしのことばがあなたがたにとどまるなら、何でもあなたがたのほしいものを求めなさい。そうすれば、あなたがたのためにそれがかなえられます」（ヨハネ15・7）を信じて祈るなら、あなたの願いにおいては不思議とバランスが生まれるのに気づくだろう。そのような約束を熱心に求め、真剣にそうするなら、私たちの願いや希望は、徐々に、しかし確実に作り変えられ、整えられ、新しく秩序づけられていくのに気づくだろう。

クリスチャンの祈りには、さらに他の仕方もある。ある人にとって異言で祈ることは、具体的に何を祈ったらよいか分からないとき、あるいは、あまりに明白な課題やそのことで圧倒されて、どう祈ったらよいか分からないときに、その状況や人々の必要を思いながら神の前に出るのに役立つ(もう一度、『ローマ人への手紙』第八章二六〜二七節に戻ってほしい)。沈黙の祈りは、かなりの人にとって実行が難しく、それを継続して行うとなると、ほとんどの人には困難である。しかし、良い意味での暗闇のように、信仰と希望と愛の種が人知れず芽生える土壌となる。

いろいろあるにしても、私たちすべての人にとって、祈りは神からくる賜物である。「またメシアによって、いま私たちの立っているこの恵みに信仰によって導き入れられた」(ローマ5・2)と言えることとなのだ。私たちは、神の臨在の場へ迎え入れられる。『黙示録』第四章と第五章のように、一つの門が天に開かれている。御座近くに招かれているのだ。

私たちはもはや、単なる傍観者としてその場にいるのではない。愛されている子としてその場にいる。イエス自身のことばで締めくくりたい。「してみると、あなたがたは、悪い者ではあっても、自分の子どもには良い物を与えることを知っているのです。とすれば、なおのこと、天におられるあなたがたの父が、どうして、求める者たちに良いものを下さらないことがありましょう」(マタイ7・11)。

第13章 神の霊感による書

それは大いなる書である。大いなる人物たちによる大いなる物語《ストーリー》で満ちている。その大いなる人たちは、大いなる志（とりわけ自分自身について）を持っていたが、大きな過ちも犯した。その書は、神、貪欲、また恵みについてのものであり、人生、欲望、笑い、そして孤独についてのものである。それはまた、誕生、始まり、裏切りについての書であり、兄弟、言い争い、セックスについての書であり、権力、祈り、投獄、激情についての書である。

何とこれは、創世記について述べただけにすぎない。

つまり聖書は、創世記という堂々たる序曲から始まる、膨大で、広大な広がりを持った書である。すでにいろいろな場面で充分に述べてきたが、ここで聖書そのものに焦点を当てるときがきた。長大な壁画を想像していただきたい。もしそのすべてを描こうとするなら、万里の長城並みの壁が必要だろう。

聖書を手にするとき、自分にこう言い聞かせる必要がある。いま私は、世界で最も有名な書物を手にしているだけではなく、人生を変え、社会を変え、世界を変え得る偉大な力を持つ書を手にしているのだと。実際、いまもそれは変わらない。

しかし(ある人がこう言うかも知れない)、実際は神だけが世界を変えられるのではないか。単なる書物に、どうしてそんなことができるのかと。

それができるから不思議なのである。その点で疑いの余地はない。聖書は、クリスチャンの信仰と生活にとって決定的で不可欠な要素である。聖書なしには何もできない。ただし、あまりにも多くのクリスチャンが、聖書にどのように取り組んだらよいかを忘れてしまっているのだが。神はこの世でなそうとしたことの、少なくともいくらかを、この書物に(いわば)委託しているかのようだ。それは遺言というわけではないが、それと似ていなくもない。それは作曲家が演奏家のために曲を書くのと異なるが、まったくかけ離れているわけでもない。劇作家が戯曲を書くのと少し異なるが、かなり似ている。また、これまでのたとえで最も近い言い方だが、神がなお書き続けている長編実話小説のような「これまで起きた出来事の物語」とも違う。それらすべてを含んでいるが、それ以上のものなのである。

聖書をめぐって非常に多くの論争があるのは、このためであるに違いない。実際、聖書の記述についてと同じくらい、今日、聖書についての論争がある。それらのあるものは、同じ理由からきている。兄弟争いである。アベルとカインに始まって、イエスの話した放蕩息子の物語に出てくる兄弟に至るまでがそうであり、現在の世界の多様なキリスト教のグループが、それぞれの読み方をしている状態までがそうである。それぞれが自分たちの聖書の読み方で養われ、守られている。それぞれが、そこから学んだことを実践に移そうとしている。

果たして、それでよいのだろうか。

確かに問題だ。悲劇的なことに、キリスト教の歴史は聖書の読み方で散り散りにされてきた。それは結果的に、聖書の口を封じることにもなってしまった。たとえば、いま私が本書を書くのに使っているコンピュータは、多くのことができる。しかしいまの私は、執筆、インターネット接続、メールの読み書きだけに使っている。同じように多くのクリスチャンは、自分たちのためだけでなく、自分たちを通して世界で多くのことを行える書物を有していながら、何世代にもわたって、またそれぞれの教派のどこにおいても、すでに自分たちが行っている三つか四つぐらいのことをするためだけに聖書を使っている。ちょうどある種の壁紙のように、部屋の背景の飾りとして充分満足しているかもしれないが、その家に数週間住んでいるうちに、やがてそれについて考えなくなってしまうのに似ている。

いま使っているコンピュータの持つ可能性を、必要以上に広げなくてもまったく問題はない。だが、聖書の持つ可能性のすべてをあなたを通して、あなたのうちで活用させないでいるとしたら、手を固く閉じてピアノを弾いているようなものだ。

では、聖書とは何か、どのように聖書に取り組むべきなのだろうか。

それでは聖書とは？

事実から始めよう。すでにすべて知っている人は、このセクションをスキップしてもよいだろう。聖書になじみのない人は、頭に入れておいたほうがよいかもしれない。

聖書は二つの部門からなっている。クリスチャンはそれを「旧約聖書（オールド・テスタメント）」と「新約聖書（ニュー・テスタメント）」と呼んでいる。旧約聖書のほうがはるかに長く、普通は新約聖書の五百ページに対し、千四百ページ近くある。旧約聖書は千年以上かかって成立したが、新約聖書は百年以内でできあがった。

「テスタメント」という言葉は、「契約（カベナント）」を意味する言葉の訳である。それはクリスチャンの中心的な主張であって、古代イスラエルの預言の成就であるイエスに関する出来事に由来している。すなわち、創造主である神、イスラエルの神が、イスラエルとの契約を刷新し、それによって世界を救出した、という主張である。

初期のクリスチャンの記述の多くは、旧約聖書としっかり結びつけられ、それを引用したり、反映させたりすることで、自分たちがその契約刷新を受けとる存在、すなわち「新しい契約（新約）」の担い手であることを明確にしている。互いに関係しているのに、このような二つの部門をいまも異なった名前で呼ぶのは、クリスチャンの主張と問いを鮮明にするためである。その主張とは、ユダヤ人の聖書がクリスチャンの聖書にとって非常に重大な役割を担っていること。

またその問いとは、ユダヤ人にとっての聖書を、イエスにあって「契約（カベナント）」が刷新されたことを心から信じている者たちが、どのように理解し、どう適用するかである。

ユダヤ人が聖書《バイブル》と呼び、クリスチャンが旧約聖書（オールド・テスタメント）と呼んでいる書物は、三つの部分に分類されている。最初の五つの書（『創世記』『出エジプト記』『レビ記』『民数記』『申命記』）は特別で、基盤になるものとしてずっと扱われてきたもので、トーラー（「律法」）として知られている。伝統的には、モーセ自身によってまとめられたとされている。次のまとまりは「預言書」として区分されるが、普通は歴史書と見なされるもの（『第一、第二サムエル記』『第一、第二列王記』等）と同時に、大預言書（『イザヤ書』『エレミヤ書』『エゼキエル書』）と小預言書と呼ばれるもの（『ホセア書』他）が含まれる。三番目の部分は、『詩篇』から始まる「諸書」として知られている。そこにはかなり古代の文書ばかりか、『ダニエル書』のように、紀元前二百年の間に編纂され、受け入れられた文書の数々も含まれる。イエスの時代前後でも、「諸書」に属するか否かが議論されていたものもある（とくに、『エステル記』と『雅歌』は議論の的になった）。大多数の人々が認めたので、聖書に収まった。

トーラー、預言書、そして諸書のすべてで三十九巻になる。律法と預言書は、諸書よりかなり早い時期にまとめられたようだ。どちらにしても、この三つの部分は、ユダヤの民の聖なる書物として正式に認められてきた。その正式に認められたものを、ギリシャ語で「カノン（正典）」という。「規則」また「物差し」を意味する言葉だ。そうした呼び名は、キリスト紀元（西暦）三世紀か四世紀から使われている。

そのほとんどがヘブライ語で書かれている。そのため、旧約聖書を「ヘブライ語聖書」とも呼ぶ。『ダニエル書』と『エズラ記』の一部、『エレミヤ書』の一節と『創世記』の二つのことば（固有名詞）には、アラム語が使われている。それは現代英語と中世のチョーサーの英語との関係のように、古典ヘブライ語との関係で使用されている。ほとんどの学者は、旧約のすべてではないにしろ、その多くが、それなりの編纂の過程を経て現在の形になったと見ている。何世紀にもわたってなされたので、かなり新しい文書を含むかもしれない。しかし、そのように思われている数々の文書（例えば、『イザヤ書』）があったとしても、それらは驚くほど内的な統一性を保っている。

旧約聖書の原典に関する知識は、死海写本の発見によって極めて豊かなものになった。そこには旧約聖書のほとんどが含まれている。また、ユダヤ教とキリスト教の主流が頼っている写本は、死海写本よりも後の時代のものなのだが、それは、ごくわずかな相違はあるものの、イエスの時代に知られていた本文に大変近いことを明らかにした。

イエスの時代より二百年かそれ以上前に、すべての旧約聖書が、おそらくエジプトにおいてギリシャ語に翻訳された。ギリシャ語を話すユダヤ人が増えてきたためである。彼らの作り出したギリシャ語の聖書は、異なった版があるが、初期のクリスチャンが使っていた。「七十人訳聖書（セプトゥアギンタ）」として知られている。ラテン語の「七十」からきているが、七十人の翻訳者が関わったという伝承に基づいている。

この時期は歴史的に、「外典（アポクリファ〈隠されたもの〉というのが原意）が初めて出てきた時代でもある。その位置づけや有効性について、複雑な議論が初代教会で長く続いた。その議論は、一六世紀、一七世紀に再燃した。議論の結果、ある聖書はその外典を取り入れ、あるものは取り入れないことになった。取り入れた聖書は一般的に、旧約聖書と新約聖書との間に関連書（時には、他の幾つかの書も加えるが）として置いている。ただし、いわゆるエルサレム聖書と正式なローマ・カトリック版聖書は、外典をそのまま旧約の一部として扱っている。

残念なことに、多くの人は外典を実際に読んだことがないばかりか、これらの書に議論があったことをほとんど知らない。ただし、少なくともこれらの書が（その当時書かれた死海写本やヨセフス著『ユダヤ古代誌』のように）、イエス時代のユダヤ人の思想や生活について多くのことを語っているのは確かだ。例えば『ソロモンの知恵』のようなものは、新約聖書、とくにパウロの著書の（部分的であっても）並行箇所やその元と思われる有意義な資料を提供している。

新約聖書二十七巻はすべて、イエス時代の人が生きていた二世代のうちに書かれた。言い方を変えると、遅くとも一世紀の終わりまでには書かれたことになる。ただ、多くの学者はそれ以前と見ている。パウロの手紙は、紀元四〇年代の終わりから五〇年代に書かれた。ただし、パウロの名前がついた手紙のすべてをパウロが書いたかどうかは議論が続いている。これらの二十七巻は、イエス自身の出来事と最初期の教会について最初に書かれた証言である。

本書の第七章で、福音書をめぐる議論を検討した。そこで明らかにしたように、『トマスの福音書』(いわゆる「新約聖書外典」)のようなものが、時代的に正典に近いとか、内容的に妥当だとか思う理由は何もない。この部類の資料の重要性は、イエスに関して重要なものを提供するというより、その後の思想と生活についての証拠をいくらか提供していることだけにある。

それに対し、四福音書、『使徒の働き』、パウロが著したといわれている一三の書簡は登場した当初から、つまり遅くても二世紀半ばまでに、真正で、信頼に値するものと認められていた。『ヘブル人への手紙』や『ヨハネの黙示録』、幾つかの小さな書簡には疑問が残されていた。一方、二世紀と三世紀の幾つかの教会と教師たちは、『バルナバの手紙』や『ヘルマスの牧者』などを権威あるものと見なしていた(その両方とも『使徒教父文書』として知られるものには含まれている。それらは初期のクリスチャンの著作集であり、現代訳で読むことができる)。しかし、初期のほとんどのクリスチャンは、それらの著作の価値を認めてはいるものの、「使徒的」と見なす権威ある真実性を認める他の書物と同等には見ていない。

強調すべきことは、新約聖書本文に関する証拠は、どの古代文書の証拠ともまったく異なるという点である。ギリシャの有名な著作家であるプラトン、ソポクレス、そしてホメロスの文書でさえも、ほんの一握りの写本が知られているにすぎない。しかもその写本の多くは中世のものである。ローマの著作家として知られるタキトゥスやプリニウスのものも同様に、わずかな写本が残るだけである。ある場合には一つか二つだけが残っている。またその多くは後代に作られた。

それに引き替え新約聖書に含まれる書のある部分、またはまるまるすべてについては、文字どおり何百という初期の写本が残っている。それらを研究することは比較にならないほど聖書本文の信頼性を高める。すなわち、写本にあるわずかなことばの違いから、原典がどうだったかを見極めることが可能なのだ。（ところで、私が「初期」というのは、最初の六世紀か七世紀までのものを指す。その初期の写本は、西洋で「古典」と呼ばれる文書の最古のものより数世紀も早い。なかでも十数点ある新約聖書の写本は、三世紀から四世紀のものであり、あるものは二世紀からのものだ。つい先日、アイルランドのダブリン市の図書館で、その一つを見てきた）。確かに写本家は、ここかしこを手直ししているかも知れない。しかし、これだけ膨大な証拠を調べられるということは、実際に聖書記者が書いたことを知るための極めて確かな根拠になるのだ。

権威ある文書リストの確定を教会に迫ったのは、今日言われるように、社会的、政治的に受け入れ可能な神学を提示したいからではなかった。確定のための神学論争は、断続的にではあるが、激しい迫害を受けていた間になされた。むしろそんな動きは、敵対する「正典」を持ち出そうとした人たちから起こったのである。ある人たちは、二世紀のローマの教師マルキオンがそうなのだが、主要な書物から中心的箇所を切り落とした。他の人たちは、グノーシス主義者がしたように、異なった教えを記した新しい文書を加えた。そのようにして、自分たちはイエスや使徒たちが「本当に」語った秘密の教えを所有していると主張したのである。

教会史上、東方教会は聖書をギリシャ語で読み、西方教会はラテン語で読んできた。一六世紀の宗教改革の偉大なスローガンの一つは、聖書はすべての国民に対し、自国の言語で提供されるべきだ、というものだった。それは今日、すべてのキリスト教世界で一般的に認められている原則である。この聖書翻訳のうねりは、一六世紀、とくにドイツの宗教改革者マルティン・ルターと、イギリスのウイリアム・ティンデルがもたらした。そして一六一一年、英語圏で欽定訳（「キング・ジェームズ版」）聖書が採用されたことで、その流れは一七世紀の終わりまでに落ち着いた。

その後三百年近くは、それで充分だった。さらに、よりよい写本が発見されるにつれ（その違いはほとんど小さなものだが）、興味深い修正の必要が見つかり、一九世紀後半、学者や教会指導者の間で新たな版が望ましいと分かった。そしてさらに水門は開けられ、過去百年の間に、さらなる翻訳と改訂の波が押し寄せた。その結果、今日、何十という訳の英語版が存在している。同じことが他国語の翻訳に関しても言える。各国の聖書協会やウイクリフ聖書翻訳協会は、世界中の民族の言語に聖書を翻訳するたゆみない努力をしている。その務めは膨大なものだが、教会は何世代にもわたってそれを最優先にしてきた。

このように、聖書の構成、集大成、普及の歴史を語ることは必要なことである。しかしその位置づけをするだけでは、親友を紹介するときに、遺伝子配列や生化学的分析で描写するのと少し似ている。それは大切である。親友に彼独自の遺伝子配列がなければ彼は彼でなくなってしまう。しかしそれだけなら、決定的に大切な何かが欠けている。その「決定的に大切なこと」について、次に取りかかるとしよう。

神の霊感とは？

聖書はなぜ大切なのか。ほとんどのクリスチャンは、それは「霊感による」からだと言い続けてきた。それは、果たしてどういう意味だろうか。

この言い方によって、かなり異なった意味づけが過去されてきた。時には霊感によるとは取らず、「霊感を与える」と理解されてきた。すなわち、聖書が新しいいのちを吹き込む（「霊感による」とは、文字どおり「息を吹き込まれる」という意味）と見なすのである。しかしこの「霊感による」という用語は、そのような何らかの効果が私たちに及ぶことを語っているのでなく、霊感それ自体について述べているにすぎない。

私たちに霊感が及ぶという意味のレベルで、「霊感を受けた夕陽」という言い方をすることがある。その意味は（おそらく）、ありきたりの夕刻とはまったく異なり、そのとき見た夕陽が特別なものを醸《かも》し出しているということだろう。同じように、音楽、演劇、ダンスについても「霊感を受けた」と形容することがある。しかし夕陽は、そして最も荘厳な交響曲でさえ、一般的な創造の秩序の一部にすぎない。もしそうした意味で聖書が「霊感による」と言うとしたら、「それは、シェークスピアやホメロスのようだ」というのと同じで、皆がその評価に同意するとは限らず、その用語が一般的に指す意味にはならない。そのように見ようとする人は、おそらく意図的にそのことを選択肢〈一〉の世界観に何とか押し込めようとしているのだ。そうしようとするおもな理由は、ここでもまた何とかして選択肢〈二〉を避けたいがためである。

一方、「聖書の霊感」という考え方を擁護してきたかなり多くの人が、聖書を選択肢〈二〉の枠組みで見てきたのも事実である。それは、純粋な「超自然的」介入によって起きたと考え、著者の意図などまったく認めない。厳密な意味では、選択肢〈二〉においては、むしろ神からの霊感はあり得ない。というのは、神と世界（人を含める）は、まったく異なった領域にあり、その間に大きな溝が横たわっているからである。それでも、聖書の霊感を主張してきた多くの人は、この枠内で何とか理解しようと試み、神がはるか遠くから聖書を口述したとか、遠い距離を埋める言語的な雷のように、著者を「突き動かした」と思い描いてきた。

私の推測では、言葉どおりの豊かな意味における「霊感による」という考えに反発してきたそうした多くの人たちは、そこにあるまったく風変わりな霊感理解を含めて、そうした発想をできるだけ排除しようとしてきたと思われる。しかし、そのような人を誰が非難できよう。いずれにせよ、聖書をよくよく見れば、パウロにしても、エレミヤにしても、ホセアにしても、それぞれの著者の人格が、テキストの中でいきいきとみなぎっていることが分かるだろう。

ここでも、選択肢〈三〉が解決を与えてくれる。聖礼典と同じように、聖書は天と地が重なり合い、かみ合っている接点の一つであると見てはどうだろうか。他の接点と同様に、それは神秘的である。それがどうなっているか、一瞥《べっ》して分かるわけではない。実際、確かなことに、それは分からない。しかし、ほかの考えでは説明し切れない大切なことが、選択肢〈三〉の枠内なら説明できる。

とくに次のことが言える。すなわち、聖書の著者、編纂者、編集者、収集家も、それぞれ異なった人格、スタイル、方法、志向性を持ちながらも、契約の神の特別な目的のために用いられた、ということである。その目的の中には、書くことによる神のことばの伝達が含まれていた。そのことで私たちは（とくに生きたことばであるイエスを通して知ることができるが）創造者なる神ご自身が（いわば）ことばを巧みに操る方である、と言うことができる。

神はことばだけを特別視していないが、選択肢〈三〉から見れば、神が用いるレパートリーの中で、それは中心的なものだと言うことができる。同時に次の理解を助けてくれる。すなわち、神がご自分の世界で働こうとするとき、神のかたちを担う被造物である人を通して働こうと願っているということである。しかも、できるかぎり人との知的な協力体制を望んでおられるので、すでに語ったり、なしたりした他の多くのことに加えて、ことばを、またことばを通したコミュニケーションを中心にしたいと望まれている。

別な言い方をすれば、聖書はひと世代前によく言われたような、本当は他の手段で神はご自身を現したが、単にそれを記した唯一の、あるいは「啓示の記録」の一つにすぎないというのでもなく、また何が起こったかを単に忘れないために記録したという以上のものである。すなわち聖書は、単なる啓示を証言しているのでも、それを反映しているだけのものでもなく、むしろ啓示そのものであり、神の啓示の本質的な部分として広く教会で扱われてきたのである。

問題点は、とくに「啓示」とだけ聞いたとき、ある種の正しい情報の伝達だと単純に思い込むことである。確かに、聖書は充分な情報を提供している。しかし、それが第一にしているのは、神の召し出した民が、その務めを果たすためのエネルギーの提供である。聖書の霊感について語るとは、そのエネルギーが神の霊の働きからくることを表現する一つの言い方なのである。

このことは、聖書が何のために与えられたかを、つねに思い起こさせてくれる。聖書そのものが「霊感」について語っている最も有名な箇所の一つは次のものだ。「聖書はすべて、神の霊感によるもので、教えと戒めと矯正と義の訓練のために有益です。それは、神の人が、すべての良い働きのためにふさわしい充分に整えられた者となるためです」(第2テモテ3・16〜17)。良い働きのために整えられること、ここにポイントがある。聖書は神によって息が吹き込まれたのであり(「霊感による」という用語は、セオプネウストス(theopneustos)というギリシャ語で、文字どおり「神の息が吹きかけられる」という意味)、それは、この地で神のわざを果たすために神の民を形造るためである。

言い方を換えれば、聖書は、物事を調べ上げたり、正しく理解したかを確認する単なる参照資料ではない。それは神の民を整え、神の新しい創造と新しい契約の目的を果たさせるのである。

また義のわざに就かせ、霊的なあり方を保たせ、すべての面での関わりを築き、推進させ、神ご自身の美しさをもたらす新しい創造を生み出すためである。それは、自動車を造る正確な情報を提供するようなものではない。むしろ、車の修理を助ける整備士、ガソリンを給油するサービスマン、行き先を教えてくれるガイドのようなものである。その行き先とは、神の新しい創造をこの地に興すことである。この古い創造の世界で、単に傷つかない生き方を身につけるためなのではない。

そのため私は、聖書に関して「無謬《むびゅう》」(聖書は私たちを誤らせない)、また「無誤」(より強固な意見で、聖書に誤りはないとする)という用語を用いることについて不満はないが、個人的にはそれを使わないようにしている。私の経験では、これらの用語についての議論は多くの場合、皮肉にも聖書そのものから人を引き離し、聖書を全体として扱うこと、すなわち聖書にある偉大な物語の持つもっと大きな目的、その力強いクライマックス、未完成の長編小説に組み込まれるような感覚によって、私たちをその最終章の登場人物のひとりのような思いにすることから離れさせ、あらゆる種類の理論の世界に引き込んでしまう。

そもそも聖書の「無謬性」と「無誤性」の主張は、複雑な文化的母体から出てきたことであって(とくにアメリカのプロテスタントという母体)、そこでは聖書が、一方ではローマ・カトリックに対する、他方では自由主義的モダニズムに対する正統主義の最後の砦と見なされた。不幸なことに、それらの二つの背景が議論の中身を形作ってしまった。聖書に対するプロテスタント側のこの主張が起こったのは、カトリック側が教皇の無謬性を主張したときであった。また、それに反対した人たちが啓蒙思想の合理主義に染まっていた時期と重なっていたのは偶然ではない。

私の見方では、そのような議論は聖書が何のために与えられたかという真の要点から人々を引き離す（カール・バルトについての言い伝えを思い出す。ある婦人に「創世記で蛇は本当に話したのか」と問われたとき、バルトは次のように返答した。「ご婦人よ、蛇が話したかどうかは問題ではなく、蛇が何を語ったかが問題なのです」）。

聖書の特質についての特定の定義について言い争うことは、夫婦が力を合わせて子育てをし、子どもたちに良い見本を示すべきときに、どちらがいちばん子どもを愛しているかと言い争っているようなものだ。聖書は、神の民を整え、神の王国で神のわざを果たすためにある。自分は神のすべての真理を把握しているとふんぞり返り、自己満足に浸らせるためではない。

第14章 物語と務め

「聖書は権威がある」とは、クリスチャンが繰り返し語っていることの一つである。しかし、それが意味するところを理解するのは難しい。それを取り上げるのに良い箇所は、イエス自身が権威の本質について語っているところである。

イエスはこう言っている。異邦人の支配者たちは人々を支配するが、あなたがたはそうであってはならない。誰でも偉くなりたいと思う者は、みなに仕える者でなければならない。人の子（イエス）が来たのも、仕えられるためではなく、仕えるためであり、多くの人の贖いの代価としてわが身を与えるためであるからだ（マルコ10・35〜45）。

もしイエスに神の権威が与えられているのなら、またもし、聖書の権威も同じところに由来するとするなら、私たちが聖書の「権威」と呼ぶことによって言っているものは、神がイエスを通して果たしたこと、とくにその死とよみがえりにおいて果たしたことの権威ある伝達手段に聖書がなる、ということである。

別の言い方をすると、イエスの死が、その意図する効果をもたらすためには、福音の「ことば」を通して世界に伝えられなければならない、ということである（第一〇章で見たように、初代のクリスチャンにとって神の「ことば」とは、「イエスは主である」という力強い宣言のことだった）。クリスチャンの物語《ストーリー》は、旧約聖書を起源とし、それが新約聖書でことごとく花開いたものだが、かなり初期から、強い影響力のあることばを収めたものだと見なされていた。神がイエスにおいてなしたことが、ことばによって伝達され、影響をもたらしてきた。

実際、聖書は、ある特定の景観を上空から写した航空写真のような、救いの計画の権威ある記述というような単純なものではない。聖書自体が、救いの計画そのものの一部なのである。聖書はむしろ旅行ガイドのようなもので、その景観を巡ってあなたを案内し、どうすればそれを満喫できるかを示してくれるものである。

それゆえ聖書の「権威」は、いわばゴルフクラブの会員規則のような「権威」とはまったく異なる。確かに規則の一覧を含んでいる（例えば『出エジプト記』第二〇章の十戒）。しかし、全体として聖書は、こうすべきだ、こうすべきではないというリストから成っているのではない。聖書は物語である。アダムとエバが生き物たちの面倒を見るエデンの園に始まり、世界中を潤すいのちの水が流れ出る都、小羊の花嫁としての都に至る壮大な、並外れたナラティヴなのである。

聖書は一言で言えば、少し異なりはするが、愛の物語《ラブストーリー》である。聖書の権威とは、そこに加わるように招かれている愛の物語という権威である。その意味で、踊りに加わるように招かれるダンスの「権威」のようだ。あるいは、場面が設定され、筋書きが充分に練られ、結末も用意され、よく見ればさらに先に向かって展開していく小説の権威のようなものである。その物語の中で、その目的地に向かいつつ、それを生き、そこに参加し、頭を働かせ、決断していく登場人物になるようにと招かれている。

そのような意味での「権威」は、クリスチャンの書として聖書をどのように読んだらよいかの理解を助けてくれる。旧約聖書の「権威」とは、その物語の舞台のまさに前半が持っている「権威」であって、私たちはいまその後半で生きている。舞台の前半が旧約聖書であることには意味がある。そしてその役割を果たし、私たちを舞台の後半に導いているのである。その後半では、幾つかのことがかなり急激な変化を迎える。筋書きが前進したのだ。ポストモダンの最も特徴的な小説でさえ、通常、最後の章の登場人物が小説の冒頭と同じ言動を繰り返すことはない。

それは、いまや誰もが制約を受けない状況になったので、次のように言ってかまわないという意味ではない。「さて、私たちは神の計画した新しい時代にいるのだから、古い時代の気にいらないものは何でも捨ててよい」。そうではない。いまだに私たちは、同じ物語の中にいるのである。

その物語とは、創造者である神が、ご自身で創造したものを、その反抗、破壊、破滅、死から救出する物語である。神はこのことを、メシアであるイエスの死とよみがえりによって達成した。それはイスラエルとの約束の成就、また物語の成就である。そこには、まったく妥協の余地はない。そのことに矛盾したり、その価値を引き下げたりするものは何であろうと、意図する行き先に物語を前進させるものにはならない。パウロはそのことを、手紙を通して何度も繰り返し説いている。私たちも前に進むために備えていなければならない。

ということは、「聖書の権威」に生きるとは、その物語の語っている世界に生きることを意味する。その中に、共同体としても、個人としても、自分たちを浸すことである。それはまさに、クリスチャンの指導者と教師たち自身が、そのプロセスの一部になることであり、聖書を読む共同体の中だけではなく、その共同体を通して、より広い世界の中で、世界のために神が働かれているプロセスの一部にならなければならない、ということである。

それは、地に足をつけて考え、行動を起こし、新しい提案をすることであり、さらに重要なのは、自信を持ってそれをしてみることである。例えば、聖書に記された最も深遠な計画の一つの実現のために、世界がいま必要としているのは、グローバルな経済的公正さであると自信を持って指摘することである。それは共同体として、私たちの伝統が聖書について何と言っているかだけでなく、聖書そのものに注意を向けることを意味する。そうすることで、この地にいながら天のいのちを生きることが可能になる。

そのことは、まさに次のことを意味する。すなわち私たちが、古代文書を通して今日語っている神の声に耳を傾け、また、いのちの息づくそのことばを世界に届ける民となり、器となるように召されている、ということである。

聖書と神の声

神は確かに、聖書を通して語られる。聖書を通して教会に対して語り、さらに神の助けにより、教会を通して世界に語られる。この両面が大切である。ここでもその考え方を、天と地の重なりという見方から見てみるなら、よりいっそう理解できる。また神の未来の計画が、イエスにおいてすでに私たちに届き、神がすべてを新しくする日のために、いまもそれを遂行しておられることを考えるなら、よりいっそう理解できる。

聖書を読むということは、祈ったり、礼典を分かちあったりするのと同様、天のいのちと地のいのちが結ばれる手段の一つである（これは昔の著者たちが、「恩寵の手段――日々の聖書読書、祈り、証し、献金、奉仕等」と言っていることに当てはまる。それらは、神の恵みをコントロールするのではなく、いわば神がご自分の民に出会うと約束した場がある、という意味である。それはたとえ神がその約束を忘れたかのように思えてもである。神ではなく、私たちのほうこそ忘れてしまうことが多いのだが）。私たちが聖書を読むのは、神が私たちに、私個人に、いまここで、今日、語っていることに耳を傾けるためである。

それがどのように起こるかは予想がつかないし、多くの場合、神秘的である。しかし、それが起こることは、歴史をとおして何百万人ものクリスチャンが証ししてきた。それを助ける技法も発展し、その多くが役に立つ（例えば、個人で聖書を読む計画表は、聖書全体を一年や三年の期間内で組織的に読むことを助ける。四つの福音書をたて続けに読んだり、『レビ記』と『民数記』を一気に読んで消化不良を起こさないためである）。

霊的であるための方法はどれも、祈り深く聖書を読むことを中心に発達してきた。福音主義においては「静思の時」という時間を持ち、聖書を読み、神の声に耳を傾けるのを大切にしてきた。そこで福音派の多くの人たちは、聖ベネディクトや他のカトリックの教師たちが、「レクチオ・ディヴィナ」として知られる、とてもよく似たシステムを発展させてきたことを知って驚く。こうした黙想的手法で祈り深く聖書を読み、その物語に登場する人物に「なる」ようにし、物語が展開するなかでどうなっていくか、その様子を見たり、じっと待ったりしながら、自分に何が語られ、求められているのかを、心を開いて受けとめることである。

もちろん、教会の歴史を通して説教者は、元々書かれたコンテキストで聖書が何を言っているのか、そして、それぞれの置かれた時代でどのような意味を持つのか、という両面を伝えるように努めてきた。実際そのことが、説教を語ることの中心にあったと言っても過言ではない。そこに危険が伴うことは明らかである。どのような技法であろうとも、その危険性を完全に払拭することはできない。また、そうすべきでもない。もしそうするなら、聖霊の働きも一緒に消してしまうかもしれない。そのような聖書に「聞く」こと、すなわち、聖書を通して語っている神の声を聞くことは、あらゆる形の「主観的」要素が伴う。もちろん、だからと言ってそれが悪いことではない。もし主観的要素がないなら、その意味するとおりの現実感を私たちは持てない。

聖書に神の声を聞くとは、明快で専門的な知識を得るようなものではない。むしろそれは、愛に関わることである。すでに示唆してきたように、愛とは、天と地の交差する場で生きるために必要な認識のあり方である。しかし、私たちの抱く愛はもろく、偏り、また、希望と恐れとに深く結びついている。ゆえに、聖書を読みながら神の声を聞くときは、過去の、また現在のクリスチャン仲間の意見を参照して確認することが必要である。また他の聖書箇所によって確かめることも必要になる。それは常識である。

聖書のことばから神の声を聞くとは、誤りのない見解を得るということではない。神の声を聞くことはむしろ、イエス自身の置かれた場に私たちを置くためなのである。すなわち、生涯にわたることであっても、次に取りかかることであっても、そのための使命を与えてくれる。使命はもろく、それを実行するときに試みられるのだが。それこそがまさに、天と地の交差した場で生きるということである。

しかし、それを実行することは、単に自分の個人的な信仰遍歴を深めるためではない。神がもたらす新しい世界の担い手になることである。すなわち、義のための働き人、霊的なことの探求者、関係を築き、繕う者、美の創造者となることである。神が聖書を通して本当に語りかけるとするなら、それは、このような務めに私たちを任命するためである。

クリスチャンの聖書は、個々の箇所と同じく、その形においても、全体的な目的においても、使用されている様式においても、そこで天と地が出合っているだけではなく、現在と未来が重なり合い、関わり合うものとして刻印されている。聖書は、神の未来の光のもとで現在を生きようとする者が読むためにデザインされている。神のその未来は、すでにイエスのうちに到来し、いまやそれが遂行されることを求めている。

それらはみな、クリスチャンの聖書がその祈りと同様に、それ自体で際だった存在であることを意味する。それゆえ聖書が何を意図し、何を求めているかを探りつつ読む行為は、クリスチャンにとって極めて特徴的な行為である。この点はさらに解きほぐしていく必要がある。

「聖典」と名づけられたものは、すべて同じ種類であるのではない。ヒンドゥー教の大著、とくに『バガヴァッド・ギーター』には、読む者の人格に働きかける指導的な物語はない。それは、唯一神のような存在を語っていない。ユニークな創造者が、もろもろの民ではなく、ある特定の家族と場所を選んで働きかけ、そこから全世界に伝播させようということも書かれていない。それは内容と同様、形態にも表れている。モハメッドにとって偉大な記念碑である『コーラン』もまた、まったく異なった種類のものであり、際だって「権威ある」書として扱われている。ある人は聖書もそうあるべきだと思っている。むしろ、そのような書物にしたがっていると言うべきかもしれない。

ユダヤ教の聖書はキリストの教会の聖書にもなっているが、クリスチャンが伝えているさらなる物語、つまり、それを読む者が新しい人格になるように勧める物語は語り伝えていない。キリスト教でイエスが担っている役割を、ユダヤ教で担っているものがあるとすれば、トーラーについての注解や議論である『ミシュナー』、そして『タルムード』だが、そこにもやはり、形態や目的、そして内容において明らかな違いが見られる。

これまで述べたことは、アブラハム、イサク、ヤコブの神であり、また万物の創造者でもある神が、聖書を通して以外何も語っていないという意味ではない。というより、次のことを意味している。イエスについてクリスチャンが信じていることは、こう生きなさいという招きのナラティヴを生み出し、さらにその物語に生きることで、この世界での具体的使命への招きを生み出すということなのである。そして知的な、思慮深い、神の似姿を担う人間としてその使命に従おうと追求する人を、神は聖書を通して支え、方向を示す。

聖書は、私たちが満足して停滞しないように、絶えずチャレンジを与える。教会にそのような賜物を与えたのは、あらゆる世代の人が、考え方において大人となり、より完全に人間らしくなる必要を示すためである。それはとりわけ、神が私たちに示す聖書のことばによってなされる。そのことばを、浅はかにも肩をすくめて拒否するか、それをより深く考え、神の思いを知り、神の求めていることを成し遂げようとするか、そのどちらかに私たちを仕向ける。とくに、神が私たちを通してなそうと望んでおられることへと私たちを押し出す。聖書は、私たちの目の前にある務めを把握させ、その務めに私たちを取りかからせ、それを達成させるためにある。

聖書の解釈、文字どおり（字義的）と比喩的

それでは、聖書はどのように解釈すべきだろうか。ある意味で、本書の全体がその問いに対する答えである。満足のいく答えを得たいなら、それぞれの書、それぞれの章、それぞれの語を考慮することが求められる。コンテキスト（文脈）、特定の文化における意味、その書全体の中での位置づけ、テーマ、聖書の文化と時代の中での流れ、言葉そのものが持つ意味の範囲と広がり、それらのすべてが大切になる。それだけ価値のあることなので、熱心さと注意深さをもって取りかかる必要があり、しかも膨大な作業になる。しかし今日では、それに取りかかるためのあらゆる励ましと助力が得られる。

しかし、承知しておくべき大切な点は、この書（聖書）を手にし、読み、学ぶに当たって、個人としても、また共同体としても行うように神が意図しているのは次のことである。すなわち、聖霊の力によってこの書は、さまざまな仕方でイエス自身を、また神がイエスを通して何を実現したかを証ししているということである。先に明らかにしたことの繰り返しになるが、決定的に重要なのは、聖書は、神とイエスと世界の希望についての正しい情報の単なる収納庫ではなく、むしろ、生ける神がご自分の民として私たちと世界を救い出し、新しい創造の旅へと送り出し、その旅の途上にあっても、聖霊の力によって、私たちを新しい創造の担い手とするた

めの手段の一部だということである。

教会での集まりやより広い一般の世界で、聖書についての議論を耳にする。それをどう考えたらよいだろうか。ちょうど数日前の夜、ニュースでレポーターが言っていた。「それはどう見るかにすべてかかっています。聖書を文字どおりに読むか、解釈を必要とするものとして見るかです」。最近ある講師が、かなり強調してこう言っているのを聞いた。「ある人たちは聖書を文字どおり《リテラリー》(字義的)にとりますが、私たちは聖書を比喩的《メタフォリカル》に理解します」。この「文字どおり」とは、どのような意味だろうか。「比喩的」とは、どのような意味なのだろうか。そもそも、このような問いを掲げることは役に立つのだろうか。

おおざっぱに言えば、この設問は役に立たない。この古ぼけた区分、「文字どおり」と「比喩的」という用語をいくらかでも役立てたいなら、初めにそれらの意味をはっきりさせたほうがよい。皮肉なことに、その意味からすると、「文字どおり」と「文字どおりに」という言葉は、当てにならないさまざまな使われ方をしている。「文字どおり」というのが、実際には「比喩的」な意味であることが割とある。日光浴をしている人がこう報告する。「午後の間ずっと日光浴をして、文字どおり腕に火がついたよ」。事務所で働いている人がこう言う。「電話が文字どおり一日中鳴りっぱなしだった」。時にそれは、「じつに、まさに」を意味するときもある。「私のボスは文字どおりアドルフ・ヒットラーだ」と聞いても、実際は、それが事実でも真実でもないことは暗黙のうちに分かる。

しかし、それが聖書に関することとなると、ある特定のことについての議論が湧いてくる。創世記第一章の創造の物語の解釈である。二極化された議論、すなわち文字どおり七日間の創造を主張している人々と、進化論の科学的光のもとで読み直すべきだと主張している人々との間の論争は、いまもって続いており、アメリカでは誰もが知っている。「創造論対進化論」ということでなされてきた議論は、とくにアメリカ文化の中で、それに絡めて他のあらゆる議論もなされるようになった。そのことは、聖書の他の箇所について真剣な議論をすべきときに、それを著しく疎外させる要因になってしまった。

実際、これまでに出会った、聖書に親しんでいる誰もが、背景や文化は何であれ、少なくとも聖書のある箇所では文字どおりを意味し、他の箇所では比喩的意味であるのは直感的に分かっている。旧約聖書で、バビロニア人がエルサレムを包囲し焼き落としたというのは、文字どおりエルサレムを包囲し、焼き落としたという意味である。

パウロが三回難船したと書いてあれば、実際に三回難船したのだ。同様に、盗人が夜来る、妊婦に産みの苦しみが臨む、また眠らず、酔うこともなく、目を覚まし、慎み深くしていなさいというとき（第1テサロニケ5・1〜8）、よほど理解力のない読者でないかぎり、パウロの言った明白な比喩の使い方に気づかない人はいないだろう。アッシリヤ王の使節がヒゼキヤの仕え人に、エジプトは「いたんだ葦の枝、これは、それに寄りかかる者の手を刺し通す」（第2列王18・21）と叫ぶとき、エジプトに葦が生息し、そうしたことが実際に起こり得るからといって、これが比喩であると気づかない読者はいないだろう。

他の明らかな例として、イエスのたとえ話がある。放蕩息子の物語は実際に起こったことであって、もし一世紀当時のパレスチナの農家を幾つか訪ねれば、老いた父と和解したふたりの息子に必ず出会うはずだと思う読者に会ったためしはない。実質的にほとんどの読者は、この点について考えるまでもなくうまく乗り越えている。イエス自身も、時には「文字どおり」の意味を示して、その点を強調している(聴衆たちが間違ってとらえると思ってそうしたのではない)。時には福音書記者も同じことをする。マルコは、祭司らが自分たちを例えていると気づいたと記している(マルコ12・12)。

ただこのことは、たとえ話の中で、いわば価値があるものと認められる部分、つまり具体的に役立つ部分のみが「真理」であるという意味ではない。幾つかのまったく異なった層において「真理」なのである。そのことを認めることは、「本当の『真理』と言えるものは、実際に起きたことではない」ということを意味しているわけではない。真理は(神に感謝すべきことに)、それよりさらに複雑である。というのは、神の世界はそれよりもっと複雑で、事実、さらに興味深いものだからである。

もう一つの問題(それは際限のない混乱の元となるが)が、この点から出てくる。先ほど見た「文字どおり」の一般的な使い方に加え、今日「文字どおり」と「比喩的」ということを、現代人は二つの異なる種類のものを指して使っているからである。一方は、その用語の本来の意味のとおり、言葉がその物事を指し示す仕方で使っている。「父」とは、文字どおり子どもをもうけた男性を意味する。「バラ」は、文字どおりその名の花を指す。

しかし、もし私が孫娘を「私の小さなバラ」と呼んだとしたら、人物を指してはいるが、バラの幾つかの性質（かわいさ、みずみずしさ、甘い香り。棘が多いことではない）を孫娘に当てはめ、比喩的に花に言及していることになる。また、教区の敬虔な信徒が司祭を「神父《ファーザー》」と呼ぶとき、それは比喩的にしか使っていない。そう呼ばれた人に実際に子どもがいるかに関係なく、その男性に父的性質を付与しているからだ。

そこでは「文字どおり」と「比喩的」という用語は、抽象的か具体的かを述べているのではなく、「バラ」と「父」が、文字どおり実際のバラと父を指すのか、あるいは比喩的に、実際はそうでない現実の人物（抽象的な対象でなく）を指して、まるで首にその言葉の札を下げているかのように、その人をよく理解するために使っているか、のどちらかである。

しかしもう一方、「文字どおり」と「比喩的」は、私たちがいま言及している事柄に関わることをも意味するようにもなった。「文字どおりよみがえったのか、それとも比喩的によみがえったのか」という言い方をする。私たちはその問いが、何を意味しているか知っている。実際にそれが起こったのか、あるいは起こらなかったのか、と尋ねているのである。

ただ、「文字どおり」と「比喩的」という用語がこのように用いられると、それがどれだけ普通に使われる用法でも混乱が深まる。「文字どおり」という言葉が「具体的・具象的」という意味になり、「比喩的」とは「抽象的」、あるいは具体的・具象的という意味と反対の意味を負うようになる（例えば「霊的」のように。そうなるとますます混乱が起こることになる）。

このことは、現時点でできる議論のほんの氷山の一角にすぎない。しかし、二つのことを強調しておきたい。一つは、創世記についての昔ながらの役に立たない論争に戻ってはいけないということだ。しかしそのことで、聖書の他の歴史的部分を文字どおりに読み、具体的な事柄が実際に起こったと主張する人たちを指して、聖書のテキストの読み方も今日の現実世界の生き方も身についていない、だまされやすい人たちだ、という考えに陥ってはならない。

同様に、この二極化ゆえに、聖書の壮大な比喩を比喩として読んでいる人たちを――例えば、「人の子が雲に乗ってくる」を、そうした言い方でその真正性と精神の高揚を比喩しているのだと理解する人々を、キリスト教の真理を信じない危険な反字義的解釈者と決めつけてはならない。

聖書は、実際にこの世界で起こった現実を描く箇所で満ちている。だからこそ、実際の世界で起こるいろいろなタイプの行為を命じたり、禁止したりしているのである。聖書が語っている神は何といっても、そうした世界の創造者なのである。聖書の物語全体のポイントの一つは、神がこの世界を愛し、救い出そうとしていることであり、現実の歴史の具体的事柄を通してその計画を実現し、それを神の民の具体的生活やわざを通してなそうとしていることなのである。

しかし聖書は、事実上、他のすべての偉大な書物と同様、それらの現実に起きた具体的な時間と空間における出来事を、複雑で美しく刺激的な文学形式や象徴を通して、その味わい、意味、適切な解釈を、間隔を置いて繰り返しながら記述している。比喩はそれらの修辞の一つにすぎない。その文字どおりの意図する意味を認め、それを大切に受け止め、それが示している具体的事柄をしっかりと調べ、考え得るあらゆる比喩的な意味をそこに探索し、それらを統合していく作業は、聖書解釈の主要な要素となっている。

二番目に強調しておきたいことは、聖書を読む人、注解者、説教者の誰もが、ある特定の文章について、どの部分が「文字どおりの意味」の具体的現実であるかを問う前に、どの部分が「文字どおりの意味」で、どの部分が「比喩的意味」で、どの部分が両方の意味を持っているかを調べる自由がある、ということである。ということは、前もって、「聖書のすべてを文字どおりにとらえるべきだ」と決めたり、前もって「そのほとんどを比喩的にとらえるべきだ」とするような単純な決めつけはできない、ということである。

以前に言及した、『ダニエル書』第七章にある「人の子」の箇所を例にとってみよう。そこでは、四頭の大きな「獣」が海から上がってきたというダニエルの見た夢が語られている。第一に、まさにダニエルという現実の人物が、不穏で不気味な夢を実際に見て、その解釈を強く望んだとする理解が可能であったとしても、この書は、広い意味の寓話という目的で意識的に組み立てられ、創作された「夢」が用いられている、そういうジャンルと密接に関係する書である可能性（ジョン・バニヤンの『天路歴程』を考えてほしい）を、少なくとも留保すべきである。

それに続く四つの獣、すなわち獅子、ひょう、熊、そして十本の角を持った最後に出てくる獣は、明らかに比喩的である。古代においても、おそらく現代でも、このダニエルの夢は現実に起こったことかどうかを問うて、それらの動物が「実際に存在した」として現地調査に出かけたり、荒野や動物園を見て回ったりする人はいないだろう。しかし、それらが四ついたという事実は、まったくの文字どおりの意味である。古代ユダヤ人たちは、そのように読んだ(彼らは恐れとおののきをもって、その順序を計算した)。現代の注解者も皆、そのように読んでいる。

興味深いのは、四番目の獣が、紀元前二世紀ではシリアを指すと理解され、紀元一世紀ではローマを指すと、かなりの確信をもって理解されていたことである。ということは、比喩的言語が、じつは文字どおりの具体的現実を明らかにしているということなのだ。その文字どおりの具体的な現実が何かは、それぞれの世代で異なってくる。

また、その夢では獣たちが「海から上がって来た」(ダニエル7・3)としているのに、御使いがその夢を解釈して、「地から起こる四人の王」(17節)と言い直しているのを、私たちは矛盾しているとは見ない。古代ユダヤ人の多くは、海を混乱の場所、源と見ている。『ダニエル書』第七章のポイントは(皮肉にも本節の議論を始めたときの視点だが)、創世記第一章の解釈なのである。すなわち、海からいのちが出現し、いずれ人間が神の秩序をもたらしていくことなのである。

王たちは比喩的に「海から」来た。しかし彼らは、実際の地上軍を指揮する具体的な王であって、人の心にある抽象的存在ではない。そして、一三節の「人の子の到来」についての解釈は、雲に乗って飛んでくる人の姿という文字どおりの意味ではなく、比喩的でありながらまったく具体的な言い方で、「いと高き方の聖徒たち」(すなわち神に忠実なユダヤ人たち)が「国を受け継ぎ、永遠に、その国を保って代々限りなく続く」(18節)ことを指している。

こうしたことから分かるように、「字義的解釈」と「比喩的解釈」という、二極化した言い方は混乱をもたらしてきたし、もたらしている。その混乱に捕らわれていると思う人は、ゆっくりと深呼吸し、聖書の中の際だった比喩の部分を読み、著者がそこで言及しようとしている具体的なことを考えてみよう。そしてまた比喩に戻ってみよう。

私たちが特別注意しなければならないことは、ある巧妙な、しかも強力な考え方を避けることである。つまり、聖書のほとんどは比喩的に解釈するべきであって、律儀に「文字どおり」にとらえるべきではないと、あまりにも簡単に思い込むことである。そうなると、聖書の記者たちは、恐らく神さえも、私たちの具体的状況、身体的、経済的、政治的生活において、私たちが何をするかにほとんど関心がない、ということになってしまう。「比喩的」であって「文字どおり」ではないという言い方は、じつに容易にこうした思い込みに導いてしまう。しかもそれは、明確に口にされることが決してないだけに、かえって強力である。すなわち、神が本当に関心を持っているのは、私たちの非具体的な「霊的」生活、つまり思考、感情だけであるという考えに至ってしまう。

そうしたナンセンスが海から出てくるのに気づいたら、ただちにそれを認めるべきである。それは、私たちの文化の半分が受け入れている恐ろしい二元論的な偽りである。そして文字どおりであろうが比喩的であろうが、他のどんな方法であろうが、聖書全体を読むときは、そうした偽りを克服し、取り除くべきである。紀元一世紀のユダヤ人はそうした誤りに陥ることはなかった。また初代のクリスチャンたちも、誰もそのようには考えていなかった。

心しておきたいこと

聖書の解釈はそれゆえ、遠大な、素晴らしい務めである。だからこそ、私たちの時間と能力のゆるすかぎり取り組む必要のあるものだ。個人として行うだけではなく、教会としても、注意深く、祈り深く行うべきである。教会では、異なったメンバーによる異なった能力と知識を用いて助け合うことができる。

ただし、次のルールをしっかりと心しておくべきだろう。すなわち、聖書は紛れもなく神から教会への贈り物であること、それは教会を整えてこの世界のために貢献するようにさせるためである。そのために聖書を真剣に学ぶことは、天と地がかみ合い、神の未来の目的が現在に到来する一つの場とする手だてなのであり、またそうすべきだということである。

聖書は、古代から人間が求め続けてきた義、霊的であること、関わり、美の探求に対する神からの答えを含んでいる。そういうことからも、たゆまず探究し続ける価値がある。

第15章 信じることと属すること

川と木は、相反しているように見える。

川は文字どおり至る所から始まる。丘の小さな泉、遠い湖、溶け出した氷河、さまざまな水源から生まれ出て、そこに何千もの流れが加わる。水が泡立ち、溢れ、時には緩やかに、時には急流となって流れる。やがてさらにもう一つの流れ、もう一つの川が合流し、水量の大きな流れになる。私は一時、カナダにあるオタワ川の土手近くに住んだことがある。そこはちょうど、セント・ローレンス川との合流地点の上流に位置していた。川の幅は一マイルもあった。数多くの流れが、大きな川を作る。

木は、一粒の種から始まる。一粒のドングリかそれに似た種が地に落ちる。小さく、もろい、たった一粒。種から根が出る。暗い地に降りていく。同時に新芽が光と空に向かって芽吹く。根はすぐに分かれ、至る所を探って栄養と水分を求める。若い芽は茎《くき》となり、これもまた一本のまっすぐな幹となる。やがて、それもすぐに枝分かれする。樫の木や杉の木は、枝を伸ばして四方八方に広がる。背が高く細いポプラでさえ、枝は幹から外に向かって広がっていく。川は、多くの流れが一つになり、木は、一本の幹から多くの枝が広がる。

教会を理解しようと思うなら、両方のイメージが必要になる。

教会は川のようなものだ。聖書の最後の書で予見者のヨハネは、大群衆があらゆる国から、あらゆる群れから、あらゆる部族から、あらゆる民族から集まって、賛美歌を大合唱しているのを見ている。川のように、それぞれの群れが異なったところから出発し、その小さな流れが合流して一つの大きな流れとなる。川のイメージが説得力をもって教えてくれることは、教会とは、そもそも多種多様な背景を持った人たちによって構成されているが、それが重要であるのは、互いがその一部である力強い流れとなって、同じ一つの方向に向かっていくからである。多様性が一致に至る。

しかし同時に、教会は木のようなものだ。一粒の種であるイエス・キリストが暗い地に蒔かれ、驚くべき植物が生え出た。枝が四方に伸び、あるものはまっすぐ上に向き、あるものは地に届き、あるものは隣の垣根を越えていく。元気よくあちこちに伸びた枝を見ていると、それらがみな同じ幹から出ているとは信じがたい。しかしそのとおりである。一致が多様性を生み出すのだ。

これらのイメージは、あまりに強調されすぎてもいけない。聖書の最後の章では、新しいエルサレムの際だった描写として、川と木が一緒に登場する。川は一つの源から流れ出て、木は癒しの力を持った葉でおおわれている。これらの二重のイメージは、教会が何を意味しているか、その理解を助けてくれる。すなわち、神の民として、キリストのからだとして、キリストの花嫁として、神の家族として、また道端の古ぼけた建物に定期的に集まる雑多な人々の集まりとしての教会である。それにしても、教会とは何だろうか。誰がどのように、そこに属するのだろうか。同じく、いったい教会は何のためにあるのだろうか。

教会とは

教会とは、創造者である神がアブラハムに約束した、多民族による単一家族である。イスラエルのメシアであるイエスを通して生み出され、神の霊によって力が与えられ、創造されたすべてのものに、世界を変革し、救う神の義を伝えるために召されている。この言い方は中身がぎっしり詰まっているが、どれ一つとっても重要である。川と木というイメージが、さらに私たちの理解にどのように役立つか、注意深く見てみよう。

第一に教会は、何万と分散した支流が形成した一つの大きな川である。初期のイスラエル人は単一の血族だったが、そのときでさえ、そこに部外者（たとえばルツ。旧約に彼女の名前のついた書物がある）が入る余地が充分あった。イエスの成し遂げたことが端緒を開き、それが新しい基準となった。どのような人種であれ、どのような地理的、文化的背景を持つ人であれ、どのような姿、形、大きさの人であれ、この新しい民に招かれ、歓迎されるようになった。

教会を「神の民」と呼ぶことは、初期キリスト教の中で強調され続けてきたが、それは、アブラハムの家族と世界的な教会の家族との連続性を示している。そのイメージをそのまま受け止めるとき、私たちの抱く主たる疑問は（初代のクリスチャンも同じだっただろう）、なぜ多くのユダヤ人が初めからイエスをメシアと信じなかったのか、イエスを主とあがめる家族にどうして加わらなかったのか、ということである。

第二に教会は、神がアブラハムを召し出したときに植えられ、無数の枝を大きく広げた木である。その幹はイエスであり、その多くの枝や小枝や葉は、世界中の何百万というクリスチャン共同体であり、個人である。同じことをパウロに倣って聖書的に表現すると、「キリストのからだ」である。一つのからだに、あらゆる個人とすべての地域に分散した共同体が、それぞれ肢体として、あるいは器官として結びついている。「からだ」というのは、単なる多様性の一致というイメージだけではなく、キリストのわざを行うために、すなわちこの世界にあって、世界のためにキリストのわざを行う手だてとして召されている、という意味である。

古代イスラエルに根を持ち、イエスによってまっすぐ立てられ、イエスのいのちを宿し、すべての方向に枝を伸ばしていく木は、イエスのわざを実行し、イエスが達成したことを世界中で現実化していく手だてである。教会をこのように見ていくと、旧約聖書でもイエスの教えでもなされている聖書のもう一つのイメージに繋がってくる。すなわち、神の民は多くの枝を持つ一本のぶどうの木というイメージである。

これらの二つのイメージは、「家族」という考えとそれほどかけ離れていないが、誤解も招きやすい。その考え方は、ある程度中心的なことである。とくに初代のクリスチャンは、拡大家族として生きることに努めた。(当時の)拡大家族がしたように、互いに助け合った。互いに「兄弟」「姉妹」と呼んで、実際にそのようにふるまった。まさにそのように生き、祈り、考えた。同じ父の子であり、同じく長兄(イエス)に従い、必要なときに持ち物も富も分かち合った。彼らが「愛」と言うとき、おもにそうしたことを意味した。一つの家族として生き、互いに助け合う共同体である。教会がそのために召されていることは、決して忘れてはならない。

しかし同時に、「家族」という考えは間違った方向に導くこともある。多くの説教者が言ったように(元は伝道者ビリー・グラハムの言葉だと聞いた)、神はいわゆる孫を持たない。初代教会の最も大きな葛藤の一つは何といっても、ユダヤ社会の外から加わった者が、当時、まだユダヤ色の濃かった共同体に入るためにはユダヤ人にならなければならないのか、というものだった。すなわち、イエスによって再規定された神の民に属するために、「改宗者」となるプロセス(割礼を含め、ユダヤ教の律法を遵守することを意味する)が必要なのかということだった。パウロや他の人の答えは、はっきりとした「否」であった。

神は、ユダヤ人でない者をユダヤ人でないまま歓迎し、ユダヤ人になることを求めなかった。同時にユダヤ人であっても、出生や先祖の系統によって自動的に新しい家族、つまりメシアを通して神が造り出した家族に加わる保証にはならなかった。バプテスマのヨハネが言ったように、斧は木の根に置かれている。また、クリスチャン家族やその家系に生まれたからといって、自動的にメシアとその民に属するのでもない。しかしそれは、教会の発展のために家族が重要な役割を担ったことを否定しているのでもない。初代のクリスチャンの多くは、互いに血縁関係にあった。時には二、三の家族が、ある特定の地域や世代において多大な貢献をしたこともある。

しかしよくあることだが、クリスチャン家族で育っていながら、その信仰と生活を捨てることもあり得る。また、福音と教会にまったく関係なしに育った人が、教会の活発な中心的メンバーになるのは、素晴らしいことに、よく起こっている。多くの枝が木から落ちることがあり、他の多くの水流が流れ込み、川が大きくなることがある。特定の家族に生まれたからといって、それが神の家族のメンバーになる決定的な要素ではない。

今日、多くの人は、こうしたクリスチャン共同体のアイデンティティーをとらえるのに困難を覚えている。私たちは、現代の西洋文化の個人主義にあまりに浸っているので、自分のアイデンティティーの源が家族にあるという考えに恐れを抱いている。とくに神の民という家族があまりに大きく、空間的にも、時間的にも、社会にも広がっているとすれば、なおさらである。

教会は、互いの関与なしに、各自が別々の霊的成長の道を歩むというような、孤立した個人の集まりではない。時にはそのように見えたり、そのように感じたりすることもあるだろう。私たちひとり一人が、個人のレベルで神の召しに応えるように呼び出されるのは、何とも光栄な真理である。また、たとえしばらく教会のうしろの陰に隠れていたとしても、遅かれ早かれ、その場が自分の居場所かどうかを決めなくてはならない。つまり、私たちには学ばねばならないレッスンがある。（「キリストのからだ」というパウロのイメージを借りるなら）手は、より大きなからだ全体の一部でないなら、その役割を果たせない。足は、目も耳もあるからだの一部であることで、足としての自由が減ることにはならない。事実、手も足も、目や耳や他のものと適切に連携することで最も自由になる。まったくの自由になりたいと、また自分自身であろうとして、それらをからだから切り離してしまうなら、何とも悲惨な結果となる。

それはとくに、教会が召し出された本来の目的を否定することになる。初代のクリスチャンによれば、教会の存在は、個人的な霊的課題を追究したり、自分だけの霊的可能性を発展させたりするためではなかった。また、悪の世界から身を避けたり、この世界とは別の世界につつが無く到着する聖域を提供するためでもなかった。

個人的な霊的成長や究極的な救いは、むしろ副産物なのであり、神はより包括的で中心的な目的のために私たちを召しているのだ。その目的は明確である。それは新約聖書のいたるところに記されている。すなわち神は、まさに知恵と愛に富んだ義なる創造主であり、世界を腐敗させ、隷属させている力を、イエスを通して滅ぼしたこと、そして聖霊によって世界を癒し、刷新するためにいまも働いていることを、教会を通して世界に広く知らせようとしていることである。

言い換えると、教会が存在しているのは、いわゆる「宣教《ミッション》」と呼んでいることのためである。すなわち、イエスが世界の主であると世界に宣べ伝えるために存在している。それこそが「よき知らせ」であり、それが宣べ伝えられるとき、人々と社会を変える。最も広い意味においても、具体的なより狭い意味においても、宣教にこそ教会の存在理由がある。

神は世界に義をもたらすため、劇的なかたちで、イエスによってそのプロジェクトに着手した。イエスに属する者はいまこの場で、聖霊の力によって世界に義をもたらすという目的を果たす代行者として召されている。「宣教」とは、ラテン語の「遣わす」からきている。「父がわたしを遣わしたように、わたしもあなたがたを遣わします」(ヨハネ20・21)と、イエスは復活後に語った。

そのことが、具体的に何を意味するかを考えてみよう。しかし、先に次のことを記しておきたい。イエスの教えによって最初から明らかなことだが、神の癒しの愛の代行者であり、世界に義をもたらすために召された人たちは同時に、その癒す愛によってみずからの生活に義がもたらされた人たちでもある。メッセンジャーは、そのメッセージの模範でなければならない。

それゆえ、教会への神からの召しが宣教であるなら、宣教者、すなわちすべてのクリスチャンは、自分自身が義とされた人としてみずからをとらえる。では、ここでいったん立ち止まり、それが何を意味しているのかを問うことにしよう。

福音に目覚め、福音に生きる

あなたが朝、目を覚ますとき、どんな具合だろうか。

ある人にとってそれは、不意打ちをくらう、ショッキングな経験である。目覚まし時計が鳴り、ぎょっとして飛び起き、深い眠りから抜け出て、無慈悲な、悩ましい日の光を浴びることになる。ある人にとって、それは静かな、ゆったりとした流れである。半分寝たまま、半分起きたままの状態で、何がなんだか定かでないが、ショックな思いもうらめしい思いもなく、一日がまた徐々に始まろうとしていることに幸福感を覚える。

私たちのほとんどはその両方か、その中間あたりを経験している。

眠りからの目覚めは、神が人の生活に関わるときに起こることの最も基本的な描写の一つである。幾つかの古典的な目覚めの物語《ストーリー》がある。タルソ出身のサウロはダマスコへの途上で、突然の光によって目が見えなくなった。ぼう然として言葉を失い、それまで礼拝していた神が、十字架刑による死から復活したナザレのイエスのうちに、ご自身を啓示したことを知った。ジョン・ウエスレーは、心が不思議に熱くなるのを覚え、それ以来、決してうしろを振り向くことはなかった。こうした例や他に幾つか有名なケースがある。さらに何百万もの似た物語がある。

それと同じく、前面に大きく取り上げられることはないが、半分起きて半分寝ているような物語は多くある。人によってそれが何か月も、何年も、何十年も続くことがある。その間、その人たちは、クリスチャン信仰の外側から内側を眺めているのか、すでに内側にいて、それが真実かどうかを探求しているのか、定かではない。

普通に目覚めているのと同様、起きているか寝ているか分からない人たちも大勢いる。しかし大切なのは、眠っている状態があり、目覚めている状態がある、ということである。そして、その違いを区別し、目覚めるべき時間までには目覚め、どのような行動であれ、行動を起こす準備ができていることが重要である。

眠る、目覚めるというイメージは、初代のクリスチャンがよく使った言い方の一つである。そのことはイエスの福音、つまり創造者である神が世界を正すために決定的行動を起こしたというよき知らせが、人々の意識に影響を及ぼすときに起こる。そこにはもっともな理由がある。「眠る」とは、古代ユダヤ人の間では一般に死を指していた。イエスの復活と共に、世界も目を覚ますようにと招かれている。パウロが書いているとおりだ。「眠っている人よ。目をさませ。死者の中から起き上がれ。そうすればキリストが、あなたを照らされる」(エペソ5・14)。

初期のクリスチャンは実際、復活こそが人類のすべてに必要なことだと信じていた。それは、いずれ終わりの時がきて、神が世界を新しくする日のためだけにではなく、現在の生活において必要なことなのである。神は終わりの時に新しいいのちを与えてくださる。それに比べれば、現在の生活は単にその影にすぎない。神は、究極の新しい創造においてこそ、新しいいのちを与えようとしている。しかし、新しい創造はすでにイエスの復活によって始まっており、神はいま、現在のこのとき、私たちがその新しい現実に目覚めることを願っておられる。私たちはイエスの死を通して、それまでいた側から新しい種類のいのちの側へと移されている。残りの世界がまだ目覚めていなくても、私たちは昼の人とされたのである。

私たちは現在、キリストの光を受けながら闇の中で生きている。それゆえ、ついに太陽が昇るときは、その準備ができている。描写を変えると、やがてその日がきて神が私たちを呼び出し、最高傑作の絵を完成させる時に至るまで、いま私たちは盛んにその素描(下絵)を描いている最中だと言えるだろう。まさにそれが、福音の呼びかけにクリスチャンが応えるということである。

言い換えると、「新たな宗教的経験をする」ことが肝要なのではない。そのように感じる人もいれば、感じない人もいるだろう。ある人にとっては、クリスチャンになるとは、深い感情的経験であり、他の人にとっては、長いあいだ考えてきたことに明瞭な解決を得て、落ち着きを得ることであるだろう。私たちの性格は見事なまでにそれぞれ異なり、神も私たちを素晴らしく異なった仕方で取り扱われる。ともあれ、ある種の宗教的経験は、クリスチャンのものとまったく異なっており、反してさえいる。古代はさまざまな宗教で満ちていた。その多くはひどく非人間的なものだった。ほとんど気づいていないかも知れないが、現代の世界もそれと似たようなものである。

それでは、福音に耳を傾けたり応えたりすることに、何が含まれてくるだろうか。神の新しい世界に目覚めるとは、実際にどんな意味があるのだろうか。別な言い方をすれば、神の民のメンバーになるとは、イエスの民のメンバーになるとは、教会のメンバーになるとは、何を意味しているのだろうか。

福音、すなわち創造者である神がイエスにおいて実現したことの「よき知らせ」は、まず何よりも、すでに起こったことに関する知らせである。その知らせに対する最初にして最も適切な反応は、信じることである。神はイエスを死者の中からよみがえらせ、そのことによって長く待ち焦がれていた神の王国が、イエスによってついに開始された。そのことを、ただ一度の力強い行動で宣言されたのである。そしてイエスの死とはまさに、世界の悪のすべてがついに滅ぼされた瞬間であり、そうするための手段であった。目覚まし時計が鳴り始めた。それは、こう告げている。「ここによい知らせがある。だから目を覚まして、信じなさい」。

それにしてもこのメッセージは、思いもよらぬ途方もないものであり、「外は雨です」と聞いて人が信じるようなものではない。それでもそのメッセージを聞いて、少なくとも何人かは信じる人がいる。それがその人にとって意味を成すからである。その「意味」とは、この世の中において、目で見て頭で理解するようなものとは異なる。この世で大事に思われるのは、試験管に入れて調べられるものや、銀行の預金残高のようなものだろう。

私がここで言う「意味を成す」とは、メッセージを聞いたときにかいま見える、不思議な新しい世界にいるかのような感覚である。例えば、偉大な絵画の前に立ったとき、あるいは素晴らしい歌や交響曲を聴いて心が奪われたとき、そこにかいま見える、まったく新しい世界を経験するようなものである。そのような種類の「意味を成す」とは、預金残高を数えるときに帳尻が合うようなものではなく、恋に落ちたような感覚である。突き詰めて言えば、神がイエスを死からよみがえらせたと信じるとはそうしたことであり、神がどのような方で、何をなし遂げ、いま何をなしているかを信じ、信頼することである。

ここで私たちが用いる「信じる」という言葉は、不適切かもしれず、誤解を生じさせる場合もある。初代のクリスチャンにおいて「信じる」とは、神が確かにそのことを行ったと信じることと、それをなし遂げた神を信じることとの両面があった。それは、ただ「神の存在を信じる」というのではない。当然それを含みながらも、愛と感謝をもって信頼することである。

もし、「意味を成す」ということがそのようなものであれば、すべてを理解し、次の一歩を踏み出したり、態度を明確にしたりするあなたの決断は、それほど問題ではないと分かるだろう。問題は、あなたを呼び出しているある方にあるのである。その方は、わずかに聞き届けられる声で、また、愛への招きと従順への命令を一つに合わせたメッセージで、私たちを呼んでいる。

信仰への招きには、こうした両面がある。その招きとは、真の神である世界の創造者が、あなたも私も含めた世界全体をこよなく愛し、御子イエスの人格をもってみずからこの世界に来られたこと。そして、その方が死んでよみがえることで悪を滅ぼし、すべてが正されるほうへと導き、悲しみを喜びに変える新しい世界の創造を開始された、と信じることである。

物事を正しく理解する能力のなさ、さらに、真の人間として生きる招きに対して、目をおおいたくなる不誠実さでしか応じられない私たちを意識すればするほど、最も深い意味で、もう一つのある招きの声を聞くようになる。それは、赦しへの招きである。その声は過去を帳消しにし、まったくの新しいスタートを差し出す神の恵みを受け止めるようにと招く。それをいくらかでも受け止めることは、畏敬と感謝の念をもって一息つくことであり、神への応答と感謝に満ちた愛が、心の内に溢れてくることである。

先に見たように、人間側が考える論理のはしごを作り、それを登って神を「証明」することなどできないように、人間の倫理的な行動と文化的事業の成功というはしごを作り、それを登って神の好意を得ることもできない。時に、あるクリスチャンたちはそうすべきだと思って行動し、すべてを無意味なものにしてきた。

しかし、自分の道徳的努力によって神からの好意は得られないという事実は、信仰への招きが、服従への招きでもあるという事実を無にするものではない。実際、服従への招きであるべきである。なぜならイエスは、世界の正当な主であり、支配者であると宣言しているからである（パウロがイエスについて用いた用語は、それを聞いた人たちに、当時の皇帝《カエサル》について言われていたことを思い出させたようだ）。だからこそパウロは、「信仰の従順」について語ることができた。確かに初代のクリスチャンたちが用いた「信仰」という言葉は、「忠誠心」や「忠実さ」をも意味していた。それは、皇帝が古代においても現在においても臣民に求めるものである。

福音のメッセージとは、イエスがただひとりの真の「皇帝」であり、自己犠牲の愛という類《たぐい》ないしるしによって世界を治める、という「よき知らせ」である。これはもちろん「皇帝」という用語自体を、嬉々として、意図的に解体する。初代のクリスチャンがイエスについて「帝国」に関わる用語を使うときは、いつもそうしたアイロニーを意識していた。十字架につけられた皇帝など、誰が聞いたことがあろうか。

イエスの言う「王国」という光で私たちを見ることによって、これまでとまったく違った規準で生きてきたことに気づくなら、そのとき初めて、本来の造られたところから、いかに自分たちがかけ離れてしまったかに気づくだろう。この気づきを「悔い改め」と呼ぶ。それは、本来の人間性を傷つけたり、害してきた生活パターンから離れて、真剣に方向を変えることである。それは、あることで失敗し、単にそれを悲しむような感情（たとえそれが確かに真実だとしても）のことではない。それは、生ける神が私たち人間を、この世界に対して神のイメージを反映させる存在として創造したのに、そうしてこなかったと認めることである（それを専門用語で「罪」と言う。それは「ルールを破る」ことではなく、元来は「的外れ」という意味で、完全で純粋な、栄光に富んだ人間性の的を射ることに失敗した、ということである）。

もう一度言うが、福音そのもの、すなわちイエスは主であると宣告し、その主に従うことを私たちに求めるメッセージには、救いが含まれている。それは、自分の力ではなくキリストの十字架のゆえに無償で与えられた赦しのことである。私たちに言えることは、ただ「感謝します」だけである。

信じること、愛すること、従うこと（そして、それらを行うことでの失敗を悔いること）という種類の信仰はクリスチャンのしるしであり、唯一身に着けるバッジである。ほとんどの伝統的教会が、古代の信条の一つを用いて自分たちの信仰を公に言い表しているのは、そのためである。

それは、私たちがどのようなものかを記す刻印のようなものだ。その信仰を告白するとき、私たちはこの神とそのプロジェクトに「そのとおり」と言うのである。それは、教会が誰のもので、何であるかというアイデンティティーの大切なしるしである。

そしてこれこそが、聖パウロが「信仰義認」について語るときに意味していることである。神はこの信仰を分かち合う者を「義とされた（正された）」と宣告している。神はすべての世界を正そうとしている。すなわち、神はイエスの死と復活によって、このプロセスをすでに始められた。また、男性たちや女性たちの人生の中で働く聖霊によって、神は私たちを信仰に導き、その信仰によってのみ、私たちはイエスに属する者と見なされる。クリスチャンとしての信仰を持つ人たちは、その先駆けとして「義とされる（正される）」が、それは彼らを、創造のすべてに対して神がなそうとしていることの一手段とするためでもある。

クリスチャン信仰は、一般的な意味での宗教的自覚ではない。また、ありそうもない幾つかの主張を信じる能力でもない。また、ありのままの現実とかけ離れたものを信じるような、だまされやすい人になることでもまったくない。イエスは世界の真の主であるという宣告を含む、イエスの物語を聞く信仰である。そして次のような、感謝に満ちた、愛に溢れる心からの応答を示す信仰である。「はい、イエスは私の主です。私の罪のために死なれました。神はそのイエスを死者の中からよみがえらせました。それがあらゆることの中心です」。

目にも止まらぬ一瞬で信仰を持とうが、長いゆっくりとした曲がりくねった道を通って信仰を持とうが、一度この時点に来たならば（実感していようがいまいが）、教会の構成員であることを記したバッジをすでに身につけている。そして、かつて地上に生きたあらゆるクリスチャンと同じ立場に立っているのである。あなたはそこで、目を覚ますこと、神の新しい世界に自分がいることの意味が分かるだろう。

さらに、あなたは新しいいのちが始まったことをはっきりと証言する。あなたの存在の深いところのどこかで、いままでになかったいのちが動き出す。初代のクリスチャンが誕生という用語を持ち出したのはそのためである。イエス自身も、ユダヤ人教師たちとの有名な議論で、「上から」生まれるという言い方をしている。普通の人間の誕生とまったく異なるが、それと似た新しい出来事である。

初代のクリスチャンの多くは、この考えを持ち出し、発展させた。誕生したばかりの子どもが最初の息をし、泣くように、新しく生まれたクリスチャンのしるしは、信仰と悔い改めである。神の愛を吸い込み、苦痛から最初の産声《うぶごえ》を吐き出す。そこで待ち構えている神の備えは、まさに生まれたばかりの幼子に対する母として慰め、保護、養育という約束である。

神の家族

「神が私たちの父ならば、教会は私たちの母である」。スイスの宗教改革者ジャン・カルヴァンの言葉である。幾つかの聖書の箇所もそのように語っている（とくにイザヤ54・1を反映しているガラテヤ4・26〜27）。そのことばは、次の事実を強調している。すなわち、生まれたばかりの乳飲み子のように、クリスチャンがひとりでいるのは不可能であり、そうする必要もなく、望ましくもない。

教会は何よりもまずコミュニティ、共同体である。神に属しているがゆえに、互いに属し合う人の集まりである。それはキリストにあって、またキリストを通して知る神に属しているからである。しばしば「教会」と言いながら、建物を指すことがあるが、肝心なことは、そこが共同体が集まる場であるということである。確かに建物には思い出が染みつく。また人々が何年ものあいだ特定の建物で祈り、礼拝し、喪に服し、祝うことで、建物そのものが親しみある神の臨在を力強く物語る。しかし、あくまで大切なのは人である。

教会は何といっても、密接に結びつく二つの目的のために存在している。神を礼拝することと、この世界にあって神の王国のために働くことである。そのために個人として、自分にしかできないユニークな方法で働くことができるし、働かなければならない。ただし、神の王国の前進のためには、いつも同じところでぐるぐる動き回っているのではなく、個別に働いたり、他の人と一緒に働いたりすべきである。

教会はまた、三番目の目的のためにも存在している。それは先の二つの目的に適っている。互いに励まし合い、互いの信仰を建て上げ合い、互いのために祈り合い、互いに学び合い、互いに教え合い、互いに神に従う模範となり、チャレンジし合い、差し迫った仕事を果たすことである。これらはすべて、広い意味でのフェローシップ、交わりとして知られている。単にお茶やコーヒーで互いにもてなすという意味ではない。ある意味、共同事業やファミリー・ビジネスをしているかのように生きることで、そこでは誰もがふさわしい役割と場所を担う。

このような意味合いにおいて、教会の中でさまざまなミニストリー、務めが成長してきた。『使徒の働き』やパウロの手紙のような初期の文書から見てとれることは、教会は通常の生活の中で、さまざまな異なった使命を認めてきた。神は、異なった人に異なった賜物を与えてきた。そうすることで共同体全体が豊かになり、託された役割を前進させ続けるのである。

礼拝、交わり、そしてこの世界に神の王国を反映させていく働きは、人々の間に浸透し、また、それらから外に広がる。礼拝に基づくことなしに、新鮮で真正な神のイメージを反映させることはできない。同じように、礼拝は交わりを支え、養う。礼拝なしの交わりは、同好会のようなものにすぐ陥る。そして排他的集団になり、イエスの民が目標とすべきものと反対なものになってしまう。

たとえすべてが正しく機能していないとしても、これまで語ってきたクリスチャン信仰が養われ、成熟していくのは教会においてである。どの家族もそうであるように、メンバーは互いの関係の中で自分を見いだす。教会の規模は千差万別だ。過疎の村に集まる数人から、あるところでは数千人規模の大会衆が集まる教会まである。しかし理想的には、すべてのクリスチャンが、互いを充分に知り合えるほどの小さなグループに属し、互いに助け合い、とくに互いのために意味のある祈りがなされるべきである。同時に、メンバーや礼拝のスタイル、神の王国のための多様な活動が見られるほどの大きな交わりに属することが望ましい。

地域に散らばった共同体が小さければ小さいほど、より大きな群れとしっかり結びつくことが大切になる。逆に、定期的な集まりが大きければ大きいほど（毎週の集会が数百人、数千人の教会を念頭に置いている）、それぞれのメンバーが小さなグループに属することが大切になる。理想的には、十二人くらいのグループで集い、祈り、聖書を学び、互いの信仰を立て上げていくことである。

最後に、教会のメンバーシップは一つの行為から始まる。それは、信じること、属することが何であるかを雄弁に物語る。バプテスマ（洗礼）である。

水のバプテスマは……

あの物語のことは、皆よく知っているだろう。

ユダヤ人は古代も現代も、それを毎年、詳細に語り伝える。神がイスラエル人をエジプトから救い出した物語である。神は彼らを紅海を通して、荒野を通して、約束の地に導いた。言い方を変えれば、水を通して自由へ。興味深いことにその物語は、モーセをリーダーに据えることから始まった。

モーセは幼いころ、ナイル川の葦の繁る河辺から救い出された。殺すようにとの命令を両親は受けたが、殺す代わりに防水を施した籠に入れて川に流した。モーセは（スケールは小さいが）水を通しての救いを通らねばならなかった。神はのちに、モーセを通してそれを達成した。モーセの死後、それがもう一度起こった。ヨシュアはヨルダン川を渡ることを通して、ついに神の民を約束の地に導いた。

これらの物語はさらにさかのぼる。それは創造において起こった。『創世記』第一章にあるように、神の偉大な風か、霊か、息が、鳩のように水の上をおおって水を分け、乾いた地を呼び出したときのことである。創造そのものが脱出（出エジプト）、バプテスマと共に始まったとも言える。水を通して新しいいのちへ。

そのため、ユダヤ人に最もよく知られた刷新の運動が、新しい出エジプト運動、ヨルダン川を渡る運動として出てきたことは驚きではない。イエスの従兄《いとこ》ヨハネが、自分の使命として信じていたことは、いにしえからのイスラエルに対する神の約束の成就という、ユダヤ人が長いあいだ待ちわびた時のために民を整えることだった。

ヨハネは、罪を告白してヨルダン川でバプテスマ（文字どおりには「水に浸された」という意味）を受けさせるために、ユダヤの荒れ地から民を呼び出した。水を通して神の新しい契約に。彼らはきよめられた民、新しい契約の民、神が到来して解放する備えのできた民だった。

イエスはヨハネから従順にバプテスマを受けた。イエスが救出に来たと認めた人々と自分自身を重ね、そのようにして父の契約の計画を遂行した。イエスが水から上がったとき、神の霊が鳩のようにイエスの上に降《くだ》り、イエスは真に神の子、イスラエルのメシア、王であるという声が天からくだった。イエスはみずからの神の国運動が、新しい出エジプトという象徴的な動きで始まったと見なした。

しかもイエスはそれが、自分の務めのクライマックスとなる行為を指すものであるとも見ていた。イエスは一度、「わたしには受けるバプテスマがあります」(ルカ12・50)と言ったが、それがご自分の死について指していることは明らかだった。初めに見たように、イエスは過越《すぎこし》、つまりユダヤ人の出エジプトを記念する重要な祭りを、権威にチャレンジする象徴的な行為の時として選んだ。それが次に何を引き起こすか、知っていたからである。

その働きの初めに受けたバプテスマ、そして働きの最終段階で注意深く計画された最後の晩餐は、両方ともが最初の出エジプト、つまり水を通り抜けること、またその背景にある最初の創造そのものを抜け出て、新しく規定された現実、すなわち新しい契約、新しい創造としてのイエスの死と復活を指し示している。そして、その刷新を完成するためには、単に水を通って向こう側に出るというのではなく、さらにいっそう深い洪水を通り抜けなければならなかった。バプテスマですでに現わされている何層にも重なる意味はすべて、いまやイエスの死とよみがえりという出来事を中心に据えることになった。水を通して神の新しい世界へ。

入手可能な初期キリスト教の資料から分かることだが、それこそが、クリスチャンの受けるバプテスマが、イエス自身のバプテスマだけでなく、出エジプトだけでなく、その背景となる最初の創造と結びつくだけでなく、イエスの死と復活に結びついている理由である。

聖パウロはその初期の手紙で、「メシアとともにバプテスマを受け」て、新しいいのちへと導かれたと語っている。そしてパウロの最も偉大な作品（『ローマ人への手紙』）で彼は、私たちがバプテスマによって「メシアとともに」死に、イエスの復活のいのちを分かち合う者となる、と説いている。キリスト教の物語の核心である一度限りの目覚ましい出来事が、私たちにも起こる。しかもそれが、私たちの人生の終わりや、肉体的に死んだ後や、ついに私たちが復活したときだけではなく、いまここで、生きている間にも起こるのである。水を通してイエスに属する新しいいのちへ。

こうした理由で、ごく初期のころから、バプテスマはクリスチャンからなる家族に入るしきたりのように見なされた。「ボーン・アゲイン（新しく生まれる）」という考えとも結びついた。もちろん、水のバプテスマを受けた誰もが、キリストにあって救いの神の愛を知り、それを経験し、問題がすっかりなくなり、生活が変えられたということではない。パウロはさまざまな場面で読者に、バプテスマによって自分たちに起こった真理を、普段の生活で実現していく責任について思い起こさせている。

そこでパウロは、バプテスマは大切ではないとか、真実ではないとか言っていない。バプテスマを受けた人も、信仰を捨てることがある。それは、イスラエルの子たちが紅海を渡った後も、ヤハウェに反抗したのと同じことである。パウロはそのことを、『コリント人への手紙第一』第一〇章と他のところで明確にしている。バプテスマを取り消すことはできない。そして神は、道をそれていく人を部外者としてではなく、家族の中の不忠実なメンバーと見なしている。

　ここに至って、クリスチャンの受けるバプテスマは、なぜ神の御名によって、つまり父と子と聖霊の名によって水に浸す（あるいは、水を注ぐ）のかが分かる。すなわち、バプテスマの語る物語が、神ご自身の物語であるからだ。つまり、かつての創造と契約に始まり、新しい契約と新しい創造へと至る物語であり、その中心にイエスがいて、それを聖霊がおおっている。バプテスマを受けることであなたは、その物語の中に、つまり神が脚色し、演出する劇の役者として導き入れられている。

　いったん、そのステージに立ったからには、すでにその劇の一部である。せりふを間違えることもあるだろう。ベストを尽くしても、劇を台無しにしてしまうこともあるだろう。それでも物語は前進していく。だから、その物語がどこに向かって進んでいくかを理解し、自分の役割は何であるかを学び、そのドラマに加わるほうがはるかによい。水を通して、この世界に対する神の目的の一部に。

第16章 新しい創造、新しい出発

クリスチャンもクリスチャンでない人たちも、「死んだ後は天国に行く」と多くの人が思っているかもしれない。しかし、それはまったく中心的なことではない。

新約聖書は、終わりのときに、創造のすべてを神が回復するという旧約聖書のテーマを受け継いでいる。地と天は互いに重なり合うものとして造られた。いまはまだ断続的に、不可解に、部分的にしか重なっていないが、最終的には完全に、栄光に輝きながら完璧に重なり合う。「水が海をおおうように、神の栄光が地に満ちる」。これは聖書の物語《ストーリー》全体に響きわたっている約束である。それは『イザヤ書』からのことばだが、その前から暗示されている。『創世記』に始まり、パウロの偉大な幻を貫き、『黙示録』の最終章に至るまで一貫して流れている。

この聖書の壮大なドラマは、「救われた魂」が天に引き上げられ、悪に満ちた地と、罪に引き込む死ぬべきからだから引き離されて終わりを迎えるというのではなく、新しいエルサレムが天から地に下り、「神の幕屋が人とともにある」(黙示録21・3)ところで終わるのである。

百年と少し前、アメリカのニューヨーク州北部の牧師が、創造の美しさと、そこに臨在する創造の神を賛美歌で誉め賛えた。牧師の名はモルトビー・バブコックで、『ここもかみの、みくになれば』として知られている。現在の創造の美しさの向こう側に、絶えず続いてきた混乱と悲劇を通り抜けた先に、究極の解決があることを示した歌である。この歌には幾つかの版があるが、次の歌詞がそれを最も明瞭に表している。

ここもかみの　みくになれば
よこしま暫《しば》しは　ときを得《う》とも
主のみむねの　ややに成りて
あめつち遂《つい》には　一つとならん
（『讃美歌』九〇番三節）

（原文からの訳）
ここはわが父の国、決して忘れない。
悪の力が、あまりに強く思えても、
神こそ、なお統べ治めるお方。
ここはわが父の国、戦いはいまだ終わらない。
イエス、死なれた方は、やがて満足なさる。
そのとき地と天は一つとなる。

「あめつち（天と地）遂には　一つとならん」。まさにこのことこそ、澄み切った優しいベルの音のように、クリスチャン生活全体に鳴り響くべき調べである。あたかも、未来に呼び出された人々が現在に生きるように、その未来の光のうちに現在を生きるようにと、それは呼びかける。本書の中で、何度も繰り返し触れてきた二つのテーマ、つまり天と地が重なり合うことと、神の未来が私たちの現在と重なり合うことは、信じてバプテスマを受けた神の民が、イエスの主権のもとで現在を生きる意味を探求しようとするとき、再び結びついてくる。

このテーマ、すなわち現在における新しい創造の開始というテーマを見るたびに、私たちは本書の初めで耳を傾けたあの声の響きを聞くように招かれているばかりか、この世界の人々が私たちを通してその声に近づき、応答できる存在になれるように招かれていることが分かる。

パウロとヨハネ、イエスご自身、そして最初の二世紀の偉大な教師たちもすべて、復活への信仰を強調している。「復活」は、「死んだ後に天国に行く」という意味ではない。復活とは「死後のいのち（死後生）」のことではなく、「死後のいのちの後のいのち」のことである。あなたが死ぬと、あなたは「キリストともに」（「死後のいのち」）いる。しかし、からだは死んだままである。その中間の時期、死者はどこにいて、それがどんな状態であるかを描写するのは難しい。新約聖書のほとんどの記者もそれを試みていない。それを「天国」と呼びたければそうしてもよいが、それがすべての終わりだと思わないで欲しい。この暫定的な期間の後に約束されているのは、神の新しい世界での新しいからだを伴ういのち（「死後のいのちの後のいのち」）であるからだ。

現代のクリスチャンの多くがこの点で混乱していることに、私はいつも驚かされる。「死後のいのちの後のいのち」は、初代教会とそれに続く多くの世代のクリスチャンにとって、当たり前のことだった。これこそ彼らが信じ、教えてきたことだった。もし私たちがそれと異なったことを信じ、教えてきたのであれば、目をこすって聖書のテキストをもう一度読み直すときだ。この世界を見捨てることは神の計画ではない。それは「非常によかった」と神が言った世界である。むしろ神は、それを作り直そうとしておられる。そして神がそれを実行するとき、神の民のすべてを新しいからだでよみがえらせ、そこに住むようにさせる。これこそ、クリスチャンの福音が約束していることである。そこに住む。そして、そこを治める。ここに、今日ほとんどの人が考慮しようともしない奥義がある。

パウロと『黙示録』が強調していることだが、神の新しい世界では、メシアに属する者たちに責任が与えられる。神が最初に天地を創造したとき、人は神のかたちを担う者としてそれを世話する責任があった。新しい創造ではパウロの言うとおり、「造り主のかたちに似せられて新しくされ」た者として、それを世話し、賢く、癒しをもたらす管理責任が与えられる。

神の新しい世界ではもちろん、イエス自身が中心的人物になる。それゆえ教会は、初めからつねにイエスの「第二の到来（再臨）」を語ってきた。しかし、天と地が重なり合うという視点からすれば、初期のあるクリスチャンたちのように、イエスの「再出現」と言ったほうが適切だろう。イエスはいまのこの瞬間にも私たちと共にいるが、天と地を分けた目に見えないヴェールの背後に隠されている。

そのヴェールは、祈り、礼典、聖書を読むとき、貧しい人々への働きをしているときなどに、とりわけ薄くなるかのようで、瞬間、私たちはその隔てを突き破る。しかしある日、ヴェールは引き上げられ、地と天は一つとなる。イエスはじかにそこに存在し、イエスの御名の前にすべてがひざをかがめる。造られた物はすべて刷新される。死者はよみがえる。神の新しい世界が、新しい展望と可能性とに満ちて、ついに姿を現す。

これこそがまさに、クリスチャンの描く「救いのヴィジョン」である。本書では「救い」という言葉をいままで使わなかった。よく誤解されてきたからだ。

では、その救いが私たちの向かう先であるなら、そこに至る道筋はどんなものだろうか。

天と地の狭間《はざま》で生きるとは

いまいるところから、あるところに行き着く道のりで思い描くヴィジョン、すなわち創造から新創造へとたどる道、言い変えれば、その招きに応えて現在をいかに生きるかは、じつに多様である。というのも、最後の到達先をどう思い描くかだけではなく、神と世界を私たちがどう理解するかによるからである。

そのため、神と世界の関わりを理解するために、以前示した三つの選択肢を、最後にもう一度見る必要がある。選択肢〈一〉は、基本的に神と世界は同じもの、すでにほぼ完全に重なっていると見なす。つまり汎神論と、そこまではいかないものの汎内在神論も、神的な刺激《インパルス》がこの世と私たちの内に存在すると受け止めて、それに触れようとしたり、交信しようとしたりする。すでに指摘したことだが、そうした枠組みは、根本的な悪に対する感覚をほとんど持ち得ない。汎神論者の多くは大変道徳的な人だが、創造された秩序の中で、人間が真の神性に従って生きる意味について説明するのに大変難儀する。

選択肢〈二〉は、神と世界は互いに遠くかけ離れていると見る。今日、多くの人は、クリスチャンの倫理観について検討するとき、このモデルを受け入れている。そして、もしこの遠くにいる神が、ある特定の行動を人間に求めるとしたら、そのための指示を出して当然だと思っている。共通の道徳律法が全人類に行き渡り、良心に記されているとしても、じっくりとそれを考え抜き、しっかり議論し、教えられる必要があるという考え方は、少なくても過去二百年間、西洋社会で極めて一般的なものだった。

実際、聖パウロが「律法」について語るとき、多くの人はそれを指していると思い込んできた。そうなるとクリスチャン倫理とは、はるか彼方にいる神が公布した、どこか恣意的なところのある行動規範に苦労しながら従う、という意味になってしまう。「罪」についても、この発想から、「律法を破る」という理解になってしまい、「救い」も、聖なる存在の定めに従わない人間に下される「罰からの救い」というものになってしまう。多少キリスト教的な響きはするが、こうした理解もまた、じつはクリスチャンのものではない。

選択肢〈一〉と〈二〉の立場は、互いに反発し合うことで補強し合っている。選択肢〈一〉の汎神論者と汎内在神論者は選択肢〈二〉を見て、遠くかけ離れ、切り離された神による横暴な律法、明らかに人間への悪意に満ちた横柄な態度にぞっとする。選択肢〈二〉の理神論者は選択肢〈一〉を見て、世界のあるがままの勢力《フォース》や刺激《インパルス》に不用意に触れようとする、半異教的な教えにぞっとする。こうした思考ゲームは、政治からセックス、十字架の意味に至るまで、現在議論されているあらゆる領域で繰り広げられている。だが、それらは論点がずれている。

選択肢〈三〉によれば、神と世界はそれぞれ異なっているが、かけ離れているわけでもない。天と地が重なり合い、かみ合わされる仕方、その瞬間、また出来事は、過去にあったし、いまでもある。紀元一世紀の敬虔なユダヤ人にとってトーラー（律法）は、遠く離れた神による恣意的な定めではなく、イスラエルをヤハウェに結びつける契約を意味する特権であった。それは、真の人間とは何かを見いだす道である。

もし全イスラエルが、一日でもトーラーを守り通すことができたなら、ユダヤ人のある教師が言ったように、来るべき時はすでに始まっていたことだろう。トーラーは、神の未来に至る道であった。それは当然のことだった。というのは、神殿のように、トーラーもまた天と地が重なり合う場であり、それらが完全に一致したときにどうなるかをかいま見ることのできる場だったからである。同じことが知恵についても言えた。知恵は、創造のための青写真であり、真の人間生活のための青写真でもあった。

「そのとおり」と、初期のクリスチャンは答える。そして神殿と律法と知恵は、イスラエルのメシアであり神の第二人格、あらゆる意味で神の「子」であるナザレのイエスとして、イエスの内で結びついた。それに伴い、神の未来が現在に到来し、イエスの人格の内に到来した。その到来において、悪の勢力に立ち向かい、それを滅ぼし、神の新しい世界、天と地が永遠に結びついた世界への道が開かれたのである。

クリスチャンにとっての選択肢〈三〉は、天と地だけではなく、未来と現在が重なり合い、かみ合わされている。その結びつきは、神の霊の力強い働きを通して、単なる想像上ではない現実のものとなる。そのことは、クリスチャンならではの生き方の出発点となる。

その生き方は、単に私たちの内面深くに触れる、というものではない。また、遠くにいる神からきた命令を守る、というものでもまったくない。それはむしろ、人間としての新しい生き方であり、イエスによって形づくられる人間としての生き方、十字架と復活の生き方、霊に導かれた道である。それは、やがて神がすべてを新しくして私たちのものとする、はるかに豊かな、喜びに満ち溢れた人間のあり方を、いまここで先取りする生き方である。

クリスチャンの倫理とは、この世界がどうなっているかに目を向け、それに合わせていくことではない。それは、神に喜ばれるために何かをする、というのでもない。また、はるか昔のほこりまみれのルールブックに従うことでもない。それは、神の新しい世界でやがて歌うことになる曲を、いまここで、練習することにほかならない。

放棄と再発見

こうしたことが明確になれば、クリスチャンとして生きるとは何を意味するか、新鮮な説明が可能になる。そして、その説明によって、本書の第一部で聞いたあの声に応じるクリスチャンの生き方について、少なくともその概略を示すことができる。

クリスチャンとして生きるとは、キリストと共に死に、キリストと共に再びよみがえることを意味する。それはすでに見てきたように、バプテスマが意味する根底にあるものであり、クリスチャンの旅・(pilgrimage)の始まりでもある。旅というモデルは、とても役に立つ。というのは、バプテスマというものが、エジプトを脱出し、約束の地に入ったイスラエルの子孫たちという響きを呼び覚ますからだ。いまや世界のすべては神の聖なる地である。神はそれを、私たちの放浪を終結させる最終目的地として再生し、刷新する。

私たちはイエスの死と復活と共に、自分たちの信仰生活の旅を始める。私たちのゴールは、現在の破壊された創造の刷新である。そのことで明らかになるのは、荒野を通り過ぎるルート、つまり私たちのたどる旅には、とりわけ二つの点が含まれるということだ。すなわち、一方でそれは放棄であり、他方では再発見である。

放棄　世界の現状は、神の意図した究極の姿と調和していない。私たちの想像力と性格に深く巣食っているものを含めて、神の意図と合わないものが極めて多いだろう。それに対する唯一のクリスチャンの応答は、「ノー(否)」でしかない。イエスは自分に従う者たちに言っている。もしイエスに従いたいと思うなら、自分を捨て、自分の十字架を負わなければならないと。自分を見いだす唯一の方法は、自分自身を失うことである、とも言った(今日よくある「真の自分を見いだす」という哲学とはまったく異なる）。

そもそも最初から、パウロやヨハネのような聖書記者も、それは難しいどころか現実的に不可能だと認めている。ヘラクレスのような超人的な道徳的努力でできるものではない。唯一の方法は、自分を越えたところからくる力づけ、すなわち、バプテスマが意味するイエスの死と復活にあずかることで受ける、神の霊の力に頼ることである。

再発見　新しい創造は、私たちの人間性の否定ではなく、再肯定である。そこには非常に多くのことがあり、中には私たちの直観に強く反したり、最初当惑したりするものもあるだろう。そのことへのクリスチャンにふさわしい応答は、「イエス（然り）」である。イエスの復活が私たちに見せてくれるとおりのことである。すなわち、クリスチャンとしての生活は、単に世界の現状の内的真理を発見するためでもなく、現在と異なる世界に波長を合わせ、現実世界とまったくかけ離れた生き方を学ぶためでもない。そうではなく、イエスの復活がその開始となった、神による新しい創造において、最初の創造で良かったもののすべてが再肯定されるのをかいま見ることである。

創造を破壊し、損なってきたすべてのもの――今日、私たちが知っている世界という布地にしっかりと織り込まれ、それらがない世界など到底考えられない多くのことをも含む――は過ぎ去る。クリスチャンとして生きることを学ぶとは、新しくされた人間として生きることを学ぶことである。すなわち最終的な贖いを切望し、そのためにうめいている世界と共に、究極において新しくされる創造を待ち望みつつ生きることである。

問題は、何を放棄し、何を再発見すべきかが決して明確ではないことである。生活に深く根づいているため、それらを拒否することは、神のよき創造を部分的に拒否するかのように思われるとき、どうしたら「否」と言えるだろうか。また、クリスチャンの多くが、良くも正しくもなく、むしろ危険で偽りだと見なしてきたことに、どうしたら「然り」と言えるだろうか。

いかにして私たちは、(前にも出た古い質問だが)一方で二元論を避け、他方で異教を退けることができるだろうか。新しい創造が出現するために、破壊的な悪に属するどのような生活スタイルや言動を拒否し、また、新しい創造に属するどのような生活スタイルや言動を受け止め、取り入れ、祝ったらよいかを、どうにかして見極めねばならない。

そのためには、不屈の精神力と注意深い知恵の探究が必要になる。私たちはイエスの生涯、教え、死と復活から学ぶことができる。聖霊の導きによって、聖書に見いだす知恵によって、バプテスマの事実とそれが意味するすべてによって学ぶことができる。祈りによって神の臨在と導きを感じ取ることによって、他のクリスチャンとの交わり、すなわち同時代のクリスチャンだけではなく、その伝記や著作を賢いガイドとして用いて他の時代のクリスチャンとも交わり、その教えを受けとることができる。

このように列挙すると、それぞれ別々の教えのように思われるが、実際はそのようなことはない。じつにさまざまな仕方で一体となって働く、それらすべてに耳を澄ませ、一方から聞いたことと他方で言われていることを比較してよく考える術を身につけることは、クリスチャンにとって欠かせないものである。

これらのすべてを明確にしたとき初めて、「規則《ルール》」について語ることができる。もちろん「規則」というものはある。新約聖書にもたくさんある。「施しをするときは隠れてしなさい。クリスチャン仲間を裁判に訴えてはならない。個人的復讐をするな。親切でありなさい。いつももてなしなさい。喜んでお金をささげなさい。思い煩うことをやめなさい。良心に関わることで他のクリスチャンをさばくな。いつも赦しなさい」というように。

これはランダムに選んだリストだが、憂慮すべきことに、ほとんどのクリスチャンはそのほとんどを、ほとんどの場合、無視している。明確な規則が足りないわけではない。残念なことは、私たちが最も重視すべき記録に記された教え、とりわけイエス自身による教えを注意深く学ぶ機会が足りないことである。

こうした規則は、次のように理解されるべきである。それらは、はるか遠くにいる神が、私たちの楽しみをやめさせようと勝手に定めた律法ではない（あるいは試験をするかのように、私たちに飛び越えさせようと並べた道徳的なハードルでもない）。それは、天と地が重なり合い、神の未来が現在に侵入し、本物の人間らしい生き方とは具体的に何であるかを見いだす指針なのである。

そのことをかいま見始めるなら、本書のはじめで聞いたあの響きが、声に変化していくのが分かるだろう。それはもちろんイエスの声であり、イエスに従って、神の新しい世界に踏み入るように招く声である。その新しい世界において、現在の世界では、ヒント、指針、響きでしかないものが、現実のものに変わる。

さて、クリスチャンの福音が生みだし、それを支える霊的なこと《スピリチュアリティ》については、それなりの長さを費やして語ってきた。そこで、本書における結びとして、他の三つの「響き」、すなわち義と関わりと美について、次に取りあげることにする。

福音と義の実現

神は真に世界を正そうとしておられる。そして、私たちの心の底からも、義を求める叫びが湧いてくる。それは、私たちが不当に扱われたときだけではなく、他の人が不当に扱われるのを見たときにも、そうである。それは、生ける神が切望し、また要求していることへの私たちの応答である。神の創造したこの世界は、道徳的な無政府状態に陥り、いつもごろつきどもが最後に勝ち誇るような場となるべきではなく、公平かつ公正な扱いがなされ、正直さや誠実さに溢れ、不正が正される場であるべきである。

しかし、そのような神の切望と要求から、その意図されている義に近づくには、世界が普通に期待したり、要望したりするのとはまったく異なった道を通らなければならない。この点において、この世の多数派がとる手段は暴力である。権力者たちは、自分たちの気に入らないことが起こると、爆弾を落とし、戦車を出動させる。権力を持たない人たちは、ショーウインドーを割り、群衆にまぎれて自爆し、建物に飛行機で突っ込む。どこから見ても、どちらのやり方も、物事を変えるためにはまったく有効でないと分かっていないながら、同じことをし続ける。

生ける神は十字架の上で、この世の怒りと暴力をご自分の上に引き受けられた。圧倒的な不義のゆえに苦しまれたが（物語はこのことに注意深く焦点を合わせている）、それでも、おどしたり、呪ったり、暴言を吐いたりすることはなかった。クリスチャンが「贖罪の神学」と呼ぶものの中心は、イエスが悪の重みのもとで死んだとき、ある意味で、その悪の根本的な力を消耗し尽くし、もはや悪の力が他に及んだり働き続けたりしないものにした、という信仰である。

イエスの復活は、新しい型の義が可能になった世界の始まりである。懸命な祈り、言葉による説得、政治的行動を通して、一方では政府に、他方では革命を試みるグループに、力には力をという終わりなき暴力とは異なる道があることを分からせるのは可能だ。東ヨーロッパの共産主義を覆した（ほとんど）静かな、祈りに満ちた革命は、その素晴らしい実例である。他にも、南アフリカのデズモンド・ツツ主教の類まれな働きの実例がある。警察や刑事司法制度の分野では、「修復的正義」と呼ばれるプログラムの試みもある。これらのどのケースも、傍観するだけの人たちの側からは、非暴力的手法は脆弱で効果がない、と口をはさまれた。しかし、結果を見ればそうではないことが分かる。

癒しや修復的正義のために働くことは、それが個人的関わりの中であろうと国際的関わりの中であろうと、あるいはそのどこかの中間に位置するものであろうと、クリスチャンが応ずべき主要な召しである。それは、クリスチャンの言動の全体的なあり方を決める。暴力や個人的復讐は、新約聖書で充分明らかにされているように、問題外である。すべてのクリスチャンは、生活のすべてにおいてそう生きるように召されている。すなわち、和解と回復をもたらすために労することで、神がすべてを正す日を期待するのである。

だからといってそれは、聖なる無政府状態、つまり社会全体に秩序も政府も法の取り締まりもない状態を支持するわけではない。興味深いことに、パウロは個人的復讐を禁じている箇所（ローマ第12章の終わり）の直後、神は社会が正しく秩序づけられ、しっかりと統治されることを意図していると、はっきり述べている（ローマ第13章の冒頭）。

神は賢い創造者として、この世界の権威を用いる。たとえ神を認めず、また多くの誤ちを犯すとしても、ある程度の秩序をもたらすためにそれを用いる。そうでなければ、社会的、文化的秩序は崩壊し、力と富を持つ者がいつも勝ち誇ることになる。神はまさに、弱い者や貧しい者に心を注がれるので、どん欲さと力による搾取を監視する政治、権威の存在を望んでいる。実際、この世界を支配する権力が神を認め、また、その定める法律が神の意図に沿ってなされることを、神が望んでおられるのは疑いない。

それゆえクリスチャンは、そのための行動を起こすべきである。例えば、国際的な負債の問題で行動を起こすことは、クリスチャンの重視する生き方にとって良いだけでなく、すべての人にとっても良いことである。権力者たちが神を認めない場合でも、神は彼らを用いる。悪を抑え、善を促すために、少なくともいくらかは用いる。それぞれの国内においてと同様、今日の地球村という国際的共同体においても、それがどんな意味を持つかを見いだすことは、いま私たちが直面している大きな課題の一つである。

和解と修復的正義のために労することとは、悪の存在を無視することではない。むしろ悪の行為を真剣に取り扱うことが求められる。悪の行為を名指しし、認め、取り扱って初めて、和解はなされ得る。そうでなければ、私たちのしていることは福音のパロディー（模倣）であり、実際はそうでないと知りながら、すべてがうまく行っていると装う恵みの安売りとなる。和解と修復的正義を、ローカルでもグローバルでもいかに実現していくかは、今日の私たちが直面しているもう一つの大きな課題である。クリスチャンの福音は、世界の大半の人が想像もしない仕方で、道徳的な成長をもたらされるように私たちにチャレンジしている。

そこで、この世界における義を求める叫びは、キリストの教会でこそ取り上げられ、大きな声にしていかねばならない。生ける神の呼びかけにふさわしく応えるためである。イエス・キリストの福音と聖霊の力は、さらに先に進むべき道があることを示している。その召しに対し、幾つかの異なった領域での具体的計画と政策を生みだすことができるし、またそうすべきである。例えば、グローバリゼイション、フェアトレード（公平貿易）から、政府や社会の改革まで、また、複数の国の少数民族の窮地に光を当てることから、自国であろうと他国であろうと、強圧的政府による反対者への抑圧を明るみに出すことまで。

クリスチャンは、全人類が望んでいるこの義、イエスを通して新鮮で意外な仕方でこの世に勢いよく注がれた義を精力的に推進し、追求していくべきである。

関わりの再発見

第二は、関わり（関係）である。関わりは人間生活の中心であり続ける。世間との接触を断った隠遁修道士でさえ、誰かに食べ物と飲み水を持ってきてもらわなければならない。そして、その生活の一部は、身近な人や疎遠な人のために祈ることであるだろう。義は、私たちの持つ関係のすべてのレベルで、秩序をもたらすように語りかける。とくに、社会全体や世界全体という大きなスケールにおいてはそうである。しかし、関わりが正されることを切望するのは、単に不平等を避けたり自分の権利を主張したりするよりも深い意味がある。

良い関係を築くとは、親密さ、友情、互いの存在を喜ぶこと、賞賛、敬意を意味する。多くの人にとってほとんどの場合、関わりは生きる価値をもたらす。何度も繰り返し新約聖書で明らかにされているが、クリスチャンのコミュニティーは、人間関係における新しいパターンとして、互いにどう関わるかの新しい基準モデルとなるように召されている。

キーワードは、もちろん「愛」である。愛がどういうものかについては多くのことが書かれてきた。しかし、私はここで別なことに注意を喚起したい。それは、クリスチャンに求められるもので、より大切でありながら、もっと目立つ規則のために無視されがちな、互いに対する積極的な親切である。「お互いに親切にし、心の優しい人となり、神がキリストにおいてあなたがたを赦してくださったように、互いに赦し合いなさい。ですから、愛されている子どもらしく、神にならう者となりなさい。また、愛のうちに歩みなさい。キリストもあなたがたを愛して、私たちのために、ご自身を神へのささげ物、また供え物として、香ばしいかおりをおささげになりました」(エペソ4・32〜5・2)。

義への渇望は、あまりにもすぐ私の権利、もしくは私たちの権利の要求へと成り下がってしまう。親切にしなさいという命令は、自分の時間を自分自身、自分の必要、自分の義、自分が不当に扱われたのを正すために使うのではなく、他の人たちの必要、楽しみ、痛み、喜びに目を向けるために使うことを求める。親切にすることは、人間として成長し、豊かな深い関わりを築き、維持するうえで最も重要なことである。

それゆえクリスチャンは、怒りにどう対処したらよいかを学ぶよう求められる。どういう理由であれ、誰でも怒ることはある。傷ついたこの世界では避けられない。何かにつけて怒らないためには、いくらかの図太さを身に着ける必要があるだろう。しかし問題は、怒りを覚えたとき、どのようにしたらよいかである。

ここでもパウロの命じたことは明確で、明瞭で、実際的である。怒っても、罪を犯してはならない（たぶん詩篇4・4が言外にある）。日が暮れるまで憤ったままでいてはならない。言いわけは短めに、そうでないと、ことはもっと悪くなる。無慈悲、憤り、怒り、叫び、そしり、悪意をやめなさい。嘘をつくこともやめなさい（エペソ4・25〜32、コロサイ3・8〜9参照）。

ここで、あなたの身の回りの人間関係のパターンを思い起こしてみよう。そして関わる人たちが、たとえ建前だけでもこれらのことばのように実行すると決めたらどうなるか、考えてみてほしい。もしそれが不可能に思われるなら、そこには通常、赦しという答えがつねに用意されている。それこそが、「主の祈り」を祈る人が期待してよいものである。

ここでまた見えてくるものは、「倫理」という言い方で呼ぶこともできるイエス・キリストによる十字架の勝利、そして聖霊の力である。互いの関わりにおける新しい生き方で新約聖書が訴えているのは、親切であること、すなわち怒った事実を認めても、それに支配されるのを拒む生き方である。それは、イエスが成就したことに堅く根ざしている。

イエスの死は、私たちの赦しを完成した。素晴らしいことである。ならば私たちは、そのことを互いに生かしていく必要がある。いつまでも恨んだり、不機嫌になったりする人にならず、また、そうした人ではないと周囲に知られていなければならない。「お詫びします」と言える人になり、また他の人からそう言われたときどうするかを、わきまえていなければならない。

新約聖書に明確に書かれていることを、キリストの教会がどれだけの時間を費やして考え、どれだけのエネルギーを使って解説してきたかを考えれば、それがいかに難しいかが分かる。

じつに驚くべきことだ。たぶんそれは、人為的命令に従うくらいの試みでお茶を濁してきたからだろう。そしてそれが難しいと分かると、他の人もうまくいっていないからといってやめてしまったのだ。しかし、自分たちは神の新しい世界の生活に備えているのであり、イエスの死と復活が――それはバプテスマを通して私たちの新しいアイデンティティーを築いている――新しい仕方を試みる動機とエネルギーを与えてくれることを頻繁に思い起こせば、状況は異なってくるだろう。

関わりについての議論をしていくなかで、おのずと性への問いに至るだろう。この点についても、新約聖書は厳格で明確である。怒りのことと同様、たくさんの言い方がなされている。それは、人間の性の逸脱が（現代と同じように古代でもよく知られていた）、どのような言い訳をしようとも、そのもたらす結果から逃れることは決してない、と言おうとしているようだ。街角によくある雑誌販売店に寄ったり、テレビを一日か二日観たり、多くの人が集まる街を歩き回ったりしたあと、次のような聖書のことばに思いを向けてほしい。

あなたがたは、正しくない者は神の国を相続できないことを、知らないのですか。だまされてはいけません。不品行な者、偶像を礼拝する者、姦淫をする者、男娼となる者、男色をする者、盗む者、貪欲な者、酒に酔う者、そしる者、略奪する者はみな、神の国を相続することができません。あなたがたの中のある人たちは以前はそのような者でした。しかし、主イエス・キリストの御名と私たちの神の御霊によって、あなたがたは洗われ、聖なる者とされ、義と認められたのです。(第1コリント6・9～11)

あなたがたの間では、聖徒にふさわしく、不品行も、どんな汚れも、またむさぼりも、口にすることさえいけません。また、みだらなことや、愚かな話や、下品な冗談を避けなさい。そのようなことは良くないことです。むしろ、感謝しなさい。あなたがたがよく見て知っているとおり、不品行な者や、汚れた者や、むさぼる者――これが偶像礼拝者です、――こういう人はだれも、キリストと神との御国を相続することができません。むなしいことばに、だまされてはいけません。こういう行いのゆえに、神の怒りは不従順な子らに下るのです。ですから、彼らの仲間になってはいけません。あなたがたは、以前は暗やみでしたが、今は、主にあって、光となりました。光の子どもらしく歩みなさい。――光の結ぶ実は、あらゆる善意と正義と真実なのです――そのためには、主に喜ばれることが何であるかを見分けなさい。(エペソ5・3～10)

ですから、地上のからだの諸部分、すなわち、不品行、汚れ、情欲、悪い欲、そしてむさぼりを殺してしまいなさい。このむさぼりが、そのまま偶像礼拝なのです。このようなことのために、神の怒りが下るのです。あなたがたも、以前、そのようなものの中に生きていたときには、そのような歩み方をしていました。しかし今は、あなたがたも、すべてこれらのこと、すなわち、怒り、憤り、悪意、そしり、あなたがたの口から出る恥ずべきことばを、捨ててしまいなさい。(コロサイ3・5〜8)

問題は、現代社会において、古代でもたいがいそうだったわけだが、活発な性生活を当たり前とするだけではなく、普通の人ならそれなしにあり得ないと見なされるようになったことだ。そんな中で問われるのは、どのような形の性行為がいちばん興奮をもたらし、満足感を与え、人生を充実したものにするのか、ということだけである。それに対する初期の、また標準的なクリスチャンの伝統は、ユダヤ教の偉大な伝統と、もっと後のイスラム教の伝統でも同じだが、こうした古代や現代の異教的あり方に断固として抵抗し、「否」と言うことである。

イエス自身も、不品行、盗み、殺人、姦淫、貪欲、よこしま、欺き、好色等々(マルコ7・21〜22)の、人の心に湧き上がる欲望について厳しく語った。ここでは性的逸脱行為を他の重要項目と並べているが、それはとりたてて重要なことではないという意味ではない。キリスト教の初期における数世紀にわたって、人間の知り得るあらゆる性的行為はすべて、ギリシャとローマ社会で広く行われていた。しかしクリスチャンはユダヤ教徒と共に、性的行為は男女の営む結婚生活のみに限られると主張した。世界の人々は昔もいまも、それをまったくばかげていると思っている。悲しいことに、昔と違って今日の教会の半数もそう思っているようだ。

これは、ばかげたことではない。新しい創造が重要だというのは、それが新しい創造であるからだ。神の新しい世界では、子をもうけることは必要ない(死がないため)といわれてきた。だが、聖書がその新しい世界について語るときに用いるイメージは、小羊の婚姻(『黙示録』)というイメージや、古い世界の胎から新しい世界が生まれるというイメージ(『ローマ書』)であり、それは次のことを示している。すなわち男女の関係が、創世記の第一章と第二章の創造物語の中心に織り込まれているのは、偶然の一致や一時的現象などではなく、そうした創造そのものの中に、神が与えたいのちと、子をもうける可能性のある事実を象徴的に語っているのである。

この視点から問題を見ると、大きなコントラストが生まれてくる。現代文化での性的行為は、コミュニティー作りや関わりを築くことからまったく離れ、自分の仕方で自分の楽しみを自分で選ぶという権利の主張に成り下がってしまった。ありのままに言えば、セックスは礼典というよりおもちゃになってしまったのだ。

パウロが『コリント人への手紙第一』で行っている議論は、これまで私たちが取り上げてきたクリスチャンの言動という主題全体を考える上で、とりわけ示唆に富んでいる。自分のからだに関することをどう取り扱うかは重要だ、とパウロは言っている。なぜなら、「神は主をよみがえらせましたが、その御力によって私たちをもよみがえらせて」(1コリント6・14)くださるからである。

別の言い方をすれば、私たちにとっての究極の目標はまさに、からだを抜きにした天でもなく、この地における単なる生活の立て直しでもなく、全創造物の贖いなのであり、私たちの召しは、自分のからだをもって、後にあずかるいのちを期待する仕方でいまをどう生きるかである。結婚生活における誠実さは、全創造物に対する神の誠実さを踏襲することであり、そのあり方を先取りするものである。それ以外の種類の性的行為は、現代社会の逸脱と崩壊を象徴し、体現するものである。

クリスチャンの性に関する倫理は、言い方を変えれば、すでによく知っているので破棄してもかまわない古臭い規則集なのではない（選択肢〈二〉の持つ危険性）。また、私たちの心の奥深くの自己が抱く欲望は、何でも神から与えられたものに違いないと思って、新約聖書に反する主張をしてもよい、ということでもない（選択肢〈一〉では当然の前提だが）。イエスはそのことについて、一点の曇りもなかった。確かに、神は私たちの心の底にある欲望を知っておられる。しかし、古代の有名な祈りは、この事実を（おののきをもって）受け止め、それがあるのだからそれが満たされ、あるがままに実践すればよい、というのでなく、むしろそれらは洗いきよめられ、癒される必要があるとしている。

> 全能の神よ。あなたにすべての心は開いています。すべての欲望は知られています。隠れているものは何もありません。あなたの聖霊の息吹によって私たちの心の思いを洗ってください。

あなたを完全に愛し、あなたの聖い御名の栄光を表すことができますように。
主なるキリストを通して。アーメン。

もう一つの古代の祈りは、もっと明確に語っている。

全能の神よ。あなたのみが、道に背きたいという思いと、罪深い人間の抱く情熱に秩序をもたらすことができます。あなたの民に恵みを注いでくださり、あなたの命じることを愛し、あなたが約束してくださったことを望むようにしてください。
多くのことが移り行くこの世界にあって、私たちの心が、真の喜びを見いだすものにしっかりと結びつくようにしてください。主なるイエス・キリストを通して。アーメン。

私たちは、この祈りとは逆転した世界にあまりに長く生きてきた。そこでは人間の意思や感情が、そのまま聖なるものとされる。そこでは、私たちの執着に対し、そうせよと命じ、欲するものを与える、と約束する神が求められる。悲劇的なことに、教会の中でさえ同じなのだ。今日の多くの人にとって暗黙の宗教は、本当の自分を探し、それを生き抜く、というものである。それは結局、多くの人が見いだしたような、混乱した、ばらばらな、機能不全の人間性を招く処方箋でしかない。

しかし十字架と復活の道、真のクリスチャン生活全体を整える新しい創造への道は、それと異なる方向を指し示す。その方向が示す中心的要素の一つは、喜びである。癒された、よりよくされた関わりの喜びであり、新しい創造に属する喜びであり、すでに持っているものではなく、神が私たちに与えようと切望しているものを見いだす喜びである。

クリスチャンの倫理の中核は、謙遜であり、そのパロディー（模倣）の中核は高慢である。それぞれの異なった道は、それぞれの異なった目的地へと導く。その行き着く先は、そこを旅する人の人格を形づくる。

生き返った美

ついに、再び美について戻ってきた。美への渇望、美を喜ぶ感覚、そして美を見いだしたときの解放感も（本書の始めで触れたように）、幾つかの謎で戸惑わされる。美ははかなく、指の間からすり抜ける。水仙も枯れ、夕陽も消え、人の美しさも朽ち果て、死を迎える。美に近づけば近づくほど、私たちは当惑する。もし世界をそのあるがままに受け止めるなら、すなわち、それが示すドラマのすべてを、その繊細さと偉大さをそのまま受け入れるなら、汎神論のセンチメンタリズムか、力だけが幅を利かすブルータリズム（残忍さ）の世界に陥ってしまう。そこでは神は消されてしまう（それはある意味で、「ブルータリズム学派」という建築様式の観点である。その巨大なコンクリート建築は、いまも幾つかの街に点在している)。

先に私が提案した解決策は、創造の中にかいま見える美は、より大きな全体の一部として見るときに最もよく理解できる、というものである。そのより大きな全体像は、やがて神が天と地を新しくするときに完成する。ここでも、そのことを明らかに示す象徴の一つは、聖書に何度も出てくる木のイメージである。エデンの園にあった「知識の木」は、禁断の実をならせた。それは、創造者に従わなくても得られる知恵を与えるものだった。結局、その恐ろしい知恵は、恐ろしい代価をもたらした。園から追放されたことで、人類はもう一つの「いのちの木」に近づけなくなった。

しかしその後、この壮大な話はクライマックスを迎える。女の裔《すえ》が別の木に架けられた。それは、悪が必然的にもたらすもの、すなわち暴力、屈辱、冷笑的な既成宗教、強大なローマ帝国の残虐さ、友人の裏切りを、それ以上ないほどにはっきりと目の前に突きつける。それにもかかわらず初代のクリスチャンたちは、十字架を冷酷な皇帝への憎悪のしるしとしてではなく、神の究極の愛の啓示として、すぐさま語り始めた。そして、やがて迎える最終的な場面、天と地が出合う新しいエルサレムにおいては、いのちの木は川の両岸に生い茂り、その葉は諸国の民に癒しをもたらす。その贖いのしるしは、回復された美を力強く語る。初めの創造でうまく行かなかったものが、そのとき正されるのである。それは、いまや私たちに課せられた旅の方向を示す役割を果たす。十字架と復活によって、もう一度定められた方向である。

本書を閉じるに当たって、提案したいことがある。まず教会は、あらゆるレベルで美への飢え渇きに再び目覚めるべきではないだろうか。それは本質的なことであり、緊急を要することである。それゆえに、創造の素晴らしさを祝い、現在の破壊された状態に深く思いを馳せ、できる限りの世界の癒し、つまり新しい創造そのものを前もって祝うことは、クリスチャン生活の中心となるべきものである。芸術、音楽、文学、ダンス、演劇――人としての喜びや知恵を表す他のさまざまな表現方法も――などを、まったく新しい視点で創り上げることができよう。

そのポイントは次のことにある。芸術とは、美しくはあるが現実とかけ離れた無用の長物なのではない。芸術とは、ほかの仕方では把握することはもちろん、かいま見ることさえできない現実の中心に、一直線に近づく手だてである。いま存在する世界は、良くはあるが破壊されているため、とにかく不完全なものだ。あらゆる種類の芸術は、さまざまな次元でそのパラドックスを理解させてくれる。そして、いまあるこの世界は、いまだ起こったことのないもののためにもデザインされている。それは、弾かれるのを待っているヴァイオリンのようなものだ。見て美しく、かまえた姿も優雅だが、奏でられる音を一度も聞いたことがないので、そこから現れ出る新しい次元のあまりの美しさを信じられないかもしれない。

おそらく芸術とは、そうした何かを見せてくれるものだろう。現在のうちに胎動している未来の可能性を、かいま見せてくれるものであるだろう。それは、聖餐式で用いるカリス（杯）のようなものである。それもまた見て美しく、手に抱えて喜ばしいが、ぶどう酒で満たされるのを待っている。ぶどう酒はそれ自体に、礼典の提供するすべてがあるが、聖杯に満たされることで最大限の意味をもたらす。おそらく芸術とは、そこで目にする謎に満ちた美を超えた先にあるものを見させる助けになるものだろう。そしてその美しさだけではなく、世界を全体として、その中で生きる私たちも含めて、心から納得できる新しい創造をかいま見させてくれるものであるだろう。きっとそうなのだ。

芸術家のできることは、義のために労したり、あらゆる関係を贖うために葛藤している人々と共闘したり、さらには、贖いをもたらす真の霊的であることを求めている人たちを励ましたり、支えたりすることである。それらすべてが意味をなす道は、先を見ることである。それは、水が海をおおうように、やがて主を知る知識と栄光で地が満される日に目を向けることであり、その約束の光の中で、いまを生きることである。その時は確実に、完全に訪れる。というのは、やがて創造全体のために神が行おうとする約束は、イエスが復活したとき、神がイエスに行ったことのうちにすでに成就しているからである。

徐々に私たちが把握しつつある次の真理は、いくら強調しても決してしすぎることはない。すなわち、私たちクリスチャンとしてのなすべき務め、歩むべき道、学ぶべきレッスンは、神のことば、福音のことば、イエスのことばや聖霊によって私たちに届けられる重大な召しの一部なのである。私たちは、神の新しい創造の一部であるようにと召されている。私たちはいま置かれているところで、この新しい創造の担い手であるようにと召されている。私たちは、交響曲を演奏するときも、家庭生活にあっても、修復的正義の運動をしているときも、詩を書くときも、きよさにおいても、貧しい人々への奉仕においても、政治活動をしているときも、絵を描いているときも、その新しい創造のモデルとなり、身をもってそれを体現するようにと召されているのだ。

夜が明けるときは、暗やみを新しい仕方で回顧することになるだろう。「罪」とは、単に律法を破ることばかりではない。機会を失うことである。私たちもあの声の響きを聞いたからには、その話し手のそばに行き、出会うようにと招かれている。その声そのものによって変えられるようにと招かれている。その声とは、福音のことばであり、悪がさばかれたことを宣言することばである。

そのことばは、すでに世界が正しい方向に向けられ、地と天が永遠に結びあわされ、新しい創造がすでに始まっていることを告げている。私たちはそれぞれが自分なりの仕方で、そのことばを語り、そのことばを生き、そのことばを描き、そのことばを歌う者になるように召されている。そうすることで、その響きを聞いた人たちがやって来て、より大きなプロジェクトのために手を貸してくれるようになる。それこそが、賜物であり、可能性であり、私たちの前に開かれている機会である。

クリスチャンのきよさとは、（多くの人が思い込んでいるように）何か良いものを否定することではない。それは成長することであり、さらに良いものをしっかりとつかんでいくことである。

私たちは、霊的であるために造られていながら、内省にふけっている。喜びのために造られていながら、快楽に浸っている。義のために造られていながら、復讐を叫んでいる。良い関係を築くために造られていながら、自分のやり方を主張している。美のために造られていながら、感傷で満足している。しかし、新しい創造はすでに始まっているのだ。日は昇り始めた。クリスチャンは、いまのこの世界の損なわれたもの、不完全なもののすべてを、イエス・キリストの墓の中に置いてくるようにと召されている。

いまやその時がきた。いますでに始まっている新しい時代の仲介者、先駆者、世話人としての私たちにふさわしい、最も人間らしい役割を、聖霊の力によって引き受けようではないか。それこそが、クリスチャンであるとはどういうことかを極めて端的に意味している。つまり、私たちの前に開かれた新しい世界、神の新しい世界のただ中を、イエス・キリストに従って歩んでいく人たちのことである。

結びとして――さらなる展開のために

本書は、多くの興味深い、入り組んだトピックの表面をなぞることしかできなかった。それらの理解をさらに深めたいと願う人、ここで短く述べた議論をさらに自分で調べてみたいと思う人のためには、初心者から研究者に至るすべてのレベルで、参照可能な文献が数多くある。

最初に考慮すべき本質的なことの一つは、現代の聖書翻訳の良いものを手に入れることである。具体的には、二つの異なった訳をそろえるのが望ましい。どんな翻訳も完全ではないので、時に応じて異なった訳を読むとよいだろう。The New Revised Standard Version は一般に信頼でき、読みやすい。The American Standard Version は、広く使われている。The New International Version はよく普及しているが、すべてが信頼できるとは言い切れない。とくにパウロ書簡の訳においてはそうである。The New English Bible と、そのあとを継いだ The Revised English Bible は価値があるが、場所によっては独特で、信頼できない箇所がある。The Jerusalem Bible と、そのあとの The New Jerusalem Bible は、見事に訳されている箇所もあるが、誤解を招く箇所もある。

しかしともかくも大切なことは、現代の訳を手にして読み始めることである。

読む助けになるものとして、幾つかの聖書辞典がある。最近のものでは、*HarperCollins Bible Dictionary*（ポール・J・アクテマイヤー編、改訂版）と *Eerdmans Dictionary of the Bible*（D・N・フリードマン編）がある。さらに、キリスト教会の幅広い歴史と信仰内容をカバーする素晴らしい参考書が二つある。一つは、*Oxford Dictionary of the Christian Church*（F・L・クロス、E・A・リビングストン編、第三版）で、もう一つは、*Oxford Companion to Christian Thought*（エイドリアン・ハスティング編）である。

キリスト教の中心人物であるイエスその人については、私の著作 *The Challenge of Jesus* (SPCK, 2000) を挙げておきたい。それは、私と他の学者が学術的レベルで扱った幾つかのテーマを取り上げ、現代世界でイエスに従う人たちの課題とその関連性を示そうとしたものである。

それにしても、本書を読んだ後になすべきことが、単にもっと多くの本を読むことだという印象を与えてしまうのはよくないだろう。教会は、たとえいくらかの欠陥があるにしても、その中心に、イエスに従おうとする人たちの共同体がある。ここで学んだことをさらに自分で深めたいと願う人には、助けと励ましと知恵を、教会が提供してくれるだろう。

音楽を楽しみたいと思う人に私たちがよく言うように、ただじっと聴いているだけではなく、楽器を手に取り、オーケストラを見つけて、そこに加わってみてはどうだろうか。

訳者あとがき

本書は、N・T・ライト (Nicolas Thomas Wright) の *Simply Christian* (SPCK London, 2006) の改訂版 (2011) を全訳したものです。米国版 (Harper Collins, 2006) には、Why Christianity Makes Sense という副題がついています。

N・T・ライト (以下、ライト) は英国の新約聖書学者で、史的イエスとパウロ理解に関しての新しい視点を学術的に展開し、現在の英語圏で圧倒的な影響を与えています。学術レベルでは Christian Origins and the Question of God のシリーズとして、*The New Testament and the People of God* (1992)、*Jesus and the Victory of God* (1996)、*The Resurrection of the Son of God* (2003)、*Paul and the Faithfulness of God* (2013) が刊行され、大きな話題となっています。この二十年ほどの間で、英語圏の神学校のクラスのほとんどで、それらの著書は課題図書となっており、日本からの留学生も大きな影響を受けています。

ライトはケンブリッジ大学、マギル大学、オックスフォード大学で教鞭をとった後、二〇〇三年から二〇一〇年まで、イギリス国教会の第四位の高位、ダラムのビショップ (主教) を務めました。現在は、英国スコットランドにあるセント・アンドリュース大学の「新約聖書と初期キリスト教学」教授です。彼の経歴や活動範囲が明らかにしているように、学究だけではなく幅広い多くの一般読者に向けて、聖書に対する新しい視点を広めるために、トム・ライト（Tom Wright）という名で精力的に著作、講演活動に取り組んでいます。本書は、一般向けのものであると彼自身が認めている三部作 *Simply Christian*（2006）、*Surprised by Hope*（2008）、*After You Believe*（2010, 英国版は *Virtue Reborn*）の最初の著作に当たります。この他に数多くの著作があり、多くの講演ビデオもインターネット上で広まっています。日本語訳では、ティンデル聖書注解シリーズ『コロサイ人への手紙、ピレモンへの手紙』（いのちのことば社）が刊行されています。

*　　　*

訳者はここ十年ほど、ライトの視点に少しずつ関心を持ってきました。しかし、すでにこちら側にこれまでの聖書理解とキリスト教の枠組みがしっかりとできているため、彼の視点をとらえるのに時間がかかりました。それでもしがみついているうちに、幾つかの視点が分かってきました。とくに、旧約聖書から新約聖書への流れをライトが大切にしていることに気づきました。いわゆる律法と福音という二分的な理解を避けているのです。聖書の全体像をとらえ、展開しているのが分かります。

全体像というのは、まさに創世記から黙示録までに見られる神のわざの全体像のことです。旧約と新約を行ったり来たりしながら、その結びつきを強靭な思考力をもってまとめ上げています。本書においても明らかですが、それは単に新約の光で旧約を読むという短絡的なものではありません。旧約と新約の歴史の流れに見られる横糸と、そこへの神の介入という縦糸が織りなす絡みを、見事に展開しています。創造は新天新地へ、アブラハムへの契約は全人類の祝福へ、モーセの律法はキリストによる律法の完成へ、ダビデの王国はイエスの説く神の王国へ、幕屋はキリストの受肉へ、神の民の脱出はイエスの死と復活へ、エデンの園は神の都へと、壮大でダイナミックな聖書の物語の全体像、尽きることのない豊かな恵みの世界を説き起こしています。しかもライトはそれを楽しそうにしています。訳文では分からないので残念ですが、韻を踏んだ文章が随所に出てきます。

本書でも分かるように、ライトは新約聖書学者であると同時に、歴史学者でもあります。そのような全体像を持った聖書の理解が、西洋世界に入ったときにどのような変遷を経てきたかも見ています。本書の前半では、キリスト教会が当時のギリシャ・ローマ世界に進展していくうち、そこにあった強力な霊肉・善悪二元論に影響され、それが二千年の歴史の中で、西洋ヨーロッパの教会の支配的な世界観と聖書理解になってきた問題を見ています。霊肉二元論では、地にあるものを悪と見なして否定的に見ます。ですから地からの天への道行きはグノーシス、すなわち、知識によって肉の世界を否定し、霊の世界に入っていくことが至高善とされます。一般に霊性（スピリチュアリティ）という用語も、その意味合いで使われています。

＊　　＊

私たちが一般にキリスト教、あるいは福音的聖書理解と言っているとき、どこかにこの二元論的な世界観が入り込んでいて、それが西洋のこれまでのキリスト教の聖書理解の骨子になっています。西洋でないところで聖書を理解しようとしている私たちにとっては、キリスト教と言われても、それは西洋の世界観や思想が混じったものだと言えるでしょう。その同じ西洋の新約学者であるライトが、聖書の元々の全体像は西洋で一般に思われているキリスト教と視点を異にしている、と訴えているのです。キリストを信じることは、単に罪から救われて天国に行くということではないのです。天と地が結びついた重みのある救いを聖書全体を通して神が提示しているとライトは訴えています。その意味合いが本書のタイトルの原題、*Simply Christian* にも表されています。二千年のキリスト教で装われた余分なものを取り除いて、聖書全体で端的に「クリスチャンであるとは」と問い直しています。

ライトの新しい聖書へのアプローチはすでに英語圏で高く評価され、米国の保守的な神学校にも数多く招かれて講演しているだけでなく、『タイム』誌などの雑誌や主要マスコミにまで取り上げられて多くの人に受け入れられています。『クリスチャニティ・トゥデイ』誌では二〇一四年四月号で「N・T・ライト特集」を組んでいます。日本にも紹介する必要があると思い、三年前に数名の仲間とあめんどう社主の小渕春夫氏にお話ししたところ、その必要を認めてくださって翻訳出版が実現しました。

＊　＊

訳業をしながらも、ライトが提示しようとしている創造と新創造の大きな枠組みと、その枠組みの中での神と神の民との一大パノラマを観ていくことは心躍ることでした。訳文のチェックでは、翻訳者の中村佐知氏も加わってくださり、編集者の小渕氏との最終チェックに至るまでの作業は、ライトが新しい意味合いを含めて語っていることに気づかされるプロセスとなりました。その新しい意味合いとの関わりで、訳語の工夫と識別が必要となり、編集者と繰り返し協議することになりました。小渕氏による詳細にわたる訳語のチェックと、適切な日本語への努力と熱意には頭が下がる思いでした。

「義」「霊的であること」「関わり」「旅、旅路」等の訳は、その結果出てきたことです。「救い」より、「救出」という表現が使われています。またライトは「創造(物)」と「被造物」を使い分けたり、「キリスト教」と「クリスチャン」の意味合いを使い分けていたりしています。とくに「義(justice)」と書名については、最後まで検討課題になりました。Justiceは、通常は「正義」と訳されることが多いですが、本書ではライトの意向を考慮して「義」としました。本書のタイトル*Simply Christian*をどうするかも何度も協議しました。まさにシンプルなことではありませんでした。また本文の仕上げに当たり、数名の友人の牧師、研究者の有益な助言をいただきました。まさにライトに関心のある方々との共同作業となりました。いずれにしても、訳語に関しての責任は訳者にあります。

*　　*

本書を読んでくださった方は、救出の意味、死後のことと天国のこと、律法の位置づけ、アブラハムの旅と出エジプトの旅、黙示録で記されている礼拝の意味づけの全体像をとらえてくださったと思います。これから読んでくださる方にも、その意味合いが少しでも伝われば、訳者としての責任を少なからず果たせたのではないかと思います。

読者の方にお願いしたいことは、伝統的に持っている聖書理解に合わないからといって、読むのをあきらめるのではなく、ライトが言っているように聖書が語っているかどうか、オープンな心をもって取りかかっていただきたいことです。本書が提供する新しい視点は、私たちの生き方、礼拝の意味づけ、教会のあり方にまで関わっていることに気づかれることでしょう。少なくともそれは、訳者個人の生き方に意味を持ってきました。

*　　　　　*

今回の足かけ三年にわたる訳業は、日本に派遣された宣教師である義父のライオン師の看病と共に進みました。三時間近くかかる高圧酸素ボンベ治療の間、病院のカフェで待機しながら翻訳に取りかかりました。あるときには、夜中の看病を終えて頭が朦朧《もうろう》としているときに、小渕氏と最終チェックをすることもありました。いまは、ライオン宣教師の最後の世話を終えて、この「あとがき」を書いています。

振り返るに、介護が確実に重くなるなかで、ライトが何度も繰り返している主の祈りの「みこころが天になるように、地にもなさせたまえ」という、この地での責任を実感してきました。それは、モーセの十戒から続く神の民に託されたこの地での責任を、再確認させられたプロセスでした。ライオン宣教師を介護し、看取りながら、神の民に自分も加えられていることを心から知ることになりました。

二〇一五年四月末日

上沼昌雄

著者：N.T.ライト（Nicholas Thomas Wright 1948~）

セント・アンドリュース大学神学部教授。オックスフォード大学ウィクリフホール上席研究員。前ダラム主教。専門は新約学、初期キリスト教学、史的イエス研究、パウロ神学。80冊以上の著作、多数の論文、世界各地での講義、各種メディアでの盛んな発信により、現代で最も影響力のある神学者の一人。
著書：専門書はChristian Origins and the Question of Godシリーズ他。一般向けは本書を含め多数、注解書For Everyoneシリーズ。
邦訳書：『新約聖書と神の民』（上・下）『シンプリー・ジーザス』『驚くべき希望』『シンプリー・グッドニュース』『イエスの挑戦』『使徒パウロは何を語ったか』『悪と神の正義』等

訳者・上沼昌雄（Uenuma Masao）

聖書と神学のミニストリー代表。1945年、群馬県生まれ。カルフォルニア在住。年に数回来日し、講演活動を行う。北海道大学、聖書神学舎、シカゴ・ルーテル神学校卒業。神学博士。KGK主事、聖書神学舎教師、牧師を歴任。
著書：「ペテロの手紙第2、ユダの手紙」（『新聖書注解　新約3』）『夫たちよ、妻の話を聞こう』『苦しみを通して神に近づく』『夫婦で奏でる霊の歌』『闇を住処とする私、やみを隠れ家とする神』『父よ、父たちよ』。訳書 ジェームズ・M・ボイス編『聖書の権威と無誤性』 F・A・シェーファー『創世記―人間の歴史の始まり』

クリスチャンであるとは

N.T.ライトによるキリスト教入門

2015年 5 月30日　初版発行
2021年 3 月10日　4 刷発行

著　者　N.T.ライト
訳　者　上沼昌雄
装　幀　倉田明典
発行所　あめんどう
発行者　小渕春夫
〒101-0062 東京都千代田区神田駿河台2-1 OCCビル
www.amen-do.com
電話：03-3293-3603　FAX：03-3293-3605
郵便振替 00150-1-566928

ISBN978-4-900677-26-5

印　刷　モリモト印刷
2021 Printed in Japan